FDI对我国技术创新的溢出效应研究

Research on the Spillover Effect of FDI on Technological Innovation in China

李成刚 著

PREFACE

总　序

1978年以来中国经济发展最重要的特点，是通过自下而上的改革，并由丰富多彩的地方经济所推动，先后形成了“温州模式”、“苏南模式”、“珠三角模式”、“诸城模式”等诸多发展模式，学术界对此已有大量的研究。近几年来，各区域经济的发展模式已经逐步趋同和融合，但是随着国际国内发展环境的变化，以及自身经济发展阶段的变迁，资源环境倒逼的压力不断加大。如何摆脱原有的发展路径，加快产业结构调整和区域经济转型已经成为当前的一个热点问题。

较之货物贸易庞大的数量和较快的增长速度而言，服务贸易在中国对外贸易发展过程中一直处于相对次要的位置，没有得到中央和地方政府足够重视。但是，这个情况自2008年以来正在发生转变。随着信息技术的进步以及服务业分工的细化，服务外包更是快速崛起，并成为推动跨国服务贸易最为重要的力量。

有趣的是，“区域发展”与“服务贸易”这两个主题在地方经济发展中正在日益融合起来。越来越多的地方政府将服务外包、服务贸易作为吸引国际新一轮产业转移、加快本地服务业集聚，推进产业结构转换的重要手段。商务部发布的统计数据显示，截止到2010年底，中国已经形成了21个有竞争力的服务外包基地城市，全国服务外包营业额突破400亿美元，年均增长率高达40%，服务外包企业数量超过12000家，从业人员达到210万人，由服务外包直接推动的服务金额超过150亿美元。在缺乏市场知识积累的情况下，服务外包、服务贸易发展速度之快，地方政府接受度之高，实在是令人惊奇。

理论研究也要与日益变化的现实同步。“区域发展与服务贸易”系列丛书力图对这一领域进行系统研究，从理论上揭示其存在发展的内外动因，记录和分析其最新进展和主要特征，为政策制定和后续研究提供支持。丛书主要围绕三个方面展开研究：

一是新阶段推动区域经济转型的基本动力。丛书着重从技术创新的角度，分别分析了技术外部性下产业集群内企业的创新投入决定因素；FDI对产业技术创新的垂直溢出效应；研发投入对区域动态比较优势的影响；信息化推动区域经济发展的机理和手段等等。同时也涉及到一些相对宏观层面的研究，比如关于国家层面经济创造力的研究；汇率变动、直接投资与技术创新关系的研究；财政转移支付体系与技术创新的研究等。通过这些宏观层面的研究可以为我们提供一个较为开阔的视野。

二是服务外包的理论分析和行业研究。丛书从发包国和承接国两个视角分析了服务外包对地方经济发展的增长、就业、税收等各方面的效应；研究了影响服务外包企业区位决策的一般因素；对软件外包、金融外包、电信外包、政府服务外包等当前比重较高的若干行业进行了专题研究。

三是区域经济发展中的案例研究。本丛书中有专门研究浙江、宁波等地的发展案例，也有对当前海洋经济背景下舟山港发展的案例分析。面临经济转型的巨大压力，各地政府都在探索转型的方向和路径。对于这些案例的解剖有助于我们了解真实世界的真实事件，获取经验，并为其他区域的转型提供借鉴。

本丛书是浙江大学宁波理工学院“区域发展与服务外包”优势特色学科建设的阶段性成果。推出本丛书的目的是期望以此为平台，不断集结这个领域的优秀研究成果，推动理论创新，对中国经济转型和服务贸易的发展贡献微薄之力。丛书得到了浙江大学出版社的支持，并列入2011年的出版计划，出版社编辑张琛女士为此做了大量工作，在此一并致谢。

肖　文

2011年7月1日

PREFACE

前　言

提高自主创新能力，建设创新型国家已上升为我国的国家战略。在开放经济中，一国技术创新能力的提高主要依赖于内源式创新和对外源性技术的消化吸收再创新。目前，国内外学者有关 FDI 溢出效应的研究，主要集中在从地区与行业内的角度探讨 FDI 对东道国劳动生产率或全要素生产率的影响。有关 FDI 行业间溢出效应的研究不多，针对 FDI 对东道国技术创新影响的研究明显不足。我国已成为世界上吸引 FDI 最多的发展中国家，引进国外先进技术，发展出我国的自主技术创新能力，才是开放政策成功的标志。因此，积极研究 FDI 对我国技术创新的溢出效应，在理论与实践层面都具有重要意义。

在相关研究文献的基础上，本书按照 FDI 与我国技术创新的相互关系、FDI 对我国技术创新的溢出效应及其影响因素以及 FDI 对我国技术创新的作用机制的思路展开研究。本书的研究数据主要来源于 1998—2006 年的《中国科技统计年鉴》和《中国统计年鉴》，工业企业出口交货值的数据则来自《中国工业经济统计年鉴》。本书的研究内容和研究成果有以下几个方面：

一、FDI 与我国技术创新之间的关系

本书运用配对样本检验的方法，对内外资企业的技术创新差异进行了分析，结果表明相对于外资企业，内资企业的规模较大但技术水平较低，创新投入较大但质量不高，研发能力较低，创新产出较少，创新绩效较小。因而，内资企业技术创新方面在总体上落后于外资企业，这为内资企业学习、模仿外资企业的先进技术，从而提高自身的技术创新能力提供了基础。笔者进一步采用时间序列数据模型，运用协整分析与格兰杰检验的方法，研究了 FDI 与本土技术创新之间的关系。结果表明，FDI 与我国技术创新之间存在长期的均衡关系，FDI 是我国技术创新的格兰杰原因，从而证明了 FDI 对我国技术创新的积极溢出效应。

二、FDI 对我国技术创新溢出效应的存在性

本书运用面板数据模型分别从地区、行业内以及行业间的层面研究了 FDI 对我国技术创新的同期溢出效应与滞后期溢出效应。由于本书对 FDI 的测量

采用了存量指标，滞后期 FDI 对我国技术创新的溢出效应基本不显著，并且小于同期溢出效应，因此 FDI 同期溢出效应模型更具解释力。研究表明，科技经费投入对我国技术创新产生了积极的影响，而科技活动人员投入影响不显著。因而，科技经费仍然是影响国内技术创新发展的关键因素。

实证分析表明，无论在地区还是在行业层面，FDI 对我国技术创新均产生了积极的溢出效应。在地区层面，FDI 产生了积极的创新溢出效应；在行业层面，FDI 对技术创新的水平溢出效应不显著，而垂直溢出效应显著。因此，FDI 对我国技术创新的溢出效应主要是通过产业关联发生。对 FDI 垂直溢出效应的研究表明，当以新产品销售收入为被解释变量时，后向溢出效应显著，而前向溢出效应不显著；当以专利申请量为被解释变量时，后向溢出效应和前向溢出效应均显著。因此，FDI 对技术创新的不同方面的影响也不同。

本书从人员与产出的角度研究了 FDI 创新溢出的渠道，发现不同的溢出渠道也是影响 FDI 创新溢出效应的重要因素。笔者进一步研究了 FDI 在不同区域以及不同类别产业创新溢出的特征。在不同地区，FDI 对我国创新溢出方面差别不大，除东部地区和中部地区具有显著差异外，八大经济区域差异不显著，按照创新能力以及吸收能力划分的区域差异也不显著；对于供应商主导型的产业和规模密集型产业，FDI 的创新溢出效应以后向溢出效应为主，水平溢出效应和前向溢出效应均不显著；对于专业化供应者型产业，FDI 的创新溢出效应以前向溢出效应为主，水平溢出效应和后向溢出效应均不显著；对于以科学为基础型的产业，FDI 的创新溢出效应以后向溢出效应为主，水平溢出效应为负，而前向溢出效应不显著；对于以工艺创新为主的产业，FDI 的创新溢出效应以后向溢出效应为主，水平溢出效应和前向溢出效应均不显著；对于以产品创新为主的产业，FDI 的水平创新溢出效应与垂直创新溢出效应均不显著。

三、FDI 对我国技术创新溢出效应的影响因素

本书把影响因素转化为虚拟变量，构建面板数据模型分别从地区与行业层面研究了 FDI 对我国技术创新溢出效应的影响因素。对 FDI 地区层面的创新溢出效应研究表明，地区经济发展水平影响不显著、地区人力资本存量在 10% 水平上影响显著、地区开放度在 5% 水平上影响显著；而早期的地区开放政策影响不显著、交通基础设施以及电信基础设施在 5% 水平上显著。因此在地区层面，扩大开放、加强基础设施建设、促进人力资本积累有利于 FDI 的创新溢出效应。

对 FDI 的行业内创新溢出效应研究表明，内外资企业的技术差距、资本密集度差距、研发人力资本质量差距和技术创新差距不利于 FDI 的创新溢出效应；内资企业的研发人力资本质量和技术创新水平、行业技术创新的可获取性、

外资企业出口导向以及内外资企业的出口差距显著促进了 FDI 的行业内创新溢出效应。对 FDI 的行业间创新溢出效应研究表明，后向产业关联度的影响不显著，而前向产业关联度的影响显著为正；内外资企业的出口导向与否对 FDI 的垂直创新溢出效应影响不显著，行业开放度以及市场竞争度对 FDI 的后向创新溢出效应为负，而前向创新溢出效应为正。

四、FDI 对我国技术创新能力的作用机制

本书分别从地区与行业层面初步研究了不同来源的 FDI 对国有企业及国有控股企业、内资企业创新能力的溢出效应。研究表明，不同来源的 FDI 对国有企业及国有控股企业创新能力的溢出效应大于其对内资企业的影响。因此，国有企业及国有控股企业具有较高的吸收能力。港澳台来源的 FDI 对我国企业创新能力的溢出效应小于其他来源 FDI 对我国企业创新能力的溢出效应。因此，以往不区分来源而得出“FDI 对本土企业产生显著溢出效应”的研究可能掩盖了港澳台来源的 FDI 的溢出效应不显著的事实。

FDI 促进了内资企业的创新投入、研发能力、创新产出以及创新绩效。创新投入在 FDI 促进内资企业研发能力以及创新产出的过程中具有中介效应；研发能力在 FDI 促进内资企业创新产出以及创新绩效的过程中具有中介效应；创新产出在 FDI 促进内资企业创新绩效的过程中具有中介效应。

本书首次系统地研究了 FDI 对我国技术创新的溢出效应，对国内外学者从事 FDI 对技术创新溢出效应方面的研究具有重要借鉴意义，对政府以及企事业部门很好地利用 FDI 对我国技术创新的溢出效应具有较大参考价值。本书适合 FDI、技术创新等领域的学者、研究生以及政府和企事业领导阅读。

CONTENTS

目　录

第一章　绪　论

本章阐述了本书选题的背景与意义，对本书的研究对象、研究内容、研究目标与方法、相关概念的界定以及技术路线、结构安排等方面作了简要的介绍。

一、研究背景

（一）现实背景

1. 积极引进外商直接投资成为东道国的必然选择

当今世界是一个开放经济的世界，国际经济活动[①]在开放经济中扮演着重要角色。作为国际资本流动的主要方式，外商直接投资（foreign direct investment，FDI）经常伴随着在东道国投资建厂、技术转移和技术扩散、人员培训与人员流动以及产业关联。因此，外商直接投资是包括了资本、技术与市场的一揽子工程。随着经济全球化和区域一体化的发展，外商直接投资迅速增加并且成为国际间技术扩散的主要方式，利用跨国公司的先进技术促进本国技术进步已成为东道国吸引外商直接投资的重要目标。吸引外商直接投资成为发展中国家特别是转型经济国家提升产业结构和推动技术进步的重要手段。

联合国贸易和发展会议（UNCTAD）《2006年世界投资报告》回顾了各国政府外资政策的走向，报告认为外资管制的主流趋势是简化手续、促进激励、减少税收和扩大开放。如表1.1所示，该报告描述了1992年至2005年被调查国家对外资管制改革的基本状况，可以看出有利于FDI的政策改革正成为主流，引进和吸收外商直接投资成为东道国经济活动的重要内容。

① 广义而言的国际经济活动包括国际商品流动、国际资本流动以及国际技术流动，其中国际资本流动主要包括外商直接投资、外商证券投资和国外借款三种方式。

表 1.1 1992—2005 年各国外资管制改革走向

年份	投资制度调整的国家数目	管制改革的数目	更有利于 FDI	更不利于 FDI
1992	43	77	77	—
1993	57	100	99	1
1994	49	110	108	2
1995	64	112	106	6
1996	65	114	98	16
1997	76	150	134	16
1998	60	145	136	9
1999	63	139	130	9
2000	69	150	147	3
2001	71	207	193	14
2002	70	246	234	12
2003	82	242	218	24
2004	102	270	234	36
2005	93	205	164	41
合计	964	2267	2078	189

资料来源：UNCTAD《2006 年世界投资报告》。

2. 外商直接投资在我国经济生活中占有重要地位

自改革开放以来，大量外资进入中国，特别是在“以市场换技术”战略的支持下，外资迅速涌入中国。自 1993 年开始，我国外商直接投资流入量高居发展中国家第一位，2002 年更是首次超过美国成为世界第一（UNCTAD，2003）。截至 2006 年年底，外资企业共有 274863 家，投资总额 17076 亿美元；累计外商直接投资合同项目达 594427 个，合同利用外商直接投资金额达 14858.48 亿美元，其他投资额达 436.80 亿美元。[①] 如图 1.1 所示，无论合同利用外资额还是实际利用外资额均保持了长期的增长趋势，合同利用外资额具有较大波动，实际利用外资额保持了稳定增长趋势。从 20 世纪 90 年代初期开始，外资流入量得到迅速增长，特别是邓小平南方谈话之后，达到了历史新高。经过几年缓慢调整，2001 年之后外资利用额又得到迅速增长。无论合同利用外资额还是实际利用外资额，FDI 都成为了我国利用外资的主要形式，见图 1.2。1993 年之后

① 数据来源：《中国统计年鉴》(2007)。

FDI占外资利用额比例高达80%左右,2001年之后甚至高达95%。

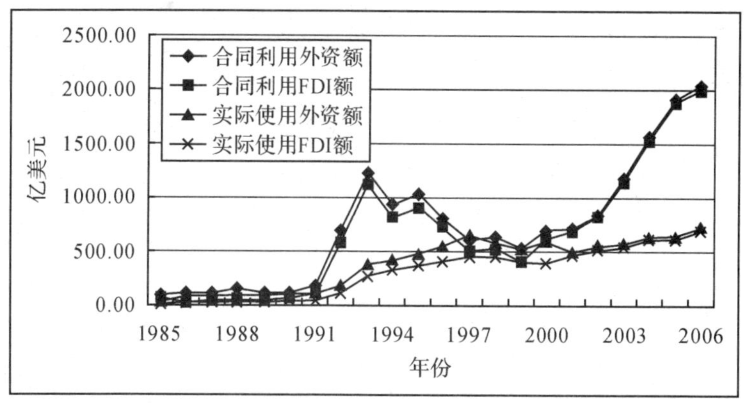

图1.1 中国利用外资额状况1985—2006年

资料来源:《中国统计年鉴》(2007)。

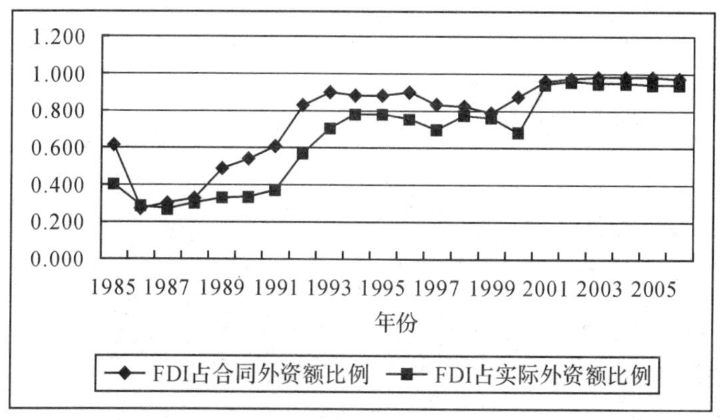

图1.2 FDI占中国利用外资额比重1985—2006年

资料来源:《中国统计年鉴》(2007)。

3.外商直接投资企业在我国技术创新活动中占有重要地位

如表1.2所示,各种类型外资企业在中国广泛开展了研发活动。从外资企业研发人员所占比重以及研发经费所占比重来看,外资企业研发人员的人均经费要大于内资企业;外资企业的研发活动在整个工业企业体系中占有重要地位,达到28%左右。

表1.2 2006年各类大中型工业企业研究与试验发展(R&D)活动情况(%)

登记注册类型		R&D人员全时当量	R&D经费	发明专利申请数	拥有发明专利数
内资企业	国有企业	13.50	10.12	5.79	7.74
	集体企业	1.18	2.35	2.14	4.97
	有限责任公司	39.27	34.65	37.73	24.02
	股份有限公司	17.24	17.89	20.47	19.58
	私营企业	7.48	6.46	7.34	15.81
	其他	0.90	1.27	0.50	0.65
	合计	78.67	71.47	73.47	72.12
港、澳、台商投资企业	合资经营企业	2.90	3.44	3.63	4.87
	合作经营企业	0.21	0.22	1.87	0.15
	独资经营企业	3.30	4.30	7.10	4.30
	其他	0.72	0.98	0.73	0.83
	合计	7.13	8.94	13.33	10.15
其他外商投资企业	合资经营企业	5.73	9.19	6.54	7.75
	合作经营企业	0.11	0.14	0.12	0.23
	独资经营企业	5.68	6.73	5.22	8.02
	其他	1.78	2.27	0.81	1.08
	合计	13.30	18.33	12.69	17.08

资料来源:《中国统计年鉴》(2007)。

4.提高我国自主创新能力,建设创新型国家已上升为国家战略

党的十六届五中全会把提高我国自主创新能力,建设创新型国家作为“十一五”时期的重要任务,“十一五”规划也对此作了明确的战略部署。党的“十七大”报告进一步明确了加强自主创新能力建设是我国未来技术、经济发展的必由之路,“提高自主创新能力,建设创新型国家”已经成为我国中长期的国家发展战略。增强我国的自主创新能力不仅需要原始创新和集成创新,还需要对引进的外来技术在消化、吸收的基础上进行二次创新。

一方面,我国成为了世界上吸引FDI最多的国家,FDI成为了我国利用外资的主要方式,并且流入量持续增长;另一方面,FDI在我国积极开展的技术创新活动在全社会企业技术创新中占有重要比重。然而,以往国内外学者的研究大多集中在FDI的进入对东道国劳动生产率或全要素生产率的溢出效应上,FDI对创新能力的溢出效应研究明显不足。引进国外先进技术,发展我国的自主技术创新能力,增强国际竞争能力,才是开放政策成功的标志。因此,积极研究FDI对内资企业自主创新能力的溢出效应,在理论与实践层面都具有重要意义。

(二)理论背景

1.从“双缺口”理论到“三缺口”理论

外商直接投资对东道国的影响一直是国际学术界关注的热点问题。早期的研究主要强调外商直接投资对东道国的资本积累作用。事实上,在我国改革开放初期,利用外资的动机主要是用其弥补经济发展中的资金与外汇缺口,因而“双缺口”理论(Chenery & Stout, 1966)成为了利用外资的主流指导理论。“双缺口”理论认为,外资可以弥补东道国国内投资与储蓄之间的资金缺口、出口与进口之间的外汇缺口。在改革开放初期,外资的进入对缓解中国经济发展中的储蓄缺口与外汇缺口起到了至关重要的作用。然而,自20世纪90年代以来,我国基本解决了储蓄缺口与外汇缺口问题,因此传统的“双缺口”理论无法解释在缺口消失情况下的大量外资流入现象。

一些学者从技术进步的角度探讨了FDI对发展中国家的促进作用,从而提出了“技术缺口”理论。“技术缺口”理论认为,除了传统的“双缺口”外,发展中国家经济发展还存在技术落后、生产率不高所导致的“技术缺口”,而引进外资能弥补“技术缺口”。例如,Romer(1993)认为落后国家在经济发展过程中,与发达国家存在“思想缺口”(idea gaps)和“物质缺口”(object gaps),而“思想缺口”是发展中国家追赶发达国家更致命的弱点。通过实行开放政策、吸纳外资,可以最有效地弥补发展中国家的“思想缺口”。利用FDI的技术外溢效应,实现自主创新是后进国家实现赶超的一个重要途径。许多落后国家通过这一方式缩短了与发达国家的技术差距,尤其是在国内空白的高新技术领域成功地实现了技术赶超。

在此背景下,中国于1992年开始提出了“以市场换技术”的战略,希望通过FDI产生的溢出效应来获得国外先进技术,推动中国工业企业的技术进步。目前,FDI的溢出效应已成为获取国外先进生产技术与管理技术的重要方式。因而,如何实现FDI的正向溢出效应已经成为各国政府特别关注的问题。

2.对“以市场换技术”战略的成败争论不休

我国实施“以市场换技术”战略的主要目标是通过开放国内市场,引进外商直接投资,从而获取国外先进技术并消化吸收,最终形成我国独立自主的创新能力。该战略实施多年来,对我国产业发展、生产能力和生产技术水平的提高起到了很大的推动作用。然而,在外资企业获得了巨大市场份额甚至垄断我国某些产业的同时,国内自主研发和创新能力的提高却进展缓慢,甚至在一些产业内对外资企业形成了严重的技术依赖。

姜奇平(2004)对我国“以市场换技术”的战略效果进行了考察,认为外资并购会引起本土自主研发能力的下降,形成对外方的高度依赖,导致产业发展的后劲不足。姚淑梅(1999)则认为中国在实施"以市场换技术"的战略中,技术和市场置换不对称,合资过程中取得的技术一般与世界先进水平有 10 到 15 年的差距。而王志乐(2007)认为我国"以市场换技术"的战略取得了成功。他认为,跨国公司进入中国不仅一次性带来了先进技术,而且以动态形式不断地引进先进技术。更为重要的是,跨国公司通过在中国建立和完善供应链,提升了中国许多产业链的整体技术水平。因此,考察 FDI 对中国的影响,不仅要研究水平溢出效应,更应研究垂直溢出效应。针对 FDI 对中国自主创新能力影响不大的观点,王志乐认为这是由于制度缺失和政策不到位,以及企业自身存在的问题造成的负面影响。他进一步指出"在探讨跨国公司对于中国技术发展的影响时,不能把体现在产品上的技术同开发、设计和生产这些产品的技术能力混为一谈"。王志乐还认为大多数跨国公司转让了较先进的技术,而内资企业在合作过程中没有通过引进、消化、吸收和再创新把这些技术转化为自己的技术创新能力。

二、问题的提出

自从 Hymer(1960)开创以 FDI 为研究对象的领域以来,FDI 对东道国的影响成为了学术界关注的焦点,而其溢出(spillover)效应问题是这一研究领域中的重要分支。FDI 的大量流入,除了使东道国增加资本存量、提高管理水平以及缓解就业压力之外,对东道国长期的经济发展与创新能力的提高具有重要的溢出效应。FDI 溢出效应是介于市场交易与企业自主创新之间的一个调节产物(Hennart,1988;Pisano,1990)。通过溢出效应,可以使东道国的技术水平、组织效率和管理技能不断提高,帮助东道国经济走上内生化的增长道路(孟亮,宣国良和王洪庆,2004)。

Caves(1974)利用澳大利亚制造业的行业层面数据对 FDI 的溢出效应进行了开创性的研究,研究结果发现,FDI 对本地企业产生了正向溢出效应。随后 Blomström 和 Persson(1983)对墨西哥 215 个行业的研究、Globerman(1979)对加拿大的研究、Fredrik(1999)对印度尼西亚的研究、Blomström 和 Sjöholm(1999)对印尼的研究、Driffield 和 Munday(2001)对英国的研究、Dimelis 和 Louri(2002)对希腊的研究也都发现了 FDI 的正向溢出效应,但是 Haddad 和 Harrison(1993)对摩洛哥的研究却没有发现 FDI 的溢出效应。Aitken 和 Harrison(1999)在对委内瑞拉的研究中发现,在行业层面外资的进入会导致内资企业劳动生产率的下降。许多学者对 FDI 在中国的溢出效应进行了大量的研究,结果也并不一致。沈坤荣(1999)、Li et al.(2001)、张建华和欧阳轶雯(2003)都发现了FDI对内资企业产生了正向外溢效应。姚洋和章奇(2001)利用第三次工业普查数据对FDI的溢出效应进行了深入研究,发现对某些特定的行业而言,FDI的技术外溢效应即便不是负的,也不显著为正。FDI的溢出效应主要体现在一省内部,行业内的溢出效应并不显著。同时王飞(2003)也认为在华的FDI总体上并没有产生明显的溢出效应。

鉴于行业内FDI溢出效应研究结论的多样性,许多学者转而研究行业间FDI的溢出效应。Javorcik(2004b)认为由于外资企业会采取措施防止技术外溢给本地竞争者,因此,以前学者关于在行业内FDI溢出效应的研究有可能是在错误的地方寻找FDI的溢出效应。Katz(1969)发现跨国公司经常要求阿根廷的国内供应商采用母国的先进生产工艺和技术;Lall(1980)通过对印度两个卡车制造商的案例考察,研究了跨国公司与本土企业间的后向联系(backward linkages);Kugler(2000)也认为外资企业对内资企业的影响主要是通过垂直效应而不是水平效应;Javorcik(2004b)研究发现立陶宛在行业内FDI溢出效应不明显,而行业间溢出效应明显。

针对地区层面研究结论的不一致性,许多学者试图从“地区吸收能力”与“发展门槛”的角度加以解释。Borensztein,Gregorio和Lee(1998)认为东道国只有具备一定的劳动技术水平和基础设施后才能跨过发展门槛(development threshold),才能享受到FDI带来的外溢。潘文卿(2003)利用地区层面的面板数据,发现FDI在总体上的溢出效应为正,但在分区域的研究中发现西部地区溢出效应不明显甚至为负,从而发现西部地区还未跨过FDI的“发展门槛”。何洁(2000)、王志鹏和李子奈(2004)也都验证了“门槛效应”的存在。

以上国内外学者的研究,主要从劳动生产率或全要素生产率等技术进步的角度来研究FDI对东道国的影响。然而,即使FDI的进入促进了东道国整体技术水平的提高,也不等于东道国本土企业技术能力的提升,更不等于东道国自主创新能力的提高(冷民,2005)。经济可持续发展要求经济体本身能获得持续发展的内在动力,使经济增长表现为内生增长,而自主技术创新能力才是影响经济增长内生动力的关键(沈桂龙和于蕾,2005)。事实上,与FDI对东道国技术效率影响的大量研究相比,国内外学者关于FDI对东道国技术创新影响的研究非常不足。以下简要回顾国内外学者关于FDI对中国技术创新影响的研究:

Hu和Jefferson(2001)研究了FDI对中国创新能力的影响,得出了正向溢出的结论。刘云、夏民和武晓明(2003)研究了世界500强跨国公司母公司专利申请对我国技术创新的影响,研究结果表明,FDI在华专利申请对我国的技术引进、消化吸收和创新都有积极影响,但与国内专利申请存在明显的替代和竞争关系。Chcung和Lin(2004)以地区层面的专利申请量来代表技术创新水平,运用面板数据研究了 FDI 对中国创新能力的影响,结果发现了显著的正向溢出效应。冼国明和严兵(2005)利用省际层面的面板数据,研究了 FDI 对我国专利申请的影响,得出了类似的结论。蒋殿春和夏良科(2005)运用行业层面面板数据研究了 FDI 对我国高技术产业技术创新的影响,结果表明 FDI 的竞争效应不利于国内企业创新能力的成长,但是会通过示范效应和人员的流动效应促进内资企业的研发活动。薄文广、马先标和冼国明(2005)运用我国地区层面的面板数据研究了 FDI 对我国技术创新的影响,结果发现 FDI 对于中国的技术创新会发挥积极的影响,但必须跨越一定的人力资本门槛。冼国明和薄文广(2005)运用行业层面的面板数据,发现在内外资企业的技术差距较小以及 FDI 为市场寻求型时,FDI 对内资企业创新能力产生了显著的溢出效应。王红领、李稻葵和冯俊新(2006)研究认为 FDI 促进了内资企业的自主研发。冼国明和薄文广(2006)运用地区层面的面板数据进行研究,发现外资企业创新能力的提高会对国有大中型企业的创新能力产生显著的抑制作用,而对其他类型的大中型工业企业的创新能力产生明显的促进作用。侯润秀和官建成(2006)运用地区层面的面板数据,发现了 FDI 对我国区域创新能力产生了显著的溢出效应。侯润秀和官建成(2006)在研究地区层面 FDI 对大中型工业企业创新能力的影响时发现,FDI 的流入对我国(包括三资企业)的技术创新存在显著的正面效应,而对国有大中型工业企业而言,溢出效应并不明显。

综合国内外研究现状,我们发现:

(1)关于 FDI 对东道国劳动生产率或全要素生产率的技术溢出效应研究比较成熟,已经形成了一套普遍认可的方法与模型,然而 FDI 对东道国技术创新的溢出效应研究不足。

(2)关于对 FDI 溢出效应的研究,结论不一致。这实际上反映了 FDI 溢出效应现象的复杂性和内外资企业的多样性特征。

(3)关于对 FDI 溢出效应的研究主要分别从地区层面或行业内层面进行分析,综合考虑地区与行业层面因素的研究不多,并且对 FDI 在行业间的溢出效应研究匮乏。

(4)关于对 FDI 溢出效应的研究中,探讨是否发生溢出效应的居多,而对溢出效应影响因素以及溢出机制的研究不足。

我国幅员辽阔,地区发展不平衡,因此地区与行业层面的 FDI 溢出效应会有所不同。由于中国地区发展的不平衡,不同地区的外资政策差别很大,因此内外资企业的地区分布差异较大。中国加入 WTO 后,国内企业面临的国际竞争越来越激烈,与跨国公司竞争与合作的机会也越来越多。在这种背景下,客观地评价 FDI 对中国技术创新的作用,系统地探讨其作用机制及其影响因素,并在此基础上进行政策分析，具有重要的实践意义。同时，以一个引进外资最多的发展中国家作为对象来研究FDI对东道国民族企业技术创新的影响，也具有重要的理论价值。

三、研究对象与研究内容

本书的研究对象为外商直接投资对中国企业技术创新的溢出效应。学术界对FDI溢出效应问题的研究基本分为三个层次（陈涛涛，2004）：溢出效应是否存在，影响溢出效应的因素是什么，溢出效应发生的机制如何。由于影响FDI溢出效应的因素有正有负，并且这些因素通过一定的机制发挥作用，因此上述三个层次实际上是同一问题的三个方面。由于无论FDI溢出效应存在与否，我们都不能简单地支持或反对FDI，因此FDI溢出效应存在与否本身并不重要。问题的关键是厘清哪些因素影响了FDI的创新溢出效应，并在此基础上进一步探讨FDI创新溢出效应发生的微观机理，为扩大FDI的正向溢出效应提供理论与政策基础。本书主要解决以下几个方面的问题：

1.外商直接投资与中国技术创新的关系

改革开放20多年来，FDI对中国技术创新到底产生了何种影响，两者有何种关系，这是理论界与政策研究者亟待解决的问题。关于FDI对中国技术创新产生的宏观影响方面，现有文献主要是从地区或行业层面就FDI对中国技术创新的溢出效应的存在性进行了研究。由于我国内外资企业在地区与行业层面分布不均，因此无论从行业层面还是地区层面的研究所得的结论都有一定偏差。并且溢出效应存在性和两者之间的关系是两个层面的问题，科学地评价FDI与中国技术创新的关系具有重要的理论与政策意义，也是本书研究的理论基础。

2.外商直接投资对中国技术创新溢出效应的影响因素

FDI是开放经济的必然产物，无论其溢出效应如何，其在中国必然长期存在。因此，厘清影响外商直接投资对中国技术创新溢出效应的因素极为重要。现有文献主要从地区与行业内的层面来研究FDI的溢出效应问题，这不可避免地受到了地区与行业内因素的影响。然而近年来，学者发现FDI在行业间的溢出效应比行业内的溢出效应更大。本书将分别从地区层面、行业内层面与行业间的层面来研究FDI溢出效应的影响因素。

3.外商直接投资对中国技术创新溢出效应的发生机制

FDI对中国技术创新的溢出效应是一个复杂的系统工程。本书在梳理技术创新能力的维度基础上，研究了FDI对不同技术创新能力的影响与作用路径，初步提出 FDI 对中国技术创新能力的溢出机制。

4. 促进外商直接投资对中国自主创新能力产生正向溢出效应的政策建议

针对实证分析的结果，提出能促进外商直接投资并对中国技术创新产生正向溢出效应的政策建议。同时，为规范 FDI、丰富创新理论、提高自主创新能力提供理论参考。

四、研究目标与研究方法

本书的研究目标是：

(1)通过理论研究与实证分析，从总体上回答 FDI 与我国技术创新之间存在何种关系；

(2)通过理论研究，梳理出 FDI 对我国技术创新溢出效应的影响因素，并实证分析这些影响因素是否有显著差异，从而为促进 FDI 对我国创新溢出提供政策依据；

(3)通过理论与实证研究相结合，分析 FDI 对我国技术创新能力的作用机制，为 FDI 促进我国技术创新能力发展提供政策参考。

本书的主要研究方法有：

(1)文献研究法。通过文献检索、阅读和分析，梳理与本研究相关的国内外研究的现状，为后续的理论研究与实证研究奠定良好的文献基础。在文献研究的基础上，形成我们的研究框架，提出理论假设，形成概念模型。

(2)公开数据检索法。通过统计年鉴和相关权威统计网站的检索，本书收集了我国工业部门内外资企业的相关数据，为后续研究提供了基础。

(3)统计分析法。采用 SPSS 统计软件，通过统计检验、因子分析、聚类分析等统计分析方法，研究了我国内外资企业的创新能力的差异、创新能力的构成以及区域吸收能力的聚类等。

(4)计量经济分析法。运用 EVIEWS 计量分析软件，通过单位根检验、协整分析以及格兰杰检验等计量手段研究 FDI 与我国技术创新之间的关系。运用 STATA 计量分析软件，通过构造面板数据模型对相关模型与假设进行检验。

五、相关概念的界定与辨析

(一)技术、技术溢出与技术溢出效应

1. 技术(technology)

英语中的技术“technology”一词最早由希腊语的“techne”(意为“工艺”、“技能”)和“logos”(意为“文字”、“言语”)组成。Diderot(1756)最早提出了技术的概念,他认为技术是“为了某一目的而共同协作组成的各种工具和规则的体系”,并从目的性、共同协作性、工具性、规则性和知识体系等五个方面阐明了技术的本质特征。

《大英百科全书》对技术的定义是:人们用以改变或者操纵其环境的手段或活动。世界知识产权组织(WIPO)认为“技术是制造一种产品的系统知识、所采用的一种工艺或提供的一种服务,不论这种知识是否反映在一项发明、一项外观设计、一项实用新型或者一种植物新品种中,或者反映在技术情报或技能中,或者反映在专家为设计、安装、开办或维修一个工厂或为管理一个工商企业或其活动而提供的服务或协助等方面”。联合国工业发展组织(UNIDO,1998)认为技术不仅是一件具体的事物,而且也包括硬件和软件中包含的知识。它将技术定义为“由知识、技巧、技能、专有知识和组织组成的一个系统,它用于生产、销售并利用商品和服务,从而满足经济需要和社会需要”。联合国贸易和发展会议(UNCTAD,1999)从技术转移的角度定义了技术:“技术转移涉及物质产品(如资本品)的转移和默认知识的转移,后者正变得更为重要并涉及获得新的技能以及新的技术和组织能力。”

Helleiner(1975)从专利的角度来定义“技术”,认为技术不仅包括法律认可的专利,也包括无法专利化或未经专利化的特有技术知识,还包括熟练劳动内含的技术以及有形商品内含的技术。Grupp(1998)认为技术不仅包括科学成果的应用,还包括在利用科学知识或产品时的处理手段、工作方法和操作技巧。Robock 和 Simonds(1989)从技术的表现形态出发,认为技术不仅包括语言、文字、数据、公式、图表、配方、中间品、资本品等为载体的有形技术,还包括专门技术、实践经验、操作技能、思维观念、组织方式等无形技术。Stewart(1977)、Rosenberg 和 Frischta(1985)以及马庆国、胡隆基和颜亮(2005)认为技术不仅包括可物化在产品和设备上的“硬技术”,还包括体现在组织、管理、决策、沟通、市场等方面的“软技术”。Tihanyi 和 Roath(2002)对技术做了比较形象的概括,他们从技术形态的范畴出发,认为技术包括一条从有形到无形的连续体:技术可以是有形的实体,如设备、最终产品的零件或部件,也可以是无形的信息如

专利、诀窍或者商业秘密等。

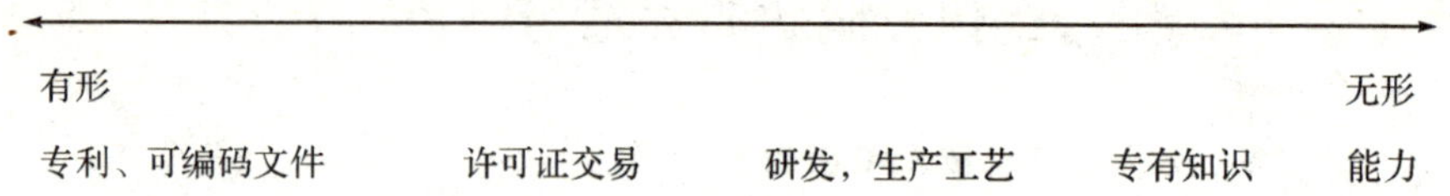

有形 无形

专利、可编码文件 许可证交易 研发，生产工艺 专有知识 能力

图 1.3 技术知识连续体示意图

资料来源：Tihanyi & Roath(2002)。

本书所说的“技术”是一个广义的概念，包括产品的生产技术、管理技术和研发能力等“硬技术”和“软技术”。由于技术具有非竞争性的特点，要做到技术的完全排他性则比较困难。因此，技术具有半公共物品的属性，由此导致了技术外溢的可能；而一件技术往往包括了无法编码的无形技术，因此技术外溢的发生还有赖于技术接受者的能力。

2. 技术溢出(technology spillover)与技术溢出效应(technology spillover effect)

溢出(spillover)的概念最早由马歇尔(Marshall，1890)在其名著《经济学原理》中提出，他认为溢出的概念等同于外部性。其学生庇古(Pigou，1920)在研究福利经济学时将外部经济与外部不经济都当作溢出的积极效应和消极效应。斯蒂格利茨(Stiglitz,1997)认为在市场交易中没有被包含的额外成本与收益即为溢出效应。宋承先(2004)则把私人收益与社会收益发生差异的现象称为溢出效应。

技术溢出又称为技术外溢，通常是指技术领先企业对行业内或行业间企业非自愿的技术扩散，但又不能内部化此收益的一种经济外部性。

技术溢出效应是由于技术溢出而对技术溢出接收者产生的影响。由于技术是一个广义的概念，因此技术溢出效应包括了技术溢出接受者在生产、管理、市场、研发等方面受到的影响。需要指出的是，国内外文献对于“溢出效应”、“外溢效应”、“技术溢出效应”、“技术外溢效应”等概念并不作严格区分，其本质涵义是一样的，在本书中其涵义也是一致的。

(二)跨国公司与外商直接投资

1. 跨国公司(multinational company，MNC)

跨国公司是指从事跨国经营的公司，对外直接投资是跨国公司最重要的活动形式。跨国公司既是对外直接投资的绝对主体，又是对外直接投资的产物。对于跨国公司的定义，目前学术界尚无统一的界定，不同的学者，甚至不同的组织对跨国公司都有着不同的理解。

UNCTAD(1997)认为跨国公司是在一个国家或地区设立总部，并与两个或更多的海外子公司所组成的公有、私有或混合所有制企业。跨国公司及其海外子公司之间以共同的所有权为纽带，依赖于共同的资源系统，具有共同的战略规划。

Porter(1993)认为跨国公司是致力于 FDI，并在一个以上国家拥有或控制价值增值活动的企业。该定义被学术界、商业界以及官方机构普遍接受，本书也采用 Porter 的定义。

2. 外商直接投资(foreign direct investment, FDI)

外商直接投资又称为外国直接投资，是从东道国角度而言的；从投资国角度出发，则称为对外直接投资。外商直接投资、外商证券投资和国外借款构成了国际资本流动的三种基本方式。国际上对 FDI 并没有一个明确而统一的定义，主要学者和机构分别从不同角度对外商直接投资进行定义，如表 1.3 所示。

表 1.3 国内外关于 FDI 的定义

学者或机构	外商直接投资(FDI)的定义	评 述
Hymer[①] (1976)	不仅是资产交换的国际化，也是生产的国际化。FDI 代表着资本、管理技能、新技术等各种资源的“一揽子(package)”转移。	从内容角度定义，强调资产的国际化以及生产的国际化。
Caves (1971,1974)	不仅包括资本的跨国界流动，还包括无形资产的跨国转移。FDI 包括了资本、工艺技术、产品要求、管理技巧、营销诀窍、人力资本等“一揽子”资源的转移。	从内容角度定义，强调资本的跨国界流动以及无形资产的跨国转移。
IMF (1985)	为在本国之外的企业获得持久利益而进行的投资，其目的是为了在该国外企业的管理中拥有实际发言权。	从性质角度定义，强调持久利益以及发言权。
OECD (1986)	一个国家的居民(直接投资者)在投资者所在国之外的另一个国家的企业(直接投资企业)进行的以获得持久利益为目的的活动。持久利益是指直接投资者和企业之间存在着一种长期的关系，直接投资者对企业的管理有重大影响。	从性质角度定义，强调持久利益、长期关系以及影响力。
WTO (1996)	FDI 是当一个国家的投资者获得了来自另一个国家的资产，并存在管理该项资产的意图。	从动机角度定义，关注管理资产的愿望。
UNCTAD (1998)	一国(地区)的投资者在其母国(地区)以外的企业中建立长期关系，享有持久利益，并对之进行控制的投资。	综合了多种观点，比较全面，得到了广泛认同。强调了长期关系、持久利益以及控制。

① Hymer 的博士论文写成于1960年，但1976年才得以出版。Hymer, S. H., 1976, The International Operations of National Firms: A Study of Direct Foreign Investment, Cambridge, MA: MIT Press.

续表

学者或机构	外商直接投资(FDI)的定义	评　述
中国统计年鉴(2007)	外国企业和经济组织或个人(包括华侨、港澳台胞以及我国在境外注册的企业)按我国有关政策、法规,用现汇、实物、技术等在我国境内开办外商独资企业、与我国境内的企业或经济组织共同举办中外合资经营企业、合作经营企业或合作开发资源的投资(包括外商投资收益的再投资),以及经政府有关部门批准的项目投资总额内企业从境外借入的资金。	从可度量的范围角度进行定义。明确界定了中国 FDI 所包括的范围。

资料来源:作者根据相关文献整理。

主流学者以及主要国际组织主要从性质与功能角度定义 FDI,而中国政府主要从来源范围角度对 FDI 进行定义,两者并无较大分歧。由于本书研究中国的 FDI 问题,因此将采用中国政府有关 FDI 的定义。虽然中国政府对 FDI 的定义包括来自港澳台地区的直接投资,然而在中国的政府统计、学术研究以及政府报告中,经常将来自港澳台地区的直接投资企业与来自其他国家(地区)的直接投资企业加以区分,分别称为"港澳台商投资企业"和"外商投资企业",而有时则统称它们为"外商投资企业"、"外资企业"或"三资企业"。在本书中,如无特别说明,我们将它们统称为"外商投资企业"或"外资企业"。同时,如无特殊说明,本书中"外资"、"外商直接投资"以及"FDI"三个词的含义是等价的。

(三)外商直接投资的技术溢出效应与技术创新溢出效应

1. 外商直接投资的技术溢出效应(technology spillover effect of FDI)

自从 MacDougall(1960)第一次明确地提出 FDI 对东道国的技术溢出效应之后,许多学者对此进行了大量的研究。国内外许多学者给出了外商直接投资技术溢出效应的定义,如表 1.4 所示:

表 1.4　国内外关于 FDI 技术溢出效应的定义

学者	外商直接投资(FDI)的定义	评　述
Caves (1974)	由跨国公司的创新活动产生,或者由于跨国公司带来的竞争压力消除了东道国产业内原有的扭曲,由此产生的准租金。这些准租金不能完全被跨国公司所获取而产生的溢出。	强调溢出效应来自跨国公司的创新以及由此产生的准租金。
Dunning (1993)	内资企业因与跨国公司进行接触而获得的好处。	强调与跨国公司的接触。
Lan (1995)	跨国公司所拥有的知识伴随着原材料的交换和人才的流动而流出或者扩散。	强调溢出效应是知识的流出或扩散。

续表

学者	外商直接投资(FDI)的定义	评　述
Blomström Kokko (1998)	跨国公司在东道国实施FDI,引起当地技术或生产力的进步,而跨国公司无法获取其中全部收益的一种经济外部效应。	比较全面,此定义得到了广泛认可,强调了对技术或生产力的影响。
何洁 (2000)	对东道国的经济效率、经济增长或发展能力发生无意识影响的间接作用,它可以发生在同一产业内或者不同的产业间。	强调了对经济效率,经济增长以及发展能力的间接作用。

资料来源:作者根据相关文献整理。

综合以上观点,本书认为外商直接投资的技术溢出效应是指由于外商直接投资所带来的"一揽子"资源对内资企业所带来的非自愿技术扩散或者由于其进入而对内资企业原有扭曲的纠正所产生的准租金,而外商无法获取全部收益的一种经济外部性。

关于外商直接投资的技术溢出效应有广义和狭义之分:把外商直接投资对东道国宏观经济的影响,如对东道国的经济发展、GDP、资本、就业、税收、进出口以及国际收支等方面的影响定义为广义效应;而把外商直接投资对东道国在行业与企业层面的影响,如对东道国的劳动生产率、全要素生产率、研发等方面的影响定义为狭义效应。Blomström 和 Kokko(1998)把外商直接投资对东道国宏观经济的影响称为"外商直接投资对东道国的直接影响",而把外商直接投资对东道国企业的影响称为"外商直接投资对东道国的间接影响"。本书主要研究外商直接投资对我国技术创新的影响,因此属于狭义外商直接投资溢出效应的研究范围。按照 Blomström 和 Kokko(1998),本书属于外商直接投资对东道国的间接影响的研究范畴。

2. 外商直接投资的技术创新溢出效应(spillover effect of FDI on innovation)

Caves(1974)把外商直接投资的溢出效应区分为生产率溢出(productivity spillover)和技术溢出[①](technology spillover);Blomström 和 Kokko(1998)又将 FDI 在东道国的溢出效应分为生产率溢出(productivity spillover)和市场渠道溢出[②](market access spillover);陈继杰(2006)研究了外商直接投资对中国

① 作者把 FDI 生产率溢出表示为外商直接投资对东道国生产效率方面的影响,技术溢出则表示为外商直接投资对东道国技术改善状况的影响。此处的技术是狭义技术的概念,而广义的技术包括生产率。

② 是指东道国企业通过引进 FDI,借助跨国公司的力量将自己的产品销往国际市场。

可持续发展的溢出效应①;孙兆刚、徐雨森和刘则渊(2005)则研究了外商直接投资的知识溢出效应;王红领、李稻葵和冯俊新(2006)则研究了外商直接投资对自主研发的溢出效应;Cheung 和 Lin(2004)研究了 FDI 对中国创新的溢出效应;而更多的学者则把 FDI 对内资企业劳动生产率或全要素生产率的影响作为 FDI 的技术溢出效应。由于技术是一个广义的概念,因此以上学者关于 FDI 溢出效应的研究本质上属于上文界定的外商直接投资技术溢出效应的研究范畴。由于外商直接投资技术溢出效应范围广泛,为了避免混淆,有必要清晰界定本书研究对象的内涵。

由于技术创新是一个宽泛的概念,包括了从新思想的产生、研发、生产、营销到首次商业化的全过程,因此外商直接投资的技术创新溢出效应所包括的范围也极其广泛。本书主要从技术的商业化价值或潜在商业化(如专利等)价值的角度来界定 FDI 的技术创新溢出效应。外商直接投资对东道国的技术创新溢出效应是指,由于外商直接投资所带来的"一揽子"资源对东道国所带来非自愿扩散或者由于其进入对东道国原有扭曲的纠正而对本土企业技术商业化或潜在商业化产生的影响,且外商无法获取全部收益的一种经济外部性。

(四)技术溢出、技术转移、技术转让与技术扩散

在 FDI 溢出效应研究中,需要经常用到技术溢出、技术转移、技术转让、技术扩散等概念。然而在许多文献中,经常发生概念混用的现象。因此有必要对这几个概念做一个简单的辨析:

技术转移,是指技术从技术供给方通过某些途径向技术接受方运动的过程。技术转移是从技术运动的角度来界定的,技术转移既可以在不同地理空间上发生,也可以在不同领域之间发生。

技术转让,是指技术拥有方通过援助、赠与或出售等方式将技术的使用权或所有权出让给技术接受方的过程。技术转让是从法律角度来界定的,主要是指技术权利的出让。

技术扩散,是指先进技术拥有方有意或无意地转让或传播其技术,技术通过一定的渠道在技术的潜在使用者之间传播和应用的过程。技术扩散是从先进技术通过技术势差向外散发的角度来界定的。

技术进步,是指在不增加或者减少生产要素投入的情况下,生产的可能性边界外移,提高了经济活动过程中的投入产出比。技术进步是从生产函数投入产出的角度来界定的。

技术溢出,是指技术的非自愿性扩散的过程。技术溢出效应是技术溢出对

---

① 作者把外商直接投资对中国可持续发展的溢出效应细化为 FDI 对经济管制、社会管制以及环境管制的溢出效应,属于广义 FDI 溢出效应的范围。

东道国的影响。FDI 技术溢出效应是指 FDI 内含的先进技术、人力资本、研发、管理经验等通过各种渠道的非自愿性扩散对东道国的影响。

1. 技术转移与技术转让的关系

技术转移的范围比技术转让大,技术转移包括技术转让。两者的区别是,技术转让一般是指特定的合同双方以法律形式变更技术的使用权或所有权的有目的、有意识的行为。而一项技术只要发生了地点(包括地区、行业和部门等)的变化,不论权利是否发生变化,即认为发生了技术转移。

2. 技术转移与技术扩散的关系

技术转移与技术扩散既有联系又有区别,两者都是技术通过一定的渠道在不同地点之间的运动。两者的区别是:(1)技术转移是一种有目的、有意识的行为,技术转移双方都具有明确的目的,并且技术接受方一般是一个明确的对象;而技术扩散既包括有意识的技术转移,还包括无意识的技术传播,并且技术接受方往往是数量众多的潜在技术使用者。(2)技术转移以技术接受方掌握该技术而结束;技术扩散则要等到所有潜在使用者都掌握技术为止。

3. 技术转移与技术溢出的关系

技术转移是两个主体之间以技术应用为目的,有意识、有组织、有计划的具有主观动机的经济行为;而技术溢出则是技术的非自愿扩散,是技术应用的外部性。在本书中,技术溢出与技术转移具有显著的差别:(1)参与的主体不同,技术转移发生在跨国公司与其东道国子公司之间;而技术溢出则发生在外资企业与本土企业之间。(2)参与主体的动机不同,技术转移的双方都是主动的,目标是一致的;而技术溢出双方的动机并不一致,本土企业希望尽可能地获取技术溢出,而外资企业则尽量避免技术溢出的发生。

4. 技术扩散与技术溢出的关系

技术扩散强调技术的传播过程,这个过程可以是主动的,也可以是非主动的;而技术溢出是技术的非自愿扩散,即技术扩散的外部性,本质上是一个非主动的过程。因此,技术扩散的范围比技术溢出大,技术扩散包括技术溢出。

5. 技术进步与技术溢出的关系

技术进步主要强调技术变动或革新对经济发展的影响,技术进步可以通过技术创新、技术引进、技术扩散等多种途径取得。技术创新不仅关注技术活动产生的商业价值,还特别强调技术活动的新颖性和首创性。因此,并非所有的技术进步都源于技术创新,而技术创新一定能促使技术进步。

六、本书结构安排

本书共分七章,其逻辑思路和结构安排如图 1.4 所示:

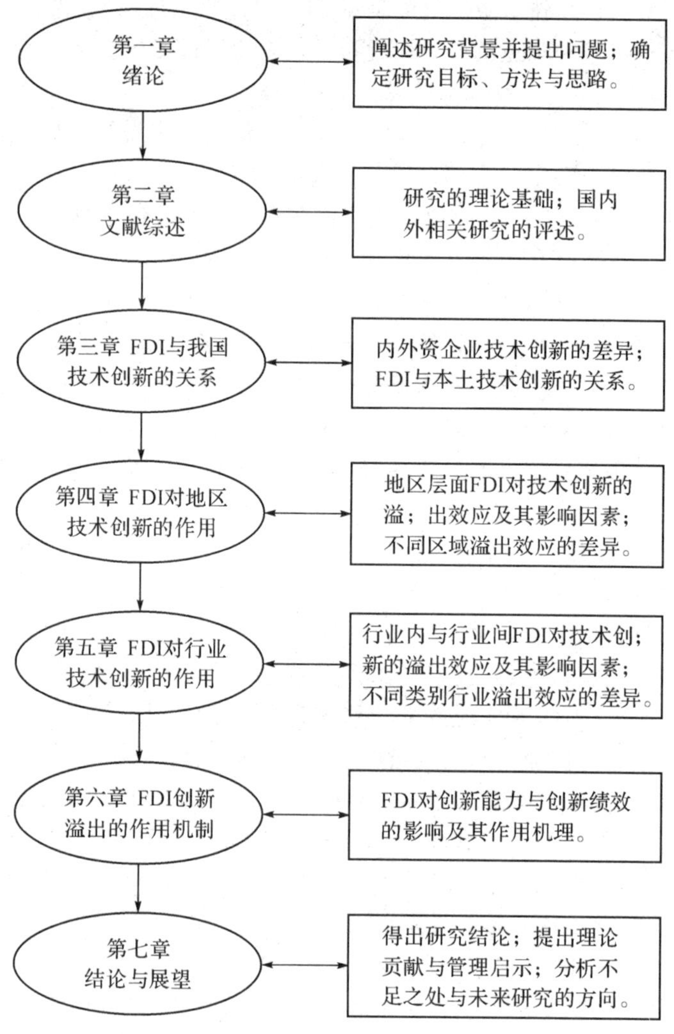

图 1.4 本书的章节安排

第一章，绪论。主要阐述本书的研究背景，包括现实背景和理论背景；提出研究问题；对研究涉及的相关概念进行界定；对研究目标和研究方法加以阐述；对本书的章节安排进行了说明。

第二章，相关理论与文献综述。本章首先对技术创新理论、投入产出理论以及 FDI 技术溢出理论进行了梳理，总结了前人有关技术创新能力维度与测量的有关成果，探讨了 FDI 溢出效应发生的理论基础与传导机制，奠定了本书研究的理论基础。最后，对国内外学者有关 FDI 溢出效应的研究成果进行了综述，分析了有关 FDI 溢出效应的研究现状，从而既明确了本书的研究方向，也为本书的经验研究提供了借鉴与指导作用。

第三章，FDI与我国技术创新的关系。本章首先对FDI在我国的发展历程与分布特征，以及FDI开展技术创新活动的状况进行了分析，为后续章节的研究提供了现实背景。接下来运用配对样本检验方法研究了内外资企业技术创新能力与创新绩效的差异。最后，基于协整理论，研究了FDI与我国技术创新的关系，为后续章节的研究提供了基础。

第四章，FDI对我国技术创新的溢出效应（一）：基于地区层面的实证分析。本章首先构建面板数据模型，分析了FDI在地区层面对技术创新的同期与滞后期的溢出效应。在有关文献的基础上，提出了影响FDI技术创新溢出效应的地区因素；根据影响因素的大小，构建了虚拟变量，实证分析了地区因素产生的影响。本章根据不同的区域划分，进一步实证研究了FDI对不同地区技术创新溢出效应的差异。

第五章，FDI对我国技术创新的溢出效应（二）：基于行业层面的实证分析。本章首先通过构建面板数据模型，分析FDI在行业内与行业间层面对技术创新的同期与滞后期的溢出效应；从人员与产出的角度，研究了FDI对我国技术创新的溢出渠道；从行业内与行业间层面，实证分析了FDI技术创新溢出效应的影响因素。同时，基于Pavitt产业分类思想以及以产品创新为主或工艺创新为主的分类原则，研究了FDI对不同产业技术创新溢出效应的特征。

第六章，FDI对我国技术创新的作用机制。本章构建概念模型，研究FDI对创新投入能力、研发能力、创新产出能力以及创新绩效的影响及作用机理。

第七章，结论与展望。本章通过总结本书的研究结论，阐述了理论贡献以及管理启示，指出了本研究存在的局限与不足之处，并提出了进一步研究的方向。

第二章 相关理论与文献综述

自从 Hymer(1960)开创了以 FDI 为对象的研究领域以来，FDI 对东道国的溢出效应便得到了学术界和各国政府的高度关注。尽管 FDI 对我国的经济发展作出了重要贡献，然而引进 FDI 的根本目的是提高我国的技术创新能力。本书主要涉及技术创新理论、投入产出理论以及 FDI 技术溢出理论。本章将结合本书研究的需要对相关理论与实证研究成果进行回顾。

一、技术创新理论

(一)技术创新的内涵与分类

1. 技术创新的内涵

美籍奥地利经济学家熊彼特(Schumpeter)在 1912 年的《经济发展理论》一书中首次提出了“创新”的概念。按照熊彼特的观点，创新就是一种生产函数的转移，或者是一种生产函数的新组合，其目的在于获得潜在的超额利润。在熊彼特看来，创新不仅是指科学技术上的发明创造，更是指把已发明的科学技术引入企业之中，形成一种新的生产能力。具体而言，熊彼特认为创新包括五个方面的内容：(1)生产新的产品；(2)采用新的生产方法；(3)开辟新的市场；(4)开发新的原材料或半成品的新供给来源；(5)实行新的组织形式。由此可见，熊彼特创新的概念，包含了一切可以提高资源配置效率的活动。

Mansfield et al.(1981)认为技术创新是第一次引进一个新产品或新过程所包含的技术、设计、生产、财务、管理和市场等步骤。Mueser(1985)经过系统的整理分析，认为技术创新是以构思新颖性和成功实现为特征的有意义的非连续性事件。Freeman 和 Soete(1997)认为，经济学意义的技术创新是指包括新产品、新工艺、新系统和新装备等形式在内的技术向商业化实现的首次转化。傅家骥(1998)认为技术创新是企业家抓住市场的潜在盈利机会，以获取商业利益为目标，推出新产品、新工艺，开辟新的市场，获得新的原材料或半成品供给来源和建立新组织的综合过程。王春法(2007)认为创新不是一个事件，不是某一项科技发明，而是一个过程，是科技知识与市场需求的结合，并在此基础上创造出具有市场价值的新型产品和服务的复杂过程。

虽然以上学者对技术创新的定义存在差异，但是各种表述中都强调了技术创新的两个主要特征：一是物质特征，即产品和过程的新颖性；二是经济特征，即产品或服务的商业化过程。

要深入理解技术创新的概念内涵，必须区分技术创新与发明以及技术创新与技术进步的联系与区别。

技术创新与发明的区别在于：技术创新不仅是指新产品的发明或新技术的诞生，更是指发明的第一次商品化。在发明未能转化为创新之前，发明只是一个新观念、新设想。发明的结果不一定是创新，但创新的前身大多是发明。

技术进步与技术创新的区别在于：技术进步主要强调技术变动或革新对经济发展的影响。技术进步既可以来自对现有技术的改进，也可作为对投入要素的重新配置，还可以是通过模仿、扩散等途径获得的技能和经验等，但并不一定是企业自主研发的工艺或产品。技术创新不但关注技术活动产生的经济价值，同时还特别强调技术变化的新颖性和首创性特征。因此，技术创新一定能促使技术进步，但并非所有的技术进步都源于技术创新。

2. 技术创新的分类

对于技术创新，可以从不同的角度、按不同的标准划分其类型。从技术创新对象的角度，可以分为产品创新（product innovation）和工艺创新（process innovation）；从技术变化强度的角度，可以分为根本性创新（radical innovation）和渐进性创新（incremental innovation）。

（1）产品创新和工艺创新

产品创新是指企业在产品的生产和经营过程中，对其自身生产或经营的产品所从事的改进、提高或发明的创新活动。产品创新可分为重要创新和渐进创新两类。重要的产品创新是指全新的产品创新，或组合已有的技术取得新的应用；渐进的产品创新是指使用新材料、新配件等来改进产品的性能或降低产品的成本，或通过改变产品的局部而改进产品整个系统的功能。一般来说，重要创新对企业的发展影响较大，渐进创新对企业的影响有大有小。但前者往往比较难以实现，投入也大，而后者较易做到。

工艺创新是指产品的生产技术、工艺流程的变革，包括新工艺、新设备和新的组织管理方式。这种技术创新大多是出于节约原材料和能耗、提高生产效率的目的而产生的。由于工艺创新对开发新产品、改进原有产品以及提高原有产品的产量和质量都具有重要作用，因此其重要性并不亚于产品创新。

(2)根本性创新和渐进性创新

根本性创新是指技术有重大突破的创新,并能在一段时间内引起技术体系或产业结构的变化。根本性创新的产生是人类科学知识不断积淀和长期探索的结果,它们能为生产活动提供某种"技术轨迹"或形成某种"技术—经济范式(technology-economy paradigm)",从而对人类的生产和生活产生重大的影响。渐进性创新是指对现有技术的改进所引起的渐进的、连续性的创新活动。这种创新既可以是产品创新,也可以是工艺创新。渐进性创新在生产、生活中更为常见,是技术创新的常态。

(二)技术创新能力的内涵与构成

1. 技术创新能力的内涵与测度

自从 Burns 和 Stalker 于 1961 年首次提出技术创新能力的概念以来,技术创新能力一直是各国学术界研究的一个热点问题,然而至今都未形成一个科学的、公认的定义。魏江和寒午(1998)认为技术创新能力是一个广义的概念,是企业的管理创新、制度创新、技术创新、组织创新等不同要素创新能力的总和;而狭义的创新能力,一般指企业的技术创新能力。黄鲁成、张红彩和李晓英(2005)认为技术创新能力是指将新产品、新工艺的设想转化为现实生产力,并获得技术的商业应用和新产品的市场成功能力。国内外学者分别从不同的角度研究了技术创新能力的内涵与构成要素。

(1)从技术创新所需资源要素的角度。

技术创新能力是多种要素构成的有机整体,是企业从事技术创新活动并以技术创新引领企业发展的能力。资源要素决定了企业"能做"技术创新的范围。Barton(1992)认为技术创新能力的核心是掌握专业知识的人、技术系统、管理系统以及企业价值观。曹崇延和王淮学(1998)把企业技术创新能力定义为投入能力、研发能力、生产能力、组织管理能力、营销能力、财务能力以及产出能力的总和。

(2)从技术能力的角度。

傅家骥(1992)在研究技术能力的积累性、差别性和学习性的基础上,认为技术创新能力是技术能力的组成部分,它和吸收能力、生产能力共同构成了技术能力。他认为,技术创新能力担负着提高技术能力的重任,企业提高技术能力最终要以提高技术创新能力为依托,技术创新能力是企业发展技术能力的核心。进而,傅家骥将技术创新能力分解为创新投入能力、创新管理能力、创新倾向、研发能力、制造能力和营销能力。Prahalad 和 Hamel(1992)提出了企业核心能力理论,他们认为技术创新能力是企业核心竞争力的关键;王道平和李永锋(2003)认为技术创新能力是制造业竞争力的潜在动力,可以使制造业获得不断发展的动力和核心竞争力。

(3)从战略管理的角度。

Burgelman,Maidique 和 Wheelwright(1996)认为企业技术创新能力是便于组织支持企业技术创新战略的一系列综合特征。它包括可利用的资源及其分配、对行业发展的理解力、对技术发展的理解力以及战略管理能力。

(4)从产品创新与技术创新的角度。

王伟强(1994)认为技术创新能力是产品创新能力和工艺创新能力的一种组合创新能力,是产品创新能力和工艺创新能力之间的耦合及由此决定的系统的整体功能。

(5)从技术创新过程的角度。

魏江和许庆瑞(1996)认为技术创新能力包括创新决策能力、研发能力、生产能力、市场营销能力、组织能力五个方面;魏江和寒午(1998)把技术创新能力分为研发能力、制造能力以及营销能力,并认为为了保证上述过程的实现,还需要较强的组织能力和资金投入能力;柳卸林和胡志坚(2002)认为技术创新能力主要包括研发投入能力、设计能力、制造和生产能力以及创新产出能力;官建成和史晓敏(2004)从学习能力、研发能力、资源配置能力、生产制造能力、市场营销能力、组织创新能力、战略规划能力等方面定义了企业的技术创新能力;陈钰芬(2005)分别从研发能力、设计能力、制造和生产能力以及创新产出能力的角度定义了企业技术创新能力;黄鲁成、张红彩和李晓英(2005)认为技术创新能力主要包括技术创新投入能力、研发能力以及创新产出能力三个最基本的部分;张国良和陈宏民(2006)分别从创新投入、创新产出、创新对商业绩效的影响角度以及创新过程的角度来定义创新能力;王凯和马庆国(2007)分别从投入能力、研发能力、产出能力的角度研究了制造业的技术创新能力;罗燕婷(2007)分别从经费投入、人力投入、研发能力、制造能力以及经济效益、技术成果的角度评价了安徽省大中型工业企业的技术创新能力;霍慧智(2006)也从创新投入、研发以及创新产出三个角度来测量石油行业的技术创新能力。

综上所述,技术创新能力反映了企业研发产品的技术水平、产品满足市场需要的程度、对创新产品投入生产的能力以及产品市场化的能力。其含义主要包括如下几点:(1)技术创新能力是由各创新要素相互耦合所组成的一个系统能力;(2)技术创新能力是产品创新能力和工艺创新能力的整体功能;(3)技术创新能力与技术能力相关,是技术能力的核心组成部分;(4)技术创新能力与技术创新战略密切相关,既受技术创新战略的支配,也引领技术创新战略的发展;(5)技术创新能力是通过技术创新而表现出来的显性化能力,与技术创新既有区别也有联系。

技术创新和技术创新能力是不同的。技术创新是从研发到首次商业化的过程,而技术创新能力则是完成这个过程所需要的各种能力。在学术研究中,对技术创新测度的指标往往是专利或新产品等静态指标，它注重的是技术创新的结果；而技术创新能力则需要由众多反映能力的指标组成，并且对技术创新能力赋予的内涵不同，所体现的考察指标也不尽相同。表 2.1 反映了最近学者关于技术创新能力指标体系的研究成果：

表 2.1 国内学者有关技术创新能力的指标研究

作者	指标体系	
	一级指标	二级指标
唐炎钊 邹珊刚 (1999)	创新投入能力	R&D 投入强度、非 R&D 投入强度
	创新管理能力	创新战略的可行性、创新机制的有效性
	研究开发能力	技术水平先进程度、专利拥有数、技术扩散率
	产品制造能力	设备水平先进程度、个人技术等级适应性、标准化程度
	市场营销能力	产品市场占有率、市场了解程度、分销网络化程度
傅家骥 (2000)	创新投入能力	研发投入强度、研发人员素质、研发设备净值、非研发投入额、技术购买额
	创新管理能力	创新战略、创新机制的效率、创新成功率、新产品销售份额、创新频率、每千人创新数量、创新视野
	研发能力	专利拥有数、自主创新产品率、技术复杂性、技术新颖性、对技术引进的改进、开发时间和成本
	制造能力	设备水平、工人技术等级和工作质量、现代制造技术采用率、引进技术达产率、计量、测试和标准化水平
	营销能力	市场研究、对消费者的了解程度、营销体制的适合度、分销网络
	创新产出能力	收益性指标：净收益率、净增收益率、技术净收入 技术性指标：技术水平指数、从订货到交货的时间 竞争性指标：产品市场占有率、质量提高率、成本降低率、能耗降低率、原料利用率
胡恩华 (2001)	管理能力	决策能力、获取信息能力、技术创新的预测和评估能力、内外部协调能力
	投入能力	技术开发人员/职工总数、技术创新总经费/产品销售收入、技术开发人员、技术创新总经费
	研发能力	大专以上文化程度的技术开发专职人员数/职工总数、拥有专有技术和专利数、研发资金投入总量、主要产品的更新周期
	制造能力	工程技术人员/职工总数、产品的质量标准水平、主要生产设备水平、工程化条件
	销售能力	新产品的竞争性、专职销售人员/职工总数、营销费用/新产品的销售收入、销售网点
	实现能力	新产品销售收入/产品销售总收入、新产品单位成本、新产品销售收入、绿色产品销售收入/新产品销售收入

续表

作者	指标体系	
	一级指标	二级指标
陈钰芬(2005)	研发能力	企业研发投入占销售收入的比例 大中型企业设置科技活动机构的比例
	设计能力	每万人实用新型专利申请受理量 每万人外观设计专利申请受理量
	制造和生产能力	企业平均生产经营用设备原值 企业平均技术改造投入
	创新产出	新产品销售收入占总销售收入的比重 新产品产值率
张济波(2006)	创新投入水平	研发经费占销售收入比重 研发人员占职工人数比重 中高级职称人员占企业职工总数比重
	创新管理水平	研发机构设置率、自主创新战略建设、人才激励机制建设、创新型文化建设、技术知识储备水平、自主创新领导水平、内部创新机制建设
	创新产出水平	新产品销售收入占总销售收入的比重、省级以上新产品占所有新产品比重、授权专利数、发明专利占授权专利的比率、省级以上著名商标数、非专利技术拥有率
王 凯 马庆国(2007)	投入能力	科研经费投入强度 科技活动经费投入强度 研发人员占从业人员比重 科技活动人员占从业人员比重
	研发能力	科学家和工程师与研发人员数量之比 每千人发明专利拥有数
	产出能力	新产品销售收入与产品销售收入之比 新产品劳动生产率

资料来源:作者根据相关文献整理。

2. 技术创新能力与技术创新绩效的关系

技术创新绩效与技术创新能力既有区别又有联系。技术创新绩效是指技术创新资源的投入产出比,它反映着某行业技术创新资源对创新产出的贡献程度,即技术创新资源的配置效率。

王伟光(2003)认为技术创新能力是利用各种创新资源创造新知识,并把这些知识或已有知识以“新”的方式转化为现实的、有经济价值的商品或服务的能力。从这个意义上说,技术创新能力就是实现这种“转化”的能力或水平;技术创新效率则是实现这种“转化”的效率;王伟光(2002)在其博士论文中用创新投入(R&D)或创新产出(新产品销售收入和专利)来表示技术创新能力,而用创新产出和创新投入的指标比来测算创新绩效;刘满凤(2005)认为创新绩效是创新系统在投入一定的资源要素之后,所取得的效果和表现出的生产效率的提高。它可以通过投入和产出两个方面的对比来反映。若投入小、产出大,说明创新绩效好;反之,若投入大、产出小,表明创新绩效差。

二、投入产出理论

投入产出分析,是研究经济系统中各个部门间表现为投入与产出的相互依存关系的方法。它以矩阵的形式,描述了国民经济各部门在一定时期内的投入来源和产出使用去向,揭示了国民经济各部门间相互依存、相互制约的数量关系。投入产出分析中的投入,是指生产过程中投入的劳动对象、劳动资料和活劳动的数量;产出则是指产品的分配使用方向及其数量。投入产出分析首先将各部门的投入和产出编制成一张投入产出表,然后利用经济学原理,根据投入产出表的平衡关系建立数学模型来分析和考察国民经济各部门在产品的生产和消耗之间的数量依存关系。运用投入产出分析,既能进行国民经济各部门的综合平衡,又能对未来进行预测,还能对经济结构、经济效益、经济政策和商品价格等问题进行综合分析(何其祥,1999)。

(一)投入产出表的基本结构

投入产出表分为供给表、使用表和产品部门[①]×产品部门表。国家统计局公布和一般研究使用的都是产品部门×产品部门的价值型投入产出表。以《中国 2002 年投入产出表》为例,以货币单位计量的价值型产品部门×产品部门投入产出表基本结构如表 2.2 所示:

第Ⅰ象限是由名称相同、排列次序相同、数目一致的若干产品部门纵横交叉而成的中间产品矩阵:其主栏(纵向)为中间投入,宾栏为中间使用,矩阵中的每个数字都具有双重意义;沿行方向看,反映各产出部门生产的货物或服务提供给各投入部门使用的价值量,称为中间使用;沿列方向看,反映各投入部门在生产过程中消耗各产出部门生产的货物或服务的价值量,称之为中间投入。

第Ⅰ象限是投入产出表的核心,反映了国民经济各部门之间的相互依赖、相互提供劳动对象供生产和消耗的过程。

① 投入产出表中所说的"部门"并不是通常意义上的由企业归口行业而组成的经济部门,而是指产品或同类性质的"产品类"每一部门生产的产品具有基本相同的消耗结构。

表 2.2　投入产出表的基本结构

<table>
<tr><td colspan="2" rowspan="2">产出
投入</td><td colspan="4">中间使用</td><td colspan="4">最终使用</td><td rowspan="2">进口</td><td rowspan="2">其他</td><td rowspan="2">总产出</td></tr>
<tr><td>农业</td><td>…</td><td>公共管理和社会组织</td><td>中间使用合计</td><td>最终消费</td><td>资本形成总额</td><td>出口</td><td>最终使用合计</td></tr>
<tr><td rowspan="2">中间投入</td><td>农业
⋮
⋮
公共管理和社会组织</td><td colspan="4" rowspan="2">第Ⅰ象限</td><td colspan="7" rowspan="2">第Ⅱ象限</td></tr>
<tr><td>中间投入合计</td></tr>
<tr><td rowspan="2">增加值</td><td>劳动者报酬
⋮
⋮
营业盈余</td><td colspan="4" rowspan="2">第Ⅲ象限</td><td colspan="7" rowspan="3"></td></tr>
<tr><td>增加值合计</td></tr>
<tr><td></td><td>总投入</td><td colspan="4"></td></tr>
</table>

资料来源:《中国 2002 年投入产出表》。

第Ⅱ象限是第Ⅰ象限在水平方向上的延伸,左栏的部门分组与第Ⅰ象限相同,宾栏是由最终消费、资本形成总额、出口等最终使用项目所组成。沿行方向看,反映各产出部门生产的货物或服务最终使用的价值量;沿列方向看,反映各项最终使用的规模及其构成。

第Ⅰ象限和第Ⅱ象限是连接组成的横表,反映国民经济各产品部门生产的货物或服务的使用去向,即各产品部门的中间使用和最终使用数量。

第Ⅲ象限是第Ⅰ象限在垂直方向的延伸,主栏由劳动报酬、营业盈余等各种增加值项目组成,宾栏的部门分组与第Ⅰ象限相同。第Ⅲ象限反映各产品部门的增加值及其构成情况。

第Ⅰ象限和第Ⅲ象限连接组成的竖表,反映国民经济各产品部门在生产经营过程中的各种投入来源及产品价值构成,即各产品部门的总投入及其所包含的中间投入和增加值的数量。

投入产出表三大部分相互连接,从总量和结构上全面、系统地反映国民经济各部门从生产到最终使用者之间完整的事物运动过程中的相互联系。

(二)投入产出表的平衡关系

x_{ij} 表示部门间的产品流量。从纵列看,表示生产第 j 部门总产品 x_j 的过程

中对第 i 部门产品的消耗量；从横行看，可以解释为第 i 部门总产品 x_i 中用作劳动对象消耗的数值。

x_i，表示第 i 部门的产品总量或总投入量

其中 $\boldsymbol{U}=(x_{ij})$ 为 $n\times n$ 的中间产品矩阵，是投入产出表的核心部分。$\boldsymbol{Y}$ 矩阵和 $\boldsymbol{N}$ 矩阵为最终使用和最终投入矩阵，$\boldsymbol{M}$ 为列向量表示进口，为总产出向量，整个投入产出表有以下的平衡关系：

(1)行平衡关系，中间使用＋最终使用＝总产出

$$\sum_{j=1}^{n} x_{ij} + Y_i = X_i \tag{2-1}$$

Y_i 代表 $\boldsymbol{Y}$ 矩阵的行和

(2)列平衡关系，中间投入＋最初投入＝总投入

$$\sum_{i=1}^{n} x_{ij} + N_j = X_j \tag{2-2}$$

N_j 代表 $\boldsymbol{N}$ 矩阵的列和

(3)总量的平衡关系

总投入＝总产出

每个部门的总投入＝该部门的总产出

中间投入合计＝中间使用合计

(三)投入产出表的系数矩阵

(1)直接消耗系数和直接消耗系数矩阵

直接消耗系数，也称为投入系数，$\alpha_{ij}(i,j=1,2,\cdots,n)$ 是指在生产经营过程中第 j 产品(或产业)部门的单位总产出直接消耗的第 i 产品部门货物或服务的价值量。将各产品(或产业)部门的直接消耗系数用表的形式表现出来就是直接消耗系数表或直接消耗系数矩阵，通常用字母 $\boldsymbol{A}$ 表示。

用第 j 产品(或产业)部门的总投入 X_j 去除该产品(或产业)部门在生产经营活动中所直接消耗的第 i 产品部门的货物或服务的产值 x_{ij}，即

$$a_{ij} = \frac{x_{ij}}{X_j} \quad (i,j=1,2,\cdots,n) \tag{2-3}$$

直接消耗系数矩阵记为 $\boldsymbol{A}$，则

$$\boldsymbol{A} = \begin{bmatrix} a_{11} & \cdots & a_{1n} \\ \vdots & \ddots & \vdots \\ a_{n1} & \cdots & a_{nm} \end{bmatrix}$$

(2)完全消耗系数和完全消耗系数矩阵

完全消耗系数是指第 j 产品部门每提供一个单位最终使用时，对第 i 产品部门货物或服务的直接消耗和间接消耗之和。b_{ij} 是直接消耗系数 a_{ij} 与间接消耗系

数 $\sum_{k=1}^{n} b_{ik} a_{kj}$ 之和，即

$$b_{ij} = a_{ij} + \sum_{k=1}^{n} b_{ik} a_{aj} \quad (i,j = 1,2,\cdots,n) \tag{2-4}$$

公式中 k 为中间产品部门

完全消耗系数矩阵记为 $\boldsymbol{B}$，则

$$\boldsymbol{B} = (\boldsymbol{I} - \boldsymbol{A})^{-1} - \boldsymbol{I}$$

(3)直接分配系数和直接分配系数矩阵

直接分配系数 h_{ij} 是第 i 部门提供的产品和服务在各种用途 X_j 之间的分配使用比例，即

$$h_{ij} = \frac{x_{ij}}{X_j} \tag{2-5}$$

直接分配系数矩阵记为 $\boldsymbol{H}$，则

$$\boldsymbol{H} = \begin{bmatrix} h_{11} & \cdots & h_{1n} \\ \vdots & \ddots & \vdots \\ h_{n1} & \cdots & h_{nn} \end{bmatrix}$$

(4)完全分配系数和完全分配系数矩阵

完全分配系数 l_{ij} 是直接分配系数 h_{ij} 与间接分配系数 $\sum_{k=1}^{n} l_{ik} h_{kj}$ 之和，即

$$l_{ij} = h_{ij} + \sum_{k=1}^{n} l_{ik} h_{kj} \, (i,j = 1,2,\cdots,n) \tag{2-6}$$

完全分配系数矩阵记为 $\boldsymbol{L}$，则

$$\boldsymbol{L} = \begin{bmatrix} l_{11} & \cdots & l_{1n} \\ \vdots & \ddots & \vdots \\ l_{n1} & \cdots & l_{nn} \end{bmatrix}$$

另，完全分配系数矩阵可以由直接分配系数得到，

$$\boldsymbol{L} = (\boldsymbol{I} - \boldsymbol{H})^{-1} - \boldsymbol{I} \tag{2-7}$$

三、FDI 技术溢出理论

自从 Hymer 的博士论文开创了对 FDI 的研究以来，诸多专家学者从多种角度对 FDI 的动因、行为和作用等做了大量研究，FDI 溢出效应成为其中一个重要分支。MacDougall(1960)在分析 FDI 的一般福利效应时，第一次把技术的溢出效应视为 FDI 的一个重要现象，明确提出了 FDI 的溢出效应。此后，对 FDI 技术溢出效应的研究引起了很多经济学家的兴趣。

由于外商直接投资理论发展迅速，学说纷呈，对其作全面细致的回顾与评价几乎是一项“毫无希望的工作”(Caves，1996)。因此，基于本书的研究方向，本书主要对具有代表性的 FDI 溢出效应研究进行评述。

(一)FDI 技术溢出发生的理论基础

传统外商直接投资理论与 FDI 在东道国的技术溢出之间具有重要的理论渊源。注重研发、人力资本以及外部性的内生增长理论是 FDI 对东道国发生溢出效应的重要理论基础。FDI 在东道国技术溢出的过程本质上是知识溢出的过程，因此知识溢出理论也是 FDI 对东道国发生溢出效应的理论基础。

1. 传统外商直接投资理论

(1)垄断优势理论。

垄断优势理论起源于产业组织理论与要素禀赋理论的融合，是产业组织理论在外商直接投资领域应用研究的结果。垄断优势理论把跨国公司开展对外直接投资经营活动的决定因素归结为企业拥有某种垄断优势。该理论是由 Hymer(1960)首次提出，后经 Kindleberger(1969)加以系统阐述而逐步形成的。跨国公司在同当地公司竞争的时候，常常面临着一些不利因素，比如投资环境、经济政策、法律规则的不同，地理距离、社会、风俗以及文化方面的差异。为了克服这些缺点，跨国公司必须拥有更为有效的技术、市场渠道、管理经验以及资本实力(Hymer，1960)。Hymer 认为企业开展对外直接投资必须满足两个条件：一是企业必须拥有一些特定的优势(specific advantage)，以抵消企业对外经营中的一些不利因素；二是存在市场不完全，使得企业能够保持并发挥特定优势。Kindleberger(1969)进一步把市场不完全主要归结为四个方面：产品和生产要素市场的不完全、规模经济引起的市场不完全、政府干预经济导致的市场不完全和关税等引起的市场不完全。Johnson(1970)认为，知识是对外直接投资过程的关键，跨国公司的垄断优势主要来源于其对知识资产的控制和转移。Caves(1971)认为，产品的差异化能力是跨国公司垄断优势的重要体现。FDI 不仅是一个资产交易过程，它还包括了知识、技术、管理经验等无形资产的跨国转移，是跨国公司在东道国使用并发挥其内在优势的过程。

垄断优势理论关于对外直接投资企业特定优势的分析以及知识资产和产品差异化能力在对外直接投资过程中的重要作用的论断，都强调对外直接投资企业相对于东道国企业要具有某些特定优势。正是由于这些特定优势，FDI 的技术溢出效应才成为可能。

(2)内部化理论。

内部化是把市场交易建立在企业内部的过程，内部化理论将跨国公司对外直接投资的动因归结为减少交易成本以及实现市场的内部化。内部化理论由

Buckley 和 Casson(1976)以及 Rugman(1981)等人提出。内部化理论把市场不完全归结为交易性市场不完全,强调企业通过内部化可以以较低交易成本在企业内部转移其特定优势,并认为这种特定优势的内部转移能力是企业进行对外直接投资的原因。内部化理论着眼于跨国公司的内部化优势,它既可以解释发达国家的对外直接投资行为,又可以解释发展中国家的对外直接投资行为。

市场和企业可以看作是两种不同的交易方式,前者通过价格机制发挥作用,后者采用内部行政手段起作用。内部化理论解释了跨国公司在东道国开展经营活动为何采取企业的方式而不是市场交易的方式的原因。

在内部化理论的支持下,对外直接投资企业把先进技术转移到其在东道国的子公司或分支机构,从而为其子公司或分支机构向东道国企业技术溢出创造了条件。

(3)区位优势理论。

区位优势理论源于区位理论(location theory),区位优势理论认为区位因素在跨国公司选择是否进行对外直接投资以及在何处投资的决策中发挥重要作用。区位因素不仅影响 FDI 的投资方向,也影响 FDI 的行业结构和类型;区位因素不仅对跨国公司在全球范围内的选址产生作用,而且对跨国公司在东道国内部的选址也会产生作用(梁军,2007)。

Dunning(1977)认为区位优势是决定 FDI 在何处发生的关键因素,并认为区位因素主要包括:要素投入和市场的地理分布、生产要素成本和质量、运输成本与通讯成本、基础设施、政府干预、金融状况、东道国市场特征、由于经济条件而形成的与他国的物质距离以及由于历史、文化、偏好等形成的心理距离等。

东道国吸引 FDI 的区位优势条件,是跨国公司进行海外直接投资的重要动因。区位优势理论说明了东道国吸引 FDI 具有区域分布的特征,同时也暗示了 FDI 技术溢出效应在一定的区域内发生,为学者从区域角度研究 FDI 的技术溢出效应提供了理论基础。

(4)国际生产折衷理论。

国际生产折衷理论来源于垄断优势理论、内部化理论和区位优势理论。Dunning(1977)融合了 Hymer,Buckley,Casson 等前人的理论,并把它们纳入到了一个统一的分析框架,首次提出了国际生产折衷理论。该理论认为从事 FDI 的企业,必须具备所有权优势、区位优势和内部化优势。Dunning 将这三种优势进行综合,发展出了三位一体的 OLI(ownership-location-internalization)分析范式。所有权优势是跨国公司从事国外经济活动的先决条件,若企业对其技术优势等实行内部化有利可得,同时国外区位优势有较大吸引力时,企业将选择对外直接投资方式;若国外区位优势吸引力不大时,企业将选择出口方式;当企业不需对其优势实行内部化,同时国外区位因素又无吸引力时,企业将选择许可证安排方式。

Dunning 认为,企业只有在同时具备这三种优势时,才可能选择进行 FDI;若不具备区位优势,企业可能选择对外出口而不是 FDI;若同时不具备区位优势和内部化优势,企业则可能选择对外技术转让的方式。

相对于单独的垄断优势理论、内部化理论和区位优势理论,国际生产折衷理论综合面广、解释力强,是迄今为止最具影响力、适用范围最广的对外直接投资理论。国际生产折衷理论因缺乏统一的理论基础和逻辑主线,同时由于该理论仅将各种理论加以综合而创新不足,受到了学者的质疑。由于前文分别单独论述了垄断优势理论、内部化理论以及区位优势理论与 FDI 技术溢出效应的理论关系,而国际生产折衷理论是这三种理论的综合。关于国际生产折衷理论与 FDI 技术溢出效应的理论关系,在此不再赘述。

(5)产品生命周期理论。

Vernon(1966)在对美国跨国公司对外直接投资行为进行实证研究的基础上创立了产品生命周期理论。该理论将产品生命周期划分为产品创新阶段、产品成熟阶段和产品标准化阶段,并认为企业对外直接投资是伴沿着产品生命周期而展开的。

在产品创新阶段,由于技术不成熟、市场需求较小,需要大量研发投入以及积极开拓消费市场,产品一般集中在创新国内生产。

在产品成熟阶段,技术逐步成熟、国内市场日趋饱和,为了开拓新市场,向技术水平接近的发达国家的出口不断扩大。随着进口国产品模仿能力的增强,为了减少交易成本,创新国开始在这些发达国家进行直接投资,同时向发展中国家进行出口。

在产品标准化阶段,技术垄断优势失去作用、成本因素作用突出,发展中国家市场兴起并成为投资生产的理想区位。

在产品生命周期中,产品从创新经成熟再到标准化的过程,不仅是技术由不成熟到成熟再到标准化的过程,也是产品生产区位从创新国转移到其他发达国家再转移到发展中国家的过程。产品生命周期理论不仅解释了 FDI 产生的原因,还指出了 FDI 的发展路径。FDI 的发展路径是随着产品的技术生命周期而展开的,是由本国企业在不同时期的相对技术优势所决定的,而这种相对技术优势正是 FDI 技术溢出效应产生的主要源泉(严兵,2006b)。

(6)边际产业扩张理论。

日本学者小岛清(Kiyoshi,1978)在研究了贸易导向型(日本)和逆贸易导向型(美国)对外直接投资的基础上,提出了边际产业扩张理论。该理论融入了比较优势理论，将比较利益原则作为企业进行对外直接投资决策的重要因素。

边际产业扩张理论认为对外直接投资应该从母国已经或即将处于比较劣势的产业，即“边际产业”开始依次进行，而对于这些产业，东道国又具有明显或潜在比较优势。由此，可以促进产业结构更趋合理，并创造出更多的贸易机会。小岛清认为，美国选择其具有比较优势的产业进行FDI，导致其失去了本来应该通过出口而得到的巨额贸易顺差；而日本的对外直接投资不仅没有取代出口，还带动了其相关产品的出口。

边际产业扩张理论认为，贸易创造型对外直接投资模式是更为理想的模式。该理论既解释了日本对外直接投资的情况，也解释了亚洲出现的“雁行模式”的国际分工体系，但无法解释后来日本企业对欧美国家的FDI。

边际产业扩张理论把分析的对象从企业转向了产业，从以跨国公司为主转向了投资国母国。该理论着重强调对外直接投资的产业应该是母国国内不具备比较优势的产业，反映了日本企业力图保持自身优势，防止技术外溢的意图。边际产业扩张理论既说明了处于不同产业技术发展阶段的国家，具有不同的对外直接投资战略；也说明了处于不同产业技术发展阶段的国家，对外直接投资的技术溢出效应也不相同。因此，关注FDI母国的技术特征及其FDI发展战略，对研究FDI的技术溢出效应具有重要意义。

2. 内生增长理论

新增长理论认为经济增长不是外生变量作用的结果，而是由经济系统的内生变量决定的。新增长理论把技术看作经济系统的内生变量，强调R&D、人力资本和外部性的作用。新增长理论认为一个企业的技术和人力资本作为生产投入要素，不仅促进了本企业的发展，还对其他企业具有积极的技术溢出效应。随着全行业技术与人力资本积累的增加，技术溢出效应也不断增大，进而促进了经济的持续增长。Arrow(1962)将技术进步看作经济增长中的内在因素，解释了技术溢出对经济增长的作用，提出了“干中学”(learing by doing)的理论。Arrow认为新投资具有溢出效应，溢出效应使社会的收益超过了个体的收益。因为即使投资于知识或R&D也会遇到收益递减问题，但在生产中使用知识却存在收益递增；同时，那些体现了新知识的产品虽然可以通过专利等加以保护，但生产该产品的知识却不能通过这样的途径得到保护，不可避免地会外溢到其他生产者。

Romer(1986)沿着Arrow的思路，将知识作为独立要素引入生产函数，建立了知识溢出模型。Romer(1990)指出研发不仅具有直接效应，还具有间接效应。研发的直接效应是指研发的成果为企业所带来的收益；研发的间接效应是指研发增加的知识存量，在没有获得任何补偿的情况下，有可能被其他的企业所使用，即研发具有溢出效应。Romer 认为知识是具有非竞争性和部分非排他性的准公共物品，由于知识具有部分非排他性，因而知识的溢出不可避免。知识溢出效应的存在使得资本与劳动等投入要素也具有递增收益，从而促生了收益递增的长期增长模式。Romer 的知识溢出效应理论打破了传统经济增长理论中把知识作为外生给定变量或因其具有公共物品属性而应由政府提供的观点，不仅为新增长理论指出了新的理论方向，也为 FDI 溢出理论和技术创新经济学提供了理论基础。

Lucas(1988)认为知识是人力资本的一种形式，人力资本具有对投资者本身的内部效应和对他人的外部效应——溢出效应。Lucas 认为全球经济的外部性是由人力资本的溢出效应造成的，这种外部性的大小可由全社会人力资本的平均水平来衡量。人力资本的溢出效应是通过个人向他人学习或个人间相互学习而产生的，一个拥有较高人力资本的个人对他人会产生更多的有利影响，而其本人并不因此而获益。人力资本理论表明了投资于人力资本是获得知识溢出效应的重要途径。

Stokey(1988)认为随着新产品的不断引入和旧产品的不断淘汰，新产品带来的新知识的溢出效应会持续下去。Stokey 认为人力资本投资是新产品产生的关键因素，人力资本水平越高，新产品引入的速度就越快。Stokey 通过引入“新产品引进”机制解决了新知识是如何产生的问题，从而把新知识的产生、人力资本投资、知识溢出等理论联系在一起。

新增长理论虽然没有直接涉及 FDI 的技术溢出效应问题，但是其关于“干中学”、知识溢出、人力资本投资等理论对于本书的研究具有重要的借鉴意义。FDI 对东道国的技术溢出过程与新增长理论中关于知识以及人力资本的溢出过程并无本质上的差异。同时新增长理论关于“干中学”、“用中学”的论述与东道国对外商投资企业的技术学习过程也是类似的。

3. 知识溢出理论

自 Marshall(1890)首次揭示了产业集聚与知识溢出效应的观点后，Arrow(1962)和 Romer(1986)也都认为产业在特定地区的集聚可以促进知识在同一产业内部的不同企业间的扩散，从而促进了创新活动。Glaeser, Kallal 和 Scheinkman(1992)等把这种产业内部的知识溢出称为“MAR 外部性”。而 Jacobs(1969)认为差异性和多样化更有利于创新与发明，不同产业的企业集聚可以产生“相互孕育”的效果，从而促进了知识溢出的产生。学者通过计量研究检验了 MAR 溢出与 Jacobs 溢出的效果，研究表明，多样化比专业化更有利于创新(Glaeser, Kallal & Scheinkman, 1992; Andersson, Quigley & Wilhelmsson, 2005)；而 Wallsten(2001)和 Acs(2002)的研究支持了 MAR 外部性。

Henderson(1995)则从产业特征上区别这两种效应，发现高技术产业的增长更受益于Jacobs外部性。Keller(2002)的研究表明空间临近的公司在某些知识溢出上有优势，而且外溢随距离的增加而迅速减弱。

以上学者的研究表明，产业空间集聚有利于知识溢出，行业间的知识溢出与行业内知识溢出的大小受行业技术特征的影响。然而，知识溢出的空间范围到底有多大，却与知识的特征密切相关。

知识是由显性知识和隐性知识共同构成的。显性知识在溢出范围上不受地理边界限制，"知识穿越走廊和街道要比跨越海洋及陆地要容易得多(Glaeser, Kallal & Scheinkman,1992)。而隐性知识具有粘性，这种知识在传播、理解和吸收上较为困难，只能通过面对面的交流及频繁的接触，因而隐性知识往往与特定的企业、特定的环境相联系，这导致了知识溢出具有较强的区域性。离开了特定的企业和特定的区域，隐性知识就失去了存在的基础，也就毫无意义了。因此，如果知识结构中隐性知识的比例很高，知识溢出就变得非常困难，其他企业吸收学习的效率就会大大降低。Fallah和Ibrahim(2004)认为隐性知识只能在个人层面上交流，而显性知识则可在个人、企业、行业乃至国家层面上交流。Kesidou(2004)认为由于高技术产业比传统部门涉及更多的隐性知识，因此其知识溢出的地方性特征更加显著。

藤田昌久和蒂斯(2004)认为知识和技术的溢出不是一种能够按标准化程序进行的规范化活动，而是一个认知的过程，并且在这个过程中存在着大量的不确定性。知识与技术溢出的不确定性不仅与距离、知识特征有关，还与接受者的主观吸收愿望及其吸收能力相关。即使相同的知识对于不同的知识接收者，由于其利用价值不同、接收效率也不同，所产生的创新效率也不同。因而知识溢出的发生还需溢出方与接受方相协调。

知识溢出的途径有：(1)人员流动，技术人员通过正式以及非正式的交流促进知识溢出；(2)产品流动，产品本身包含了大量的知识与信息，这些知识和信息可以被竞争者通过逆向工程等手段学习和掌握，另外产品本身所包含的知识与信息可以在上下游企业间传播；(3)知识公开，通过可编码知识如书籍、论文、专利等手段使知识向外溢出。其中人员流动是知识溢出，特别是隐性知识溢出的主要途径。

知识溢出理论研究知识在不同部门间的溢出机制与途径，并不区分内资部门与外资部门；然而知识对不同部门的溢出与FDI对内资部门的技术溢出并无本质的区别。

(二)FDI技术溢出的传导机制

虽然新古典理论认为知识具有公共物品的性质，技术溢出可以在全世界范围内自动实现，然而 Romer(1986,1990)认为知识是具有非竞争性和部分非排他性的准公共物品。技术溢出不是自动发生的，它的发生受空间范围的限制。许多实证研究表明，FDI 溢出效应在很大程度上是本地化的(Eaton & Kortum, 1996; Kell,1997)，即落后的内资企业与先进的外资企业在空间上越临近，外溢效应越大。Teece(1992)对硅谷的研究发现，区域聚集有利于技术溢出；Audreutsch 和 Feldman(1996)研究发现 FDI 技术外溢效应随空间距离的扩大而下降；Keller(2002)的研究表明空间临近的公司有利于技术溢出，而且溢出效应随距离的增加而迅速减弱；Fritsch 和 Franke(2004)的研究表明，研发活动的技术溢出局限在一定区域范围内。

根据 FDI 影响当地内资企业的不同方式，可将 FDI 溢出效应分为同一行业内的水平溢出(horizontal spillovers)和行业间的垂直溢出(vertical spillovers)。

1. 水平溢出效应的传导机制

水平溢出是指跨国公司子公司与同行业的内资企业之间在相互合作和竞争中产生的技术溢出。这种溢出效应主要通过三种渠道发生：一是竞争效应，即外资企业带来的竞争压力促进了内资企业的技术进步；二是示范—模仿效应，本土企业通过对 FDI 先进技术的模仿和复制，促进了自身技术水平的提高；三是人力资本的培训—流动效应，人力资本由外资企业向东道国企业的流动，使得先进生产和管理技术能够提高当地企业的生产水平。

(1)竞争效应(competition effect)

竞争效应，一方面是 FDI 的进入打破了东道国的垄断市场结构，促进了东道国社会福利水平的提高；另一方面是指 FDI 的进入，加大了市场竞争，刺激东道国企业更加有效地利用现有的资源，推动当地技术效率的提高。Caves (1971)，kokko(1992)，Wang 和 Blomström(1992)都指出了此渠道的存在。

Caves(1971)认为在任何市场条件下，外资企业的进入都会比内资企业的进入产生更加激烈的竞争并提高市场绩效。Blomström(1989)对墨西哥的研究表明，FDI 促进了东道国市场之间的竞争力，提高了东道国企业的生产能力。Haddad 和 Harrison(1991)对摩洛哥的研究表明，FDI 溢出效应促进了行业内内资企业的生产率。Wang 和 Blomström(1992)研究了外资企业引进先进技术与内资企业对学习过程进行投资而相互影响的决策机制。研究表明，外资企业的竞争压力促使内资企业投资于学习过程，学习过程的投资越大，内资企业的技术能力越强，并获得了溢出效应；同时，内外资企业的技术差距变小，外资企业为了保持竞争能力和利润空间，不得不向东道国子公司转移更加先进的技术，使技术差距进一步扩大，内资企业的竞争压力进一步加强。由此，竞争效应使 FDI 溢出效应表现为“螺旋式上升”的拓展机制；Kokko(1994)对墨西哥制造业的经验研究在一定程度上证实了 Wang 和 Blomström 的研究结论。

竞争效应的作用具有两面性:有关正向影响的研究认为,FDI 的进入打破了东道国的市场垄断,为本地企业的发展创造了机会;同时,FDI 的进入加剧了本地市场的竞争程度,迫使本地企业竭尽全力地加大研发投入、引入先进技术、改善经营管理以保持其市场份额。Langdon(1981)在针对肯尼亚肥皂业所进行的案例研究中发现:外资企业将机器制造的肥皂引入了市场,促使肯尼亚本地企业原有的手工制造的肥皂失去了销路,因而肯尼亚本地肥皂制造厂商也不得不去引进相应的肥皂制造技术,从而提高生产效率。

有关负向影响的研究:Harrison(1994)认为 FDI 的进入会对低效率的内资企业产生挤出效应(crowd-out effect),Aitken 和 Harrison(1999)将这一效应称为"市场窃取效应"(market stealing effect)。Kokko(1992)认为 FDI 的进入可能迫使缺乏竞争力的内资企业放弃市场份额。Evans(1979)对巴西纺织业进行了研究,发现外资合成纤维厂带来的新产品——人造纤维,导致本地企业生产的棉织物无人问津,最终导致了大批的本地企业破产。

因此,关于竞争效应对 FDI 技术溢出的影响是不确定的。FDI 技术溢出效应的大小取决于正向影响与负向影响的总体效果。尽管如此,Wang 和 Blomström(1992),Glass 和 Saggi(2002)认为竞争效应是重要的,FDI 的进入促使内资低效率企业或者提高效率,或者遭到淘汰。

(2)示范—模仿效应(demonstration-imitation effect)

示范与模仿是 FDI 技术溢出的最显著的方式(Das,1987; Wang & Blomström,1992)。FDI 的进入,给东道国带来了先进的技术,对内资企业能起到良好的示范效应,示范效应的作用在于扩展了内资企业的技术选择范围。本地企业可以通过"看中学"和"干中学"的方式向外资企业进行技术模仿和学习。同时,外资企业采用新技术的成功会带来良好的示范效应,降低内资企业采用新技术的风险。然而,示范效应的存在仅仅为内资企业的学习和模仿树立了标杆,并不必然导致溢出效应的发生。成功的技术溢出有赖于内资企业的消化吸收能力。

Tilton(1971)在对半导体工业的研究中发现,跨国公司在将美国的创新介绍到欧洲时起到了很大的作用;Riedel(1975)认为 FDI 的示范效应极大地促进了 20 世纪 60 年代香港地区出口制造业的发展;Langdon(1981)在对肯尼亚肥皂业的研究中发现,跨国公司带来的机械化生产方式,为本地企业起到了良好的示范效应,本地企业的手工生产方式逐渐失去市场而采用了机械化的生产方式。外资进入肯尼亚的鞋类制造业也加剧了当地市场的竞争,促使本地企业采用更高级的技术(Jenkins,1990)。

由于市场竞争迫使内资企业加强学习与模仿,使得竞争效应和示范—模仿效应紧密联系在一起,最终形成“示范或竞争效应”。因此,也有观点将前两种溢出渠道归为一类。

(3)人力资本的培训—流动效应(training-floating effect)

培训—流动效应既指接受过外资企业培训的当地员工跳槽到本地企业或者建立了自己的企业而对东道国产生的溢出效应,也指东道国企业的员工跳槽到外资企业,从而导致东道国本土企业的损失,还包括由于 MNCs 带来的竞争,促使本地企业为提高质量而对员工进行的培训(刘一鸣,2005)。

外资企业会对当地雇员进行各种培训,这种培训面向各个层次,包括生产操作人员、技术人员以及管理人员。培训方式也多种多样:现场指导、举办讲座、外派强化培训以及海外培训等。由于人力资源是流动的,当曾经受雇于外资企业的人员日后被其他企业所聘用时,他们必然将先进、适用的外资企业的技术和管理方式带到他们所受聘的企业,从而引发了技术的间接转移。外资企业通常采用高薪的办法,吸引内资企业的员工到外资企业工作,从而对内资企业产生了负面影响(Sinani & Meyer, 2004),这种负面效应一般称为智力流失效应(brain draining effect)。

由于人力资本的培训—流动效应涉及经过培训的人员对他人影响的测量,因此比较难以估计(Saggi, 2002)。因此关于人力资本培训—流动效应的经验研究不多,现有的研究大多从案例研究的角度展开。

Gershenberg(1987)通过对肯尼亚制造业企业的案例研究了人力资本的培训—流动效应。研究中以肯尼亚 41 家制造业企业的 72 名中、高层管理人员作为研究对象,针对外资企业和内资企业关于管理人员培训的方式、时间以及各种不同类型企业管理人员的流动情况进行了对比研究。研究结论认为,跨国公司对东道国管理技术的提高是有贡献的,这种贡献主要体现在跨国公司十分擅长培养和发展管理人员的管理技能。随后,部分经过培训的管理人员跳槽到其他企业从而使这种技能得以扩散,对本地企业产生了溢出效应。

与 Gerschenberg(1987)的研究类似,Katz(1987)也认为东道国可以从跨国公司获得人力资本的培训—流动效应,许多拉美国家的本地企业经理人员早先一般都曾任职于跨国公司并获得了良好的培训。Chen(1983)对香港地区的研究表明,跨国公司对员工的培训明显多于本地企业,他继而认为外资企业对香港地区制造业最大的贡献就在于对各个层次员工的培训。

2. 垂直溢出效应的传导机制

由于行业内技术溢出效应不显著,很多学者转向行业间寻找 FDI 的技术溢出效应。Javorcik(2004b)认为由于外资企业会采取措施防止技术外溢给本地竞争者,因此以往学者关于行业内 FDI 的溢出效应的研究,有可能是在错误的方向上寻找 FDI 的溢出效应。

跨国公司通常拥有技术上的优势,当其子公司与本地的供应商或客户发生联系时,本地企业就有可能从中学习先进的生产、市场以及管理知识。虽然跨国公司有可能向本地供应商或客户收取一定的费用,但一般情况下,跨国公司不可能得到本地企业由此获得的全部收益,于是就发生了垂直溢出效应。这种溢出效应是通过跨国公司的分支机构与当地供应商和客户之间的联系产生的。

垂直溢出效应亦称为产业关联效应或链接效应,是一种产业间的溢出效应。FDI 与东道国企业间的链接效应,根据本地企业与外资企业在投入产出关系中所处的位置,可以分为前向链接(forward linkages)和后向链接(backward linkages)。

前向链接效应是指外资部门向东道国的消费商等下游企业进行的技术溢出效应。外资企业会为下游企业提供更高质量的产品,从而推动相关产业的技术升级;本土企业向外资企业采购较高质量的中间投入品,可以改进自身的生产工艺,提高产品质量。由于技术是内含在产品与设备中的,因此应用外资企业的产品与设备本身会带来溢出效应。外资企业会对采用他们设备的内资企业员工进行培训,这也促进了溢出效应的发生(Altenburg,2000)。

后向链接主要是指外资企业与本地原料、零部件供应商等上游企业采购货物和服务的联系。为了保证产品质量和公司信誉,外资企业会向供应商等提供各种技术支持和人员培训。外资企业的技术越复杂,产业链越长,关联度越高,则溢出效应会越大。外资企业会通过迫使本地企业在质量、供货计划以及价格等方面达到较高标准而促成其技术水平的提高。

关于水平溢出、后向溢出以及前向溢出的含义,可参见图 2.1。

图 2.1 描述了 FDI 通过产品链发生溢出效应的一般过程。图中 A 表示外资部门,B、C、D、E、F、G 分别表示内资部门,左面由下向上的箭头表示了由输入品到成品的转化过程。

D、E 有产品输入到 A,即 D 和 E 是外资部门的供应商,溢出效应则从 A 部门分别流入 D 和 E,因此 D、E 分别和外资部门 A 存在后向溢出效应。B、C 与部门 A 没有直接的产品流相联系,主要通过竞争、示范—模仿以及人力资本的培训—流动机制而从外资部门 A 获得水平溢出效应。外资部门 A 有产品分别输入内资部门 F 和 G,因此 F 和 G 是外资部门的消费商,溢出效应则从 A 部门分别流入 F、G,因此 F、G 分别和外资部门 A 存在前向溢出效应。从图中可以看出,水平溢出不涉及产品流,后向溢出中产品流与溢出流的方向刚好相反,而前向溢出中产品流与溢出流的方向相同。

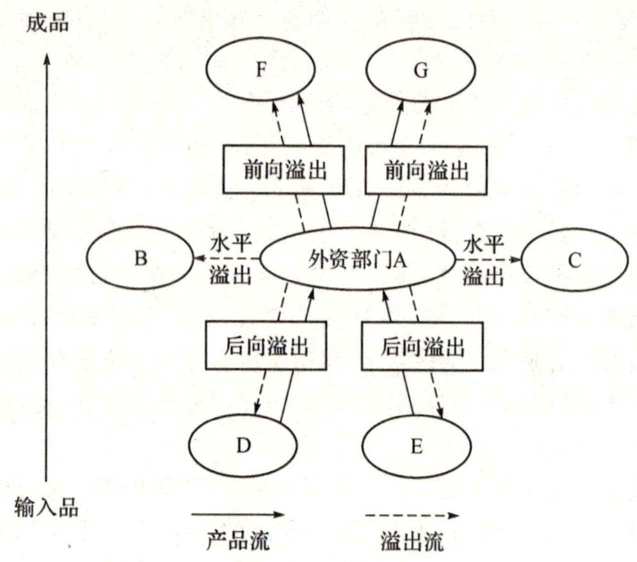

图 2.1　FDI 通过产品链发生溢出效应示意图

资料来源：笔者根据 Merlevede & Schoors(2005)修改。

Reuber(1975)发现外资企业购买的商品和服务中有三分之一是由本地企业提供的。Behrman 和 Wallender(1976)通过对通用汽车公司、国际电话电报公司等在东道国的调查，也发现了外资企业与本地供应商之间的信息交流和联系。一般而言，跨国公司本地化采购的比例受子公司的市场取向、母公司的技术、东道国政策以及本土供应商技术水平所决定的生产能力和供给能力等因素的共同作用(董作同，2005)。如果东道国的技术水平比较低，无法与 FDI 形成有效的产业关联，则跨国公司不得不把中间投入品的需求以及产出品转向国外，从而形成了“飞地经济”(enclaves economy)。在此情况下，外资经济成为一个孤岛，本土企业无法与外资企业形成产品和技术上的共享，也没有机会进行学习和模仿，溢出效应也就不会发生。鉴于产业关联的重要性，UNCTAD(2001)发表的《2001 年世界投资报告》以“促进关联”为主题，分析了 FDI 与东道国产业关联的重要性并提出政策建议。报告认为：跨国公司传播技能、知识和技术的最强大的渠道是它们与本地公司和机构所建立的各种联系。

跨国公司通过采取苛刻的质量要求、规范的工艺以及严格的交货时间等措施促进了内资企业技术水平的提高。Brash(1966)发现通用汽车公司对澳大利亚本地供应商进行的严格质量控制，极大提高了本地供应商的技术水平。Katz(1969)对阿根廷的研究，Watanabe(1983)对菲律宾的研究也发现了类似结论。然而 Aitken 和 Harrison(1991)对 1976—1989 年间委内瑞拉制造业的研究发现,由于跨国公司的进口挤出了其对本地企业的需求,因此后向溢出效应是负的。

Lall(1980)通过对印度两个卡车制造商案例的考察,发现了 FDI 主要通过以下五种渠道产生后向溢出效应:(1)帮助供应商建立生产设施;(2)帮助供应商改善产品质量并促进其创新;(3)帮助供应商购买原料和中间投入品;(4)帮助供应商组织管理;(5)帮助供应商多样化经营。而 Javorcik(2004a)则认为后向溢出的发生主要通过以下机制:(1)对本土供应商的直接知识转移;(2)对产品质量以及及时供货提出的高要求,促使本土企业生产管理水平与技术水平的升级;(3)通过劳动力流动的非直接知识转移;(4)外资的进入增加了对中间品的需求,使本土供应商能享受到规模经济带来的好处;(5)外资企业会要求本土供应商采用国外中间投入品,这打破了现有的供需矛盾,促进了中间品市场的竞争。

与后向链接相比,有关前向链接的研究比较少。Reuber(1975)认为,跨国公司对本地的营销商和营销组织的发展有积极影响。然而 McAleese 和 McDonald(1978)认为,在爱尔兰,前向链接效应与后向链接效应的作用相近。

许多学者肯定了外资企业对内资企业出口能力的溢出效应(Rhee,1990; Aitken et al. ,1997; Kokko et al. ,2001),并且认为出口也是外资对内资企业影响的重要渠道(Aitken et al. ,1997; Barrios et al. ,2003; Greenaway et al. ,2004)。出口活动受分销渠道、交通基础设施、消费者习惯、海外市场的影响,而跨国公司已经建立了这些信息,因此内资企业通过合作与模仿,可以迅速提高出口能力。本书认为出口溢出效应完全可以通过行业内的竞争、示范—模仿以及人力资本的培训—流动机制以及行业间的前、后向关联而发生,因此,不单独列出。

以上,本书从行业内与行业间的角度简要剖析了 FDI 溢出效应的传导机制,任何一种传导机制都不必然导致正向溢出效应或负向溢出效应,溢出效应的大小取决于传导机制中正向因素与负向因素的力量对比。

实际上,FDI 技术溢出的传导机制是复杂的,甚至是相互作用的,因此很难对各个渠道的溢出效果进行区分(Kinoshita, 2001),FDI 溢出效应的发生过程则是各种传导机制综合影响的结果。因此,从这个角度讲,单纯讨论溢出效应的存在性与大小远没有研究溢出效应的影响因素与机制更具理论与实践价值。表 2.3 对 FDI 溢出效应的传导机制、影响要素以及可能的溢出效应进行了简单的汇总。

表 2.3 溢出效应传导机制总结表

传导机制	影响要素	效应
行业内		
竞争效应	跨国公司的进入加大了竞争,迫使本地企业提高效率、降低成本	+
	内资企业失去了市场份额,使平均成本曲线上升	−
示范—模仿效应	模仿跨国公司的技术与工艺	+
	缺乏技术能力而导致吸收困难	−
人力资本培训—流动效应	雇佣跨国公司受过培训,可提升人力资本的员工	+
	优秀员工被跨国公司挖走;雇佣的外企受训员工的技能并不适用;工资成本上升的压力	−
产业间		
后向链接	上游跨国公司的直接援助(新的管理经验(HRM, JIT);技术转移)提高产品质量或降低成本;	+
	对产品质量标准的要求很难以现有的能力整合新技术	−
前向链接	可以采购高质量的中间产品,从而对自身产品技术升级	+
	不能使用更高级/复杂的中间投入品;外企竞争加大国内供应商供应成本	−

资料来源:根据 Merlevede & Schoors(2005)修改。

四、FDI 溢出效应的研究综述

技术可以通过多种渠道在国际间传递,如商品贸易、服务贸易、移民、国际租赁和国际合作等。在各种各样的技术溢出渠道中,最重要是通过跨国公司的对外直接投资活动。

外商直接投资可以传递技术和管理诀窍是它与其他形式的国际资本流动、援助以及国内资本最根本的区别,因此溢出效应是东道国从外商直接投资中获取的另一个主要收益。许多经济学家的研究表明,外商直接投资是发展中国家获得技术的主要来源(Blomström et al. ,1998)。

FDI 技术溢出效应的研究始于 20 世纪 60 年代,到 90 年代逐渐成熟,21 世纪又有新的发展。20 世纪 60~80 年代,有关 FDI 溢出效应的研究多以溢出存在为前提,应用局部均衡理论分析与东道国有关的溢出效应及其决定因素。20 世纪90 年代,学者进一步将博弈论、策略论等引入 FDI 溢出效应的理论研究。20 世纪 90 年代以来,通过计量模型实证研究 FDI 溢出效应的存在性及其影响因素成为了研究的主流,并且针对转型国家的研究得到了重视。

国内外学者关于 FDI 溢出效应的研究大多集中在行业内水平溢出效应,而对于行业间垂直溢出效应的研究却存在不足。无论是外商直接投资的行业内溢出还是行业间溢出，现有研究也大多集中在从技术效率、劳动生产率等技术进步的角度来研究 FDI 的溢出效应，而从研发、专利、新产品产出等技术创新的角度对 FDI 溢出效应的研究不足。

本小节分别从技术进步与技术创新的角度回顾 FDI 溢出效应的实证研究成果。

(一)FDI 对技术进步的溢出效应

1. 针对国外的研究

(1)支持正向溢出效应的研究

Caves(1974)选用加拿大和澳大利亚 1966 年的制造业行业截面数据，分别检验了两国 FDI 技术溢出效应。研究表明，加拿大制造业中当地企业利润率与行业内的外资份额呈正相关，而澳大利亚制造业中劳动生产率与行业内的外资份额也呈现正相关；Globerman(1979)对加拿大制造业 1972 年行业截面数据进行研究，得出了相同结论；Blomström 和 Persson(1983)通过选取墨西哥 1970 年 215 个制造业行业横截面数据，以劳动生产率作为评价指标并选用行业资本密集度及劳动力绩效作为影响特征变量，得出了存在正向溢出效应的结论；Blomström 和 Wolff(1994)选用墨西哥 1965—1984 年行业时间序列数据，发现当地企业生产力水平提高的速度与行业内外资份额呈正相关；Basant 和 Fikkert(1996)利用印度 1974—1982 年厂商数据，估计了 R&D 开支、技术购买、国内和国际的 R&D 溢出对综合要素生产率的影响。研究表明，技术的国际溢出是印度当地厂商 R&D 非常重要的一种补充；Markusea 和 Venables(1997)发现 FDI 与国内的投资具有互补性。Borensztein et al. (1998)利用 1970—1989 年 69 个发展中国家的资料进行实证研究，结果表明 FDI 对促进技术转移具有正面效果，其重要性甚至高于国内投资；Flores(1999)在对葡萄牙制造业的研究中得出 FDI 行业内溢出效应明显存在的结论；Dimelis 和 Louri(2002)对希腊的研究也证实了 FDI 溢出效应的存在。

Kokko(1994)运用墨西哥 1970 年行业横截面数据，研究了技术条件对溢出效应的影响，发现当跨国公司和当地企业技术差距较小时，溢出效应比较明显。Kokko et al. (1996)通过行业横截面数据对乌拉圭的研究表明，竞争是导致溢出效应发生的重要途径。Pack(1997)证明了劳动力流动在跨公司向当地企业的技术扩散中所发挥的作用，支持了正向溢出效应。Sjöholm(1999b)在对印度尼西亚的研究中采用反映行业集中度的指标进行分组，发现该指标较低时，行业中企业竞争越激烈，溢出效应越明显。Liu et al. (2000)在研究了 1991—1995 年英国制造业的行业面板数据以后，发现其存在明显正向溢出效应，且在技术差距比较小的行业,溢出效应更明显。Kathuria(2000)发现溢出效应很大程度上取决于当地企业对学习能力和研发的投资,这些投资能促进当地企业应用新知识及提高企业的吸收能力。

Watanabe(1983)在对菲律宾的研究中发现,跨国公司对当地供应商产品性能和价格的严格要求,促进了内资企业生产技能的改进和管理能力的提高。Blalock(2001)运用印尼的企业数据,得出了在印尼 FDI 存在积极的后向链接效应。Javorcik 和 Spatareanu(2003)发现东道国为跨国公司提供中间投入品行业的生产率与 FDI 投资水平之间存在正向关系,有后向关联效应,且当 FDI 是国内市场导向型而非出口导向型时,行业间溢出效应更显著。Javorcik(2004b)在对立陶宛的研究中也发现了积极的后向链接效应。

(2)不支持正溢出效应的研究

Barry(2001)运用 1990—1998 年企业面板数据考察了爱尔兰制造业,研究认为,由于当地企业和跨国公司之间在劳动力市场上的过度竞争,导致了大量负向溢出效应。Barrios 和 Strobl(2001)运用 1990—1994 年的企业面板数据对西班牙制造业进行了研究,研究表明,虽然在总体上不存在正向溢出效应,但在以出口为主的本地企业中存在显著正向溢出效应。Tsou 和 Liu(1997)、Chen(1999)针对台湾地区制造业的实证分析表明,FDI 在台湾地区的溢出效应十分有限,甚至为负。

Damijan(2003)运用 1994—1998 年的制造业企业面板数据对 8 个转型经济国家进行了研究,结果表明上述国家不存在明显的溢出效应。Harris 和 Robinson(2004)选用 1974—1995 年英国制造业企业面板数据进行研究,分别对外资在行业内、地域内以及行业间三种情况所导致的溢出效应进行检验,即行业溢出效应和集聚导致的溢出效应和行业间溢出效应。结果表明,这三种溢出效应都不明显。Dries 和 Swinnen(2004)发现在发展中国家,由于当地供应商不能满足标准和等级要求而存在负面的后向链接溢出效应。

2. 针对中国的研究

自 20 世纪 90 年代以来,中国吸收、利用 FDI 的数量和规模呈现高速增长趋势,FDI 对我国的溢出效应逐渐受到国内外学者的关注。实证研究主要通过引入包含 FDI 的生产函数,通过检验 FDI 对 GDP、劳动生产率或全要素生产率的影响是否显著来研究 FDI 对技术进步的溢出效应。

姚洋(1998)利用第三次全国工业普查资料,从中随机抽取了 12 个大类行业中的 146704 家企业作为样本进行了多因素回归分析。研究认为:与国有企业相比,国外“三资”企业的技术效率要高 39%,港澳台“三资”企业要高 33%;国外三资企业和港澳台三资企业促进了本地工业企业技术效率的提高。秦晓钟和胡志宝(1998)利用全国第三次工业普查数据对采掘业、制造业、电力、煤气等39个行业的FDI溢出效应进行了回归分析，发现了FDI的正面溢出效应。张帆和郑京平(1999)也运用第三次工业普查的资料考察了跨国公司对中国经济结构和效率的影响，重点研究了跨国公司对中国配置效率或结构效率的影响。牛南洁(1998)、裴长洪(1998)考察了利用外资的经济效果，肯定了正面效应的存在。何洁和许罗丹(1999)通过考察1985—1996年工业部门时间序列数据，支持了FDI的正向溢出效应：FDI带来的技术水平每提高1个百分点，我国内资工业企业的技术外溢作用就提高2.3个百分点。沈坤荣(1999)研究认为，外国直接投资占国内生产总值的比重每增加1个单位，可以带来0.37个单位的综合要素生产率的增长。萧政、沈艳(2002)对中国的外国直接投资和经济增长之间的关系做了统计分析，认为外国直接投资与GDP之间存在互动关系，外国直接投资每增加1个百分点会使GDP在当年增加0.0458个百分点；相应的，GDP每增加1个百分点会使外国直接投资增加2.117个百分点。

何洁(2000)采用省级数据考察了FDI对工业部门溢出效应的影响，发现溢出效应受当地经济发展水平、基础设施水平、自身技术水平和市场规模等因素的影响。陈涛涛和白晓晴(2004)用非公开的84个四位码行业的截面数据研究了FDI对制造业的溢出效应，研究结果支持了正向溢出，并认为内外资企业能力差距较小的行业组，溢出效应更明显。姚洋和章奇(2001)研究认为，FDI溢出效应主要体现在一省内部，行业内溢出效应并不明显，FDI的进入在传播先进技术方面作用不大，主要通过人员或其他信息流动等起作用。赖明勇、包群和阳小晓(2002)研究了中国对FDI技术溢出效应的吸收能力。

沈坤荣和耿强(2000)认为，FDI对我国经济增长的影响是通过促进本地企业内部生产率的提高而实现收益递增的。沈坤荣和耿强(2001)构建了一个包含FDI和人力资本的内生增长模型，认为FDI的增长引起了经济增长率的增加，并且发现FDI技术扩散效应的发挥与人力资本有着至关重要的关系。陈国宏、郑绍濂、桑赓陶(2000)运用因果关系检验法和协整关系检验法研究了FDI与技术转移的相互关系，认为FDI是我国技术进步的重要原因。赖明勇和包群(2003)采用协整分析方法和误差修正模型方法，发现FDI对国内技术进步具有较大的技术外溢效应。彭水军和包群(2005)利用中国1996—2002年省域面板数据，通过构建基于中间产品种类扩张的内生增长模型，探讨了技术吸收能力对溢出效应的决定作用，支持了正向溢出的结论。张海洋(2005)将外资外部性区分为外资技术扩散效应和竞争效应，发现FDI通过竞争效应而非技术扩散效应推动了内资工业部门的技术进步。

此外，周研(2002)对浙江省的研究，吴德进(2003)对福建省的研究都认为

FDI 在当地产生了显著的溢出效应。但并非所有的国内学者都得出了肯定的结论。王飞(2003)采用索洛增长速度方程对跨省数据进行了回归,发现总体上外资并没有产生明显的溢出效应;王志鹏和李子奈(2004)认为跨国公司为了维持垄断优势而将技术内部转移,同时由于我国吸收能力不强,FDI 对我国技术进步没有起到明显的作用;黄静波和付建(2004)分析了 FDI 对广东省技术进步的作用,实证结果表明,FDI 的促进作用并不明显,并与 FDI 的母国和东道国的产业特征等因素有关。

潘文卿(2003)采用省级面板数据(Panel Data),对 1995—2000 年 FDI 对中国工业部门外溢效应进行了研究,在总体上发现了 FDI 的正向溢出效应。对东、中、西部地区的进一步研究表明,中国西部地区经济发展水平还未跨过外商投资起积极作用的门槛,而东部地区内资工业部门技术水平的提升已使外商投资的正向外溢效应变小,外商投资在中部地区的正向外溢效应相对较大。张建华和欧阳轶雯(2003)运用计量模型对广东省 1997—1999 年 39 个行业和 21 个城市数据进行了实证分析,结果表明 FDI 在行业内溢出效应小于在地区内的效应,各城市的经济技术水平和政策因素影响了 FDI 的外溢效果。

Liu 和 Lin(2004)应用 1994—2003 年的行业面板数据研究了 FDI 的溢出效应,发现了 FDI 的显著后向溢出效应,而水平溢出效应为负。许和连、魏颖绮、赖明勇等(2007)利用我国 1999—2003 年的行业面板数据进行研究,发现我国 FDI 主要通过示范效应和竞争效应途径对我国工业行业产生了积极的水平溢出效应,FDI 企业通过向上游产业的当地企业购买中间产品和服务产生了积极的后向溢出效应。钟昌标(2006)利用电子行业在 1999—2002 年的面板数据研究了 FDI 的溢出效应,发现水平溢出效应比垂直溢出效应大,外资国内市场导向比出口导向型行业产生了较多的溢出效应。姜瑾和朱桂龙(2007)认为,FDI 产生了显著的行业内溢出效应和前向溢出效应,但后向溢出效应为负。邹武鹰、许和连和赖明勇(2007)发现了出口贸易的后向链接效应。严兵(2006a)认为外资企业在行业间产生的溢出效应不显著,并认为外资企业与国内企业之间较低的关联度是造成这一结果的主要原因。Liu(2006)对中国制造业企业面板数据进行回归,其研究认为,后向关联是比前向关联和水平联系更重要的溢出途径。杨亚平(2007)在对 1999—2005 年广东省工业行业面板数据进行回归分析时发现,FDI 通过后向关联对当地供应商生产率的提高有正向促进作用,通过前向关联产生的技术溢出不显著,在水平方向对内资企业产生了“挤压效应”。王猛(2007)利用 1999—2005 年的制造业行业面板数据,研究发现外商直接投资的水平溢出效应、后向溢出效应显著为正,而前向溢出效果并不明显,行业间的溢出要明显大于行业内的溢出。孔俊(2007)利用 1999—2003 年的制造业行业面板数据，研究发现行业内的溢出效应并不显著，而行业间的溢出效应则比较明显，其中处于产业链上游的行业存在普遍的前向溢出效应，下游产业中则是后向溢出效应比较显著。王文治(2008)对我国制造业1996—2005年的面板数据进行回归分析，发现外商直接投资的水平溢出效应并不明显，主要通过后向关联效应促进我国制造业的发展。

表2.4与表2.5分别列出了FDI水平溢出效应与垂直溢出效应的主要研究成果。

表2.4 国内外学者关于FDI水平溢出效应研究结论

作者	国家/地区	年份	数据	研究层面	结论
发展中国家					
Blomström & Persson(1983)	墨西哥	1970	截面	行业	+
Blomström(1986)	墨西哥	1970—1975	截面	行业	+
Blomström & Wolff(1994)	墨西哥	1970—1975	截面	行业	+
Haddad & Harrison(1993)	摩洛哥	1985—1989	面板	企业和行业	?
Kokko(1994)	墨西哥	1970	截面	行业	+
Kokko(1996)	墨西哥	1970	截面	行业	+
Kokko, Tasini & Zejan(1996)	乌拉圭	1990	截面	企业	?
Blomström & Sjöholm(1999)	印尼	1991	截面	企业	+
Sjöholm(1999a)	印尼	1980—1991	截面	企业	+
Sjöholm(1999b)	印尼	1980—1991	截面	企业	+
Chuang & Lin(1999)	台湾地区	1991	截面	企业	+
Aitken & Harrison(1999)	委内瑞拉	1976—1989	面板	企业	—
Kathuria(2000)	印度	1976—1989	面板	企业	?
Kokko, *et al*. (2001)	乌拉圭	1988	截面	企业	?
Kugler(2001)	哥伦比亚	1974—1998	面板	行业	?
Görg & Strobl(2002)	加纳	1991—1997	面板	企业	+
发达国家					
Caves(1974)	澳大利亚	1966	截面	行业	+
Globerman(1979)	加拿大	1972	截面	行业	+
Liu, *et al*. (2000)	英国	1991—1995	面板	行业	+
Driffield(2001)	英国	1989—1992	截面	行业	+

续表

作者	国家/地区	年份	数据	研究层面	结论
Girma, *et al*. (2001)	英国	1991—1996	面板	企业	?
Girma & Wakelin(2001)	英国	1980—1992	面板	企业	?
Harris & Robinson(2004)	英国	1974—1995	面板	企业	?
Girma & Wakelin(2002)	英国	1988—1996	面板	企业	?
Girma(2002)	英国	1989—1999	面板	企业	?
Girma & Görg(2002)	英国	1980—1992	面板	企业	?
Ruane & Ugur(2002)	爱尔兰	1991—1998	面板	企业	+
Barrios & Strobl(2002)	西班牙	1990—1994	面板	企业	?
Dimelis & Louri(2002)	希腊	1997	截面	企业	+
Castellani & Zanfei(2002)	意大利	1992—1997	面板	企业	+
	西班牙				—
	法国				?
Keller & Yeaple(2003)	美国	1987—1996	面板	企业	+
Görg & Strobl(2003)	爱尔兰	1973—1996	面板	企业	+
转型国家					
Djankov & Hoekman(2000)	捷克	1993—1996	面板	企业	—
Kinoshita(2001)	捷克	1995—1998	面板	企业	?
Bosco(2001)	匈牙利	1993—1997	面板	企业	?
Konings(2001)	保加利亚	1993—1997	面板	企业	—
	波兰	1994—1997			?
	罗马尼亚	1993—1997			—
Sinani & Meyer(2002)	爱沙尼亚	1994—1999	面板	企业	+
Li, Liu & Parker(2001)	中国	1995	面板	企业	+
Zhang, Zhang & Zhao(2003)	中国	1984—1998	面板	地区	+
Liu(2002)	中国	1993—1998	面板	行业	+
Buckley, *et al*. (2002)	中国	1995	截面	行业	+
Zukowska-Gagelmann(2002)	波兰	1993—1997	面板	企业	—

注:①"+"表示溢出效应为正且显著;"—"表示溢出效应为负且显著;"?"表示结论不确定。

②资料来源:Görg & Greenaway(2004),并加以修改。

表 2.5　国内外学者关于 FDI 垂直溢出效应研究结论

作者	国家/地区	年份	数据	研究层面	结论		
					水平	后向	前向
Kugler(2000)	哥伦比亚	1974—1998	面板	行业	?	+	/
Schoors & Tool(2002)	匈牙利	1997—1998	截面	企业	+	+	—
Javorcik(2004a)	立陶宛	1996—2000	面板	企业	?	+	/
Driffield, *et al*.(2002)	英国	1984—1992	面板	企业	?	?	+
Harris & Robinson(2004)	英国	1974—1995	面板	企业	?	?	?
Blalock & Gertler(2003)	印尼	1988—1996	面板	企业	?	+	/
Liu & Lin(2004)	中国	1994—2003	面板	行业	—	+	/
严兵(2006a)	中国	2000—2003	截面	行业	/	/	
许和连、魏颖绮和赖明勇等(2007)	中国	1999—2003	面板	行业	+	+	/
钟昌标(2006)	中国	1999—2002	面板	行业	+	+	
姜瑾和朱桂龙(2007)	中国	1999—2003	面板	行业	+	—	+
邹武鹰、许和连和赖明勇(2007)	中国	1996—2003	面板	行业	/	+	/
杨亚平(2007)	中国广东	1999—2005	面板	行业	—	+	?
孔俊(2007)	中国	1999—2003	面板	行业	?	+	+
王文治(2008)	中国	1996—2005	面板	行业	?	+	/

注:①Kugler(2000)、Harris & Robinson(2004)、钟昌标(2006)、严兵(2006a)没有区分前向关联效应与后向关联效应。

②"+"表示溢出效应为正且显著;"—"表示溢出效应为负且显著;"?"表示结论不确定;"/"表示没有进行相关研究。

③资料来源:Görg & Greenaway(2004),并加以修改,添加了部分国内学者研究结论。

(二)FDI 对技术创新的溢出效应

技术创新能力是影响经济持续增长的内在动力(沈桂龙和于蕾,2005)。冷民(2005)认为即使 FDI 的进入促进了东道国整体技术水平的提高,也不等于本土企业技术能力的提升,更不等于发展中东道国自主创新能力的提高。因此,无论 FDI 对东道国技术进步产生了何种影响,FDI 对东道国经济发展的根本影响还在于其对东道国技术创新的作用。

虽然对 FDI 对东道国技术创新的影响的研究具有重要的理论与实践价值,然而相对于 FDI 对东道国技术进步的研究而言,FDI 对东道国技术创新影响的研究比较贫乏。从目前收集的文献来看，关于 FDI 对技术创新溢出效应的研究具有以下特点：(1)国外主流学者的研究不多，且还未成为国际研究的热点；(2)针对国外的研究不多，且还未发现针对发达国家的研究；(3)进入 21 世纪以来，国内学者和海外华裔学者针对中国的研究逐渐增多；(4)现有的研究多以存在性研究为主，少量涉及影响因素的研究，研究不够深入。

FDI 对东道国技术创新的影响一直备受学界争议。主要观点有：

1. FDI 对东道国技术创新产生了正向溢出效应

跨国公司在东道国的研发投资扩大了东道国研发资金的来源，弥补了国内研发资金的缺口；研发机构的设立有助于培养当地的研发人员，促进当地相关的人力资源开发；研发机构的进入将产生竞争效应和学习效应，促使当地企业主动增加 R&D 投入，更好地配置现有的 R&D 资源，并学习跨国公司先进的 R&D 管理经验，提高企业的科技竞争力。Dunning(1992)的理论研究表明：跨国公司的海外研发机构可以提高东道国技术发明的能力，加快产品发明的速度。

金麟洙(1998)通过对韩国 200 多家公司进行的 20 多年跟踪研究表明，有效利用外资，并有选择地进行技术学习和技术积累，是本土企业实现从模仿到创新的关键。Feinberg 和 Majumdar(2001)对跨国公司在印度研发投资行为的实证研究也表明：国外研发投资的流入，加快了印度相关行业的技术创新速度。

Hu 和 Jefferson(2001)采用了中等以上规模企业的数据，对外资在中国制造业行业技术创新方面的影响进行了研究。此研究中，用新产品的销售额所代表的创新产出作为被解释变量，将产业内的技术人员数量、研发资金投入以及产业内的外资数量所代表的创新投入作为解释变量，研究表明外资对内资企业具有显著的溢出效应。

Cheung 和 Lin(2004)运用 1995—2000 年中国的省级面板数据，分析了 FDI 对中国创新的溢出效应，研究认为 FDI 对国内专利申请具有正向溢出效应，而且相比东部和中部地区，FDI 对西部地区创新活动的溢出效应更大。徐涛(2003)通过 FDI 增长率对专利增长率的回归分析，发现 FDI 对中国的技术创新有很大的推动作用，引进 FDI 可以增强中国技术创新能力。

Girma 等(2005)运用 1999—2003 年 30,000 个国有企业的面板数据，研究了 FDI 对中国的创新溢出效应，发现了 FDI 的流入总体上对国有企业的创新活动具有负向效应。进一步研究发现，对于出口企业、对人力资本和研发进行投资的企业以及在外资进入前就具有创新经验的三类国有企业，FDI 产生了正向溢出效应。他们认为，FDI 的流入产生的竞争效应导致了低效率国有企业创新活动的降低，而对于那些具有较强吸收能力的国有企业，FDI 的进入则能激发他们的创新活动。

王红领、李稻葵和冯俊新(2006)运用1998—2003年我国工业行业的面板数据，研究了FDI与我国内资企业自主研发行为的关系，支持了“促进论”的观点。研究认为：外资企业销售收入每增加一个标准差，则内资企业的专利申请量增加35%～43%，内资企业科技费用占销售收入比重约上升0.20%～0.22%，内资企业科技活动人员占全部员工比重大约上升0.62%～0.65%。FDI的进入对民族企业起到了重新洗牌的作用，在此过程中，那些研发投入不力的企业被淘汰出局，但留下的企业变得更加强大。由此可见，FDI促进了内资企业的自主创新。侯润秀和官建成(2006a)运用地区层面的面板数据，发现FDI对我国区域创新能力产生了显著的溢出效应。

2. FDI对东道国技术创新产生负向溢出效应

Romer(1990)从人力资本配置结构的角度进行研究，得出了FDI会对东道国科技发展产生负面效应的结论。Haddad和Harrison(1993)选用1985—1989年的企业和行业面板数据对摩洛哥制造业进行了研究，发现FDI没有带来东道国研发能力的提高。Nonaka和Takeuchi(1995)指出，FDI的进入引起了国内研发人才的严重逆向流失，从而抑制了发展中东道国研发能力的提高。Aitken和Harrison(1999)选用1976—1989年企业面板数据对委内瑞拉制造业进行了研究，发现FDI对东道国企业的研发有负面影响。Young(1998)通过对新加坡的经验研究认为，FDI虽然在短期内推动了该国的经济发展，却使得新加坡的人力资本转移到了最终产品部门，从而导致了该国研发部门投入不足。于丽英(2004)认为，FDI增强了对他人技术成果的依赖性，削弱了我国企业技术创新的积极性，自主研发能力受到了影响。姜奇平(2004)对20世纪90年代以来中国以市场换技术的战略效果进行了重新考察，认为外资并购会引起本土自主研发能力的下降，形成对外方的高度依赖，导致产业发展的后劲不足。

3. FDI对东道国技术创新的溢出效应不确定

刘云、夏民和武晓明(2003)研究了外资企业专利申请对我国技术创新的影响，结果表明FDI在华专利申请对我国技术引进、消化吸收和创新有积极影响，但与国内专利申请存在明显的替代和竞争关系。此外，冷民(2005)对台湾地区微电子产业的案例研究认为，FDI只能是发展中东道国提升技术创新能力的一种辅助途径。侯润秀和官建成(2006b)研究了地区层面FDI对大中型工业企业创新能力的影响，结果发现FDI的流入对我国(包括三资企业)的创新能力存在显著的正面效应，而对国有大中型工业企业而言，溢出效应并不明显。

马天毅、马野青和张二震(2006)利用1999—2002年我国省级面板数据，对外资在我国技术创新能力方面的溢出效应进行了实证分析。研究表明，FDI对我国新产品销售收入产生了正面的溢出效应，FDI 流入量每增加 1%，可以促使国有工业企业新产品销售收入增加 0.17%。从东、中、西部的分组检验结果来看，FDI 的溢出效应的确在地区间存在较大差异。东部和西部的 FDI 对新产品销售收入的溢出效应为正，其产出弹性分别达到了 0.25 和 0.92；而中部地区 FDI 对新产品销售收入的溢出效应为负。冼国明和严兵(2005)利用省际层面的面板数据，研究了 FDI 对我国专利申请的影响，得出了类似的结论。

蒋殿春和夏良科(2005)运用行业层面面板数据，研究了 FDI 对我国高新技术产业技术创新的影响，结果表明，FDI 的竞争效应不利于国内企业创新能力的成长，但是会通过示范效应和人员的流动效应促进内资企业的研发活动。薄文广、马先标和冼国明(2005)运用我国地区层面的面板数据，研究了 FDI 对我国技术创新的影响，结果发现 FDI 对中国的技术创新会发挥积极的影响，但必须跨越一定的人力资本门槛。冼国明和薄文广(2005)运用行业层面的面板数据，发现在内外资企业的技术差距较小以及 FDI 为市场寻求型时，FDI 对内资企业创新能力产生了显著的溢出效应。冼国明和薄文广(2006)运用地区层面的面板数据，研究发现外资企业创新能力的提高会对国有大中型企业的创新能力产生显著的抑制作用，对其他类型的大中型工业企业的创新能力产生明显的促进作用。

(三)FDI 溢出效应的影响因素

正因为在对 FDI 技术溢出效应的实证研究中出现了不同的结论，学者们转而对影响 FDI 技术外溢效应的因素进行了探索。实际上，有关 FDI 溢出效应影响因素的研究更有意义，因为关于 FDI 政策的争论不在于溢出效应存在与否，而是东道国如何最大化 FDI 溢出效应的收益。FDI 技术外溢不是自动产生的，而是在跨国公司与本土企业相互作用、相互影响的过程中产生的(Lapan & Bardhan, 1973; Wang & Blomström, 1992; Perez, 1997; Kinoshita, 2001)。因此，应当从跨国公司、本土企业以及两者关系的角度来研究东道国如何获得 FDI 的正向溢出效应。

1. 跨国公司与东道国企业共同影响的因素

(1)技术差距

无论从地区层面还是行业内层面来看，技术差距都是影响 FDI 溢出效应的重要因素。技术溢出效应大小的传统论断，过分强调了技术差距的作用，而忽视了技术差距产生积极作用所需要的条件，因此后来许多学者提出了适度技术缺口(optimal technological gap)的概念。关于技术差距与技术溢出的关系存在三种观点：(1)技术差距越大，越有利于技术溢出效应的产生。本地企业与外资企业的技术差距越大，则本地企业越具有追赶和学习的空间，技术扩散率也越高，技术溢出效应也越容易发生。(2)技术差距越大，越不利于技术溢出效应的产生。本地企业与外资企业的技术差距越大，本地企业则越不具备吸收FDI先进技术的能力，技术溢出效应越不易发生。(3)技术差距与FDI溢出效应存在非线性关系。适度的技术差距有利于技术溢出，技术差距太小或太大都不利于技术溢出效应的发生。

Findlay(1978)，Wang 和 Blomström(1992)的研究表明，FDI溢出效应是内外资企业间技术差距的增函数。Sjöholm(1999b)对印度尼西亚的研究也证实了技术差距有利于技术溢出。

Imbriani 和 Reganati(1997)对意大利的研究表明，外资企业技术外溢效果与内、外企业技术差距成反比。Kokko(1994)运用行业层面横截面数据对墨西哥的研究，发现当技术差距较小时，技术溢出效应比较明显；而在技术差距较大时，技术溢出效应不明显。Kokko 进一步指出，如果内资企业对外资企业的先进技术吸收能力不足，则引进外资就不能带来溢出效应。Liu et al.(2000)运用1991—1995年行业面板数据对英国制造业的研究，验证了 Kokko 的结论。他们认为，这是由于在技术差距较小时当地企业具有较高的吸收能力。

实际上，较大的技术差距意味着内资企业拥有较多的学习、模仿机会；然而此时内资企业可能没有足够的技术吸收能力，导致了溢出效应不明显。因此适度的技术差距会有利地促进FDI的溢出效应。Perez(1997)运用演化经济学的方法，认为技术差距与技术溢出之间可能存在非线性关系，即当技术差距较小时，技术溢出水平随技术差距的增加而增加；当技术差距增大到某一水平以至于本地企业现有的技术能力无法对国外先进技术加以吸收时，溢出效应不明显。因此，内外资企业间需要保持一个适度的技术差距，才更有利于技术溢出。

(2)区域集聚

溢出效应的发生受到一定的地理条件的限制，一般来说距离越远溢出效应越小(Audretsch & Feldman, 1996; Audretsch, 1998)。由于劳动力流动具有一定的地域性，因此劳动力的培训—流动效应的发挥会受到地理位置的影响；竞争效应、示范—模仿效应的发挥也受到地理位置的限制；考虑到运输成本，垂直溢出效应也往往限制在区域层面。因此，区位因素无论在行业内还是行业间都影响了FDI的溢出效应。

(3)市场竞争

一般认为，如果东道国国内市场竞争程度越高，外资企业对本地企业的溢出效应越大。一方面，较高的竞争程度迫使外资企业采用较新的技术以提高其市场竞争力；另一方面，国内企业为了避免在竞争中失败，也不断提高自身的创新能力。然而，如果内资企业由于自身技术水平过低，无力和外资企业进行竞争，则会导致负向溢出效应。因此，适度的竞争程度会有利于溢出效应的发生。

Dunning 和 Cantwell(1986)从市场竞争的角度来研究 FDI 的技术溢出效应。竞争包括跨国公司之间以及跨国公司和东道国企业之间的竞争,竞争促进了企业技术创新的动力。如果市场被少数几个国家的跨国公司所控制,而本土企业又无力和跨国公司进行竞争,则跨国公司可以保持其竞争优势的地位,就不会把先进的技术转移到子公司,因此技术溢出效应并不明显。相反,就会加快技术的转移。Wang 和 Blomström(1992),Blomström 和 Kokko(1995)的检验结果也都表明,外资企业引进技术的数量受本地市场竞争状况的影响,市场竞争越激烈,外资企业引进的技术也就越快越多。

Girma, Greenaway 和 Wakelin(2001)根据英国制造业 1991—1996 年企业面板数据研究发现,虽然总体上技术溢出效应不明显,但是在竞争程度高的行业则存在正的溢出效应。同时,技术差距越大,溢出效应越小。Globerman 和 Kokko(1999)认为竞争程度和本地企业的技术能力是影响技术溢出的两个最重要因素。Sjöholm(1999b)在对印度尼西亚的研究中采用反映行业集中度的指标"Herfindahl"进行分组,研究结果表明,当 Herfindahl 较低时,行业中企业竞争越激烈,FDI 的溢出效应就越明显。

Holger 和 Goerg(2006)对匈牙利的研究发现,外资的溢出效应与竞争程度和东道国企业吸收能力有关。当外资企业与内资企业在同一市场竞争时,无论同在国内市场还是国际市场竞争,外资企业都具有负的溢出效应。Evans(1979),Kokko(1992),Harrison(1994),Aitken 和 Harrison(1999)也都发现了竞争带来的负向溢出效应。

2. 跨国公司因素

(1)来源

由于不同来源的 FDI 具有不同的文化、习俗、产业结构以及技术水平,因此会产生不同的溢出效应。Banga(2003)对印度的研究表明,相对于美资企业,来自日本的 FDI 会产生更多的溢出效应。

Javorcik、Saggi 和 Spatareanu(2004c)以罗马尼亚为例,探讨了母国因素如何影响 FDI 的溢出效应。研究指出,跨国公司在东道国购买的中间品份额受公司总部与其在东道国的工厂距离的影响,得出了外国投资者的国籍是影响 FDI 溢出效应的重要因素之一的结论。

孟亮和宣国良(2005)使用中国省域数据,分析了不同来源 FDI 对我国工业部门技术溢出效应的差异。发现在总体层次上,港澳台资产生了明显的技术溢出效应,而其他来源的外资没有表现出显著的技术溢出效应。通过进一步研究发现,只有在经济发达地区,港澳台资才产生了明显的技术溢出效应。

(2)参与度

一般认为,外资拥有的产权越小,则对海外分支机构技术转移的动力越不足,外资企业的溢出效应也越小。因此,外资的所有权比重是影响 FDI 技术溢出的重要因素(Blomström & Sjöholm, 1999; Dimelis & Louri, 2002; Javorcik & Spatareanu, 2003)。大量的实证研究证明了所有权比例与 FDI 技术外溢程度之间存在相关性。Dimelis 和 Louri(2001)应用横截面数据对希腊制造业的研究表明,外资较少股权项目的技术外溢程度大于较多股权项目的溢出效应。Blomström 和 Sjöholm(1999)应用 1991 年企业层面的数据,对印度尼西亚的外资股权比例对内资企业劳动生产率的影响进行了研究,其研究结论是:(1)有外资股权参与的企业比纯粹的内资企业的劳动生产率更高;(2)外资企业对内资企业存在溢出效应;(3)外资股权比例对外资企业的生产率以及本地企业的溢出效应不存在统计上的显著差异。Blomström 和 Sjöholm 的研究表明,尽管外资的参与影响了外资企业以及内资企业的产出,然而合资企业与独资企业的差异却并不显著。这说明了,外资参与度对溢出效应的影响还受到其他因素的作用。

UNCTAD(2001)指出,合资企业或并购企业比绿地投资(green field investment)更倾向于从东道国购买中间投入品,更有利于垂直溢出效应的发生。Toth 和 Semjen(1999)对匈牙利的研究表明,跨国公司分支机构中本地企业的参与度越大,分支机构与本地企业的行业间链接效应也越大。Javorcik 和 Spatareanu(2003)应用 1998—2000 年公司层面的一组不均衡面板数据对罗马尼亚进行了研究,证实了部门间的技术外溢源于合资或并购项目,而不是绿地投资。Javorcik(2004b)对立陶宛的研究表明,FDI 垂直技术溢出效应与合资项目有关,而与外国独资项目无关。

(3)投资动机

跨国公司作为技术溢出源,目标在于追求利润最大化,跨国公司的投资动机对技术溢出效应产生了重要影响(Narula & Marin, 2003)。Driffield et al. (2002)指出,由于以往研究中把 FDI 当作是同质的外生因素,没有考虑到不同投资动机的影响,才导致了 FDI 溢出效应的实证分析中出现了不一致的结论。

Dunning(1993)把 FDI 的动机划分为四种类型:资源寻求型、市场寻求型、效率寻求型以及战略资产寻求型。Reuber(1975)认为相对于出口导向型的外资企业,以进口替代为目的的外资企业更加注重满足本地消费者的需要,从而更加注重本地化改造,进而会过多地利用本地的中间投入品和原材料,对于本地的技术关联以及示范途径发生的外溢效应也更明显。Kokko et al. (1996b)对乌拉圭的研究认为,相对于出口导向的外资企业,东道国市场导向的外资企业与本地企业之间的联系更加密切。因此，东道国市场导向比出口导向的外资企业的溢出效应更加明显。Javorcik(2004b)对立陶宛进行的相关研究发现，国内市场取向的 FDI 对东道国上游产业的供应商有更多的垂直溢出效应。

技术利用型(technology exploiting)FDI 往往拥有比东道国企业更先进的技术，因此容易产生外溢效应；与之相对应，技术寻求型(technology souring)的外资进入东道国的目的是想获取当地企业的先进技术，因此不易产生技术溢出。Nigel 和 James(2002)对 1984—1995 年进入 OECD 国家的外资研究发现，技术利用型 FDI(母国研发密集度大)对当地企业产生了正向溢出效应，而技术寻求性(东道国研发密集度大)的溢出效应为负。Driffield et al. (2002)的实证结果也认为，技术利用型的 FDI 具有正的外溢效应，而技术寻求型的 FDI 具有负的外溢效应。

3. 东道国因素

(1)所有制

不同所有制类型的企业往往代表了不同的技术水平、控制结构以及创新动力，东道国企业的所有制类型成为了 FDI 溢出效应的重要影响因素。Feinberg 和 Majumdar(2001)研究发现，不同所有制类型的东道国企业从 FDI 中获得的溢出效应有所不同，这也可以当作企业吸收能力的间接证据。

Li et al. (2001)利用中国 1995 年工业普查数据，对不同所有制类型企业获得的溢出效应进行了实证研究。其研究结果表明，市场导向型的 FDI 对国有企业产生了正向溢出效应，提高了国有企业的技术水平和生产率；而其对集体和私营企业的溢出效应则为负，这是因为这些企业还不能在技术上与外资企业竞争。然而 Buckleyet et al. (2002)则发现中国的集体企业获得的溢出效应较大，而国有企业则经历了负的溢出效应。

(2)行业特征

东道国的行业特征，如资本密集度、技术密集度、出口依存度、研发密集度、行业中企业的规模等也是影响 FDI 技术溢出效应的重要因素。

行业的技术和知识密集程度决定了企业的技术特征与行为。如果跨国公司所在产业的技术和知识密集程度高，那么技术溢出的潜力就比较大，如高新技术产业等。而在低技术的劳动密集型产业中，FDI 的动机是获得东道国廉价劳动力以及原材料，这种 FDI 的技术溢出效应是非常有限的，更容易挤出东道国企业的市场份额。Kokko(1994)在对墨西哥的研究中，采用“专利付费水平”以及“外资企业的资本密集程度”作为企业技术水平的两个指标对企业进行了分组。其检验结果是，只有在付费水平低和资本密集度低的组中，FDI 的溢出效应才是明显的。

学者们有关行业集中度对FDI溢出效应影响的探讨往往与行业内的市场竞争程度相联系，而市场竞争因素还有赖于外资企业的参与，因此应该把市场竞争因素放到对内外资企业共同起作用的因素中。

Holger和Goerg(2006)考察了匈牙利1995—2001年企业水平数据，他们发现劳动密集型外资企业不产生外溢效应，而资本和资源密集型外资企业的溢出为正。

传统上，跨国公司研发活动大多数集中在母国进行，20世纪90年代以来，越来越多的研发活动转移到东道国进行。跨国公司国外子公司所进行的大量研究与开发活动促进了技术溢出效应的产生。Tilton(1971)认为外资研发能给企业带来内部技术能力，使企业更好地利用外部信息。Allen(1977)、Mowery(1983)的研究也得出了类似的结论。Cohen和Levinthal(1989)第一次明确地阐述了研发与技术吸收能力的关系，认为研发不仅可以提高企业的创新能力，还可以提高企业的吸收能力。Kokko(1996)研究发现，企业对"学习活动"的投资越多，就能够从跨国公司的溢出效应中吸收越多的新技术。Kathuria(2000)对印度的研究发现，溢出效应很大程度上取决于本地企业对于学习能力和R&D的投资，这些投资能增强其解决问题和应用新知识的能力，提高了企业的吸收能力。而Keller和Yeaple(2003)研究发现只有在高技术行业，提高研发投入才会促进溢出效应。

内资企业的规模也是影响外资企业技术溢出的影响因素。小的企业(以雇员数或产值表示)由于竞争力不足，在和外资企业竞争的过程中会受到损失(Aitken & Harrison，1999)，并且由于生产规模的限制而无法模仿外资企业带来的新技术。

(3)地区吸收能力

关于FDI技术溢出效应影响因素，研究最多的就是技术差距和内资企业的吸收能力。按照Narula和Marin的定义，吸收能力(absorptive capacity)是能内化别人产生的知识，并能修改使之适应自己特定的应用、过程以及程序的能力(Narula & Marin，2003)。借鉴Cohen和Levinthal(1989)的思想，许多学者试图从东道国吸收能力的角度来解释FDI溢出效应的差异，并从多个角度解释吸收能力的概念、内涵及影响作用。然而目前关于吸收能力的范围并没有一个明确的说法，一般认为东道国的经济发展水平、对外开放度、基础设施、人力资本存量、政府政策、知识产权保护度、金融市场效率等因素都影响着内资企业的吸收能力，从而大大拓宽了吸收能力所涵盖的概念范围(Olfsdotter，1998)。

①经济发展水平。经济发展水平反映了一个地区的综合能力。经济发展水平越高，地区的技术基础、人力资本存量也越高，基础设施也越好，因此技术

吸收能力也越强。何洁(2000)研究发现,FDI外溢效应的大小和该省份是否达到一定的经济发展水平有关。

②经济开放度。Moran(1998)认为东道国的经济开放度对FDI技术溢出效应具有重要作用。经济开放度主要通过两种渠道影响技术吸收能力:第一,通过从发达国家进口先进的产品、设备和仪器给本国带来更多的模仿和学习机会(Grossman & Helpmen,1991);第二,通过竞争效应迫使东道国企业加大研发投入以增强自身的技术能力(Holmes & Schmitz, 2001)。

Findley(1978),Koizum和Kopecky(1977),Wang(1990)以及Rivera-Batiz和Romer(1991)分别从人力资本积累和中间投入品产业的多样化角度,研究了FDI规模的扩大对东道国经济增长的促进作用,证实了对外开放度和FDI的溢出效应之间存在正相关关系。

何洁(2000)运用我国省域数据,证实了对外开放度和FDI技术溢出效应之间的正相关性。而张建华和欧阳轶雯(2003)通过对广东省的实证研究发现:开放度较低的一组,FDI外溢系数为正,且高度显著;而开放度较高的一组,FDI对当地企业的溢出效应反而变为负值。

③基础设施。基础设施不仅是吸引FDI进入的重要因素,而且对FDI技术溢出效应产生重要影响。完善的基础设施不仅成为吸引高质量FDI的主要优势条件,而且可以提高FDI来源的质量和规模,同时还可以成为促进FDI溢出效应的一个重要工具。基础设施采用的测量指标通常包括电信基础设施、道路交通状况以及旅客和货物的周转量等。其中电信基础设施通常用人均电话数和电信业务量等指标来表示,道路交通状况通常用人均公路里程数作为代理指标。

④东道国的金融市场效率。东道国的金融市场效率是影响其吸收能力的关键因素,由于东道国国内具有企业家精神的创业者必须要为其利用外资企业的先进技术支付一大笔初始的固定成本,包括学习费用、谈判成本、购买关键技术以及设备的费用等,因此东道国内金融市场的运作效率将决定创业者是否能在有效时期内获得贷款以支付这笔固定成本(Alfaro et al.,2004)。

⑤人力资本积累。Nelson和Phelps(1966)认为一个国家引进和使用新技术的能力来自国内的人力资本存量,人力资本存量越高,往往技术进步的进程越明显。Borensztein et al.(1998)开创了人力资本对技术吸收能力影响的研究,首次设计了同时包含人力资本和FDI的内生增长模型,证明了东道国人力资本投资对于技术吸收的重要性。研究表明,FDI溢出效应受到人力资本临界值(threshold effect)的影响,即只有当东道国人力资本存量足够丰裕时,东道国才能充分吸收FDI的技术外溢。Xu(2000)进一步对吸收能力“临界值”的门槛

效应进行了检验。其首先按照东道国人力资本存量丰裕程度对样本进行了排序分类，利用聚类分析对样本进行回归分析，结果发现随着人力资本存量值的增加，FDI 的技术外溢效应越来越明显。

五、本章小结

本章对本书研究的相关理论以及有关 FDI 溢出效应的研究成果进行了回顾，这些理论以及研究成果是本书分析 FDI 对我国技术创新溢出效应的研究基础。

本章首先回顾了技术创新的内涵与分类，以及技术创新能力的内涵与维度，为第三章“有关内外资企业技术创新差异”以及第六章“FDI 对我国技术创新的作用机制”提供了理论基础。有关投入产出理论的回顾，有助于我们应用投入产出理论来研究 FDI 对技术创新的垂直溢出效应并构建产业关联度指标。

传统的外商直接投资理论、内生增长理论以及知识溢出理论是 FDI 技术溢出效应发生的理论基础，本章分析了这些理论基础与 FDI 技术溢出效应的关系。本章还分析了行业内与行业间 FDI 溢出效应的传导机制，FDI 主要通过竞争效应、示范—模仿效应以及人力资本的培训—流动效应对行业内的内资企业产生溢出效应，主要通过后向与前向产业关联对行业间的内资企业产生溢出效应。FDI 无论通过何种传导机制对东道国都产生了正反两方面的作用，总体溢出效应的大小则取决于正反两方面力量的对比，而实际 FDI 溢出效应的发挥则是各种传导机制综合作用的结果。因此，FDI 溢出效应的发挥是一个非常复杂的过程，我们应该创造条件获得 FDI 对我国技术创新的正面作用而避免负面影响。

通过对国内外 FDI 对东道国溢出效应研究文献的回顾，我们发现，当前的研究主要集中在从地区与行业内角度探讨 FDI 对东道国技术效率的提高有无显著促进作用方面。针对 FDI 行业内技术效率的溢出效应较为成熟，然而实证研究结论并不一致的现状，很多学者转而研究：FDI 行业内溢出效应的影响因素和行业间 FDI 的溢出效应。Javorcik(2004b)认为外资企业会采取措施防止技术外溢给本地竞争者，因此有关行业内 FDI 溢出效应的研究，有可能是在错误的方向上寻找 FDI 的溢出效应。随着 Kugler(2000)的开创性研究，通过严格的计量经济分析来检验 FDI 的行业间溢出效应逐渐成为了研究的热点。目前针对 FDI 的行业间溢出效应研究，仅停留在溢出效应是否存在的层面上。虽然国内外学者针对 FDI 技术效率的溢出效应进行了大量的研究，然而 FDI 对东道国特别是发展中国家的东道国的根本影响还在于其对技术创新的溢出效应。

目前，有关FDI对东道国技术创新的溢出效应研究比较贫乏，有关FDI对技术创新溢出效应的研究具有以下特点：(1)国外主流学者的研究不多，还未成为国际研究的热点；(2)针对国外的研究不多，还未发现针对发达国家的研究；(3)进入21世纪以来，国内学者和海外华裔学者针对中国的研究逐渐增多；(4)现有的研究多以存在性研究为主，而少量涉及影响因素的研究也不够深入。

因此，以吸收FDI最大的发展中国家——中国为背景，研究FDI对我国技术创新的溢出效应，不仅对其他发展中国家具有积极的借鉴意义，对于国内政府部门、理论界以及产业部门也都具有重要的理论价值与实践意义。

以上的文献综述仅仅是国内外学者研究FDI溢出效应的一小部分，在文献阅读方面难免疏漏。因而，在本书的写作的过程中，根据具体的问题，作者还作了一些补充。

第二章 FDI与我国技术创新的关系

一、FDI在我国的发展历程与分布特征

自十一届三中全会确立了改革开放政策以来，中国大规模利用外资已有30年的历史。从1993年起，我国外商直接投资流入量就居发展中国家第一位，2002年更是超过美国居世界第一。因此，外商直接投资在中国的经济生活中占有重要地位。

本书的研究主题在于FDI对技术创新的溢出效应。作为深入研究的铺垫，本章首先对外商直接投资在中国的现状以及我国内外资企业的技术创新状况进行全面的概括和总结，在此基础上研究了内外资企业技术创新的差异以及FDI与我国本土技术创新之间的关系。

(一)我国引进FDI的历程

自改革开放以来，中国吸引外商直接投资具有明显的阶段性，不同的学者对其进行了不同的阶段划分。本书结合FDI流入量以及影响外资流入的重大政策，总体上将我国吸引外商直接投资划分为五个大阶段。

1. 起步阶段——政策形成期(1979—1985)

在这一阶段，我国处于改革开放的初期，利用外资的法律法规还不尽完善。中国政府对利用外资也持谨慎的态度，设立了初步的外资准入法规，同时设立若干经济特区和沿海开放城市作为利用外资的试点。外商对于在中国投资还存有很多顾虑，基本上都持有试探的态度。

1979年7月1日，全国人大五届二次会议通过了第一部规范外资的法律，即《中华人民共和国中外合资经营企业法》，开始允许外商直接投资进入中国。随后相继颁布了《中外合资经营法》、《中外合资经营企业所得税法》、《涉外经济合同法》、《中外合资经营企业登记管理法》等相关法律法规，初步形成了我国引进FDI的政策框架。

我国的外资政策从一开始就具有强烈的地区倾向。1980年，中国政府设立了深圳、珠海、汕头以及厦门四个经济特区。经济特区作为对外开放的“窗口”,实施特殊的优惠政策以吸引外商直接投资。1983 年 5 月,国务院召开了第一次全国利用外资工作会议,总结了利用外资的经验,进一步放宽了利用外资的政策,同时扩大试点范围。1984 年,中国政府决定开放大连、秦皇岛、天津、烟台、青岛、连云港、南通、上海、宁波、温州、福州、广州、湛江、北海等 14 个沿海港口城市;1985 年以后,又先后决定将长江三角洲、珠江三角洲、闽南厦(门)、漳(州)、泉(州)三角地区开辟为沿海经济开放区。同时,在上述地区实行优惠的外资政策,扩大地方政府对外商投资项目的审批权限,改善投资环境。

在这一阶段,由于传统意识形态和经验不足等原因,利用外资基本处于探索阶段。同时,由于外商的信心不足,外资进入的速度较为缓慢。这一阶段,我国合同利用外商直接投资额为 160.83 亿美元。资金大多来源于港澳地区,且基本投向了东南沿海地区。

2. 稳步发展阶段——政策完善期(1986—1991)

经过第一阶段的探索之后,我国利用外资进入了全面推广的稳步发展阶段。针对第一阶段出现的问题,采取了一些措施。

1986 年,中国政府制定并颁布了《关于鼓励外商投资的规定》、《关于鼓励台湾同胞投资的规定》、《关于鼓励海外侨胞和港澳同胞投资的规定》以及上述规定的若干实施办法,对外商投资企业在税收、土地使用费、劳务费、利润再投资、进口自主权、外汇保留权以及审核认证手续等方面给予优惠。《中华人民共和国外商投资企业法》和《中华人民共和国中外合作经营企业法》也分别在 1986 年和 1988 年颁布实施。上述法规的颁布进一步保障了外商的利益,使投资环境更加开放和自由。

在行业规制方面,1987 年发布的《指导吸收外商投资方向暂行规定及其目录》,明确划定了鼓励外商进入的行业和限制、禁止外商进入的行业。1990 年出台的《外资企业法实施细则》规定了新闻出版、邮电通讯、保险等行业禁止设立外资企业;公用事业、交通运输、房地产等行业限制进入;同时,对外资企业在规模、出口比例和科技水平等方面也加以限制。

在区域开放方面,1988 年辽东半岛、胶东半岛以及环勃海湾地区开辟为沿海经济开放区;1988 年海南被批准设省并建立海南经济特区;1990 年国家又决定开发上海浦东新区。对这些地区引进 FDI 实行优惠政策,如税收的抵减免以及较低的税率、降低土地使用费,免除出口企业在进口设备和原料上的关税等其他的优惠政策。

在这一阶段,我国政府确立了积极利用外资的观念,虽然对外资实行一定的限制,但优惠与鼓励的特点更加明显。外商直接投资的法律法规进一步完善,外商直接投资的地区与行业范围也有所拓宽。由于投资环境不断改善,外商的信心得到增强,外资开始加速进入中国。在此阶段,外商直接投资合同金额达到365亿美元,实际利用FDI额达190亿美元。

3. 高速发展阶段——政策的深化期(1992—1995)

1992年初,邓小平南方谈话提出了"三个有利于"的标准。同年10月,党的"十四大"明确提出了"建立社会主义市场经济"的经济体制改革目标,结束了姓"社"与姓"资"的争论,为改革开放扫清了意识形态的障碍。此后,我国引进外商直接投资进入了快速发展阶段,利用外资政策也进入了全面深化期。

从1994年起,我国开始谋求将引进外资与国内产业发展相结合。1994年,全国人大确立了促进外资进入农业、水电、能源、原材料等行业的目标,并制定了相应的优惠政策。1995年,国家计委等部门颁布了《指导外商投资方向的暂行规定》,并同时发布了《外商投资产业指导目录》,鼓励外资在农业、能源、港口、原材料以及高科技等产业发展。在区域开放方面,国务院进一步扩大对外开放范围,实现沿江(长江)、沿线(陇海线、兰新线)、沿边(边境)对外开放。全国开放了6个沿江港口城市、13个内陆边境城市和18个内陆省会城市,基本上形成了全方位、多层次、宽领域的对外开放的新格局。

在此阶段,我国利用外商直接投资在广度和深度方面都取得了新的突破和重大发展。这一期间,外商直接投资成为我国利用外资的主要形式,外商直接投资额高速增长。自1993年起我国就成为吸收FDI最多的发展中国家。来自以美国为主的发达国家的FDI也纷纷进入中国,外商直接投资的行业结构也得到了优化。

4. 调整提高阶段——政策调整期(1996—2000)

经过十几年的改革开放,我国积累了大量的外资。在这一阶段,我国政府积极转变思路,把工作重点从以前的重视外资的数量,转变为重视利用外资的质量。

为了促进内外资企业的公平竞争,自1996年4月起,逐步取消了对外资企业进口设备免征进口税的优惠措施。1997年12月对《指导外商投资方向的暂行规定》进行了修订,重点鼓励外资投向农业、高新技术产业、基础工业、基础设施、环保产业和出口创汇产业。

为了优化外商直接投资的结构,外商投资的领域和地区进一步扩大。地区优惠政策开始延伸到内地,政府扩大了吸引外资的领域,允许在金融、保险、商业、外贸、运输以及各类中介机构等领域引进FDI;制定优惠政策,积极鼓励外资企业在我国设立研发机构;国务院出台一系列措施,鼓励FDI参与中西部地区的发展。

经过上述调整，我国利用外资经历了由数量型向质量型的转化。在这一阶段，引进外资的政策理念得到了调整，把开放政策和引进外资从局部地区一下子推广到全国。

5. 全面开放阶段——政策成熟期(2001至今)

2001年，中国正式加入了世界贸易组织(WTO)，中国的外资政策逐步跨入全面开放的阶段。此后，中国必须遵守WTO的基本准则，为FDI进入中国提供逐步符合世贸规则和国际惯例的运营环境，包括无歧视、公平贸易以及公平竞争等。我国进一步扩大了市场准入范围，包括金融、电信、石化、零售及其他服务贸易等行业。

2007年3月16日，十届人大五次会议通过了《企业所得税法》，由《企业所得税法》统一规范内外资企业所得税的征集与管理。这意味着适用于内资企业的《中华人民共和国企业所得税暂行条例》与应用于外资企业的《中华人民共和国外商投资企业和外国企业所得税法》将完成其历史使命。此次"两税合一"，使我国吸引FDI进入一个新阶段，即更加注重FDI的质量以及FDI对于转变经济增长方式、优化贸易结构以及产业结构的积极作用。

加入WTO，是中国改革开放进程中的又一重大突破，为外商在华直接投资带来了新的机遇，进一步扩大了市场准入范围。市场经济秩序和投资环境得到了根本改善，透明度也进一步提高。从此，我国进入了利用外资的全面开放阶段，对外资的政策也进入了成熟期。

纵观我国引进外商直接投资的过程可以发现，我国规范FDI的政策体现了"超国民待遇"和"低国民待遇"并存，并呈现出不断弱化的趋势。一方面，我国给予了FDI在税收、土地、外汇、进出口等方面的"超国民待遇"；同时，又在市场准入、投资领域、出口比例、投资比例等方面给予FDI以"低国民待遇"。

改革开放以来，我国利用外资额得到了迅速的发展。如表3.1所示，我国无论合同利用外资额还是实际利用外资额均保持了长期的增长趋势，FDI成为了我国利用外资的主要形式①。我国利用外资具有明显的阶段性，从中可以看出，受1992年邓小平南方谈话、1997亚洲金融危机以及2001年"入世"的影响非常明显。1979—2006年我国合同利用FDI额为14858亿美元，实际利用FDI额达6918.98亿美元，分别占利用外资总额的比例高达89.08%和78.39%。2001年之后，FDI流入量得到了较大提高，FDI占利用外资的比例也高达94%以上。

① 利用外资主要有三种形式：对外借款、外商直接投资和外商其他投资。

表 3.1 1979—2006 年 FDI 利用状况 （亿美元，%）

年份	合同利用外资额			实际利用外资额			GDP	实际 FDI 利用额/GDP
	总额	FDI	FDI/总额	总额	FDI	FDI/总额		
1979－1984	281.26	97.50	34.67	181.87	41.04	22.57	—	—
1985	102.69	63.33	61.67	47.60	19.56	41.09	3070.23	0.64
1986	122.33	33.30	27.22	76.28	22.44	29.42	2975.90	0.75
1987	121.36	37.09	30.56	84.52	23.14	27.38	3239.73	0.71
1988	160.04	52.97	33.10	102.26	31.94	31.23	4041.49	0.79
1989	114.79	56.00	48.78	100.60	33.93	33.73	4513.11	0.75
1990	120.86	65.96	54.58	102.89	34.87	33.89	3902.79	0.89
1991	195.83	119.77	61.16	115.54	43.66	37.79	4091.73	1.07
1992	694.39	581.24	83.71	192.03	110.08	57.32	4882.22	2.25
1993	1232.73	1114.36	90.40	389.60	275.15	70.62	6132.23	4.49
1994	937.56	826.80	88.19	432.13	337.67	78.14	5592.24	6.04
1995	1032.05	912.82	88.45	481.33	375.21	77.95	7279.81	5.15
1996	816.10	732.76	89.79	548.05	417.26	76.14	8560.85	4.87
1997	610.58	510.03	83.53	644.08	452.57	70.27	9526.53	4.75
1998	632.01	521.02	82.44	585.57	454.63	77.64	10194.62	4.46
1999	520.09	412.23	79.26	526.59	403.19	76.57	10832.79	3.72
2000	711.30	623.80	87.70	593.56	407.15	68.59	11984.75	3.40
2001	719.76	691.95	96.14	496.72	468.78	94.38	13248.18	3.54
2002	847.51	827.68	97.66	550.11	527.43	95.88	14538.20	3.63
2003	1169.01	1150.69	98.43	561.40	535.05	95.31	16409.66	3.26
2004	1565.88	1534.79	98.01	640.72	606.30	94.63	19316.44	3.14
2005	1925.93	1890.65	98.17	638.05	603.25	94.55	22445.63	2.69
2006	2046.63	2001.74	97.81	735.23	694.68	94.48	26452.12	2.63
合计	16680.7	14858.5	89.08	8826.73	6918.98	78.39	213231.25	3.22

资料来源：《中国统计年鉴》(2007)。

从表 3.1 可以看出，无论从合同利用外资额还是实际利用外资额来看，FDI 都是我国利用外资的主要形式。FDI 在我国经济生活中占有主要的位置，实际利用 FDI 额占 GDP 的比例很高，1985－2006 年的平均值为 3.22%，其中

1993—1998 年一直在 4%以上。由此可以看出，FDI 在我国国民经济中占有重要地位。

(二)FDI 在我国的特征与分布

1. FDI 的经营方式分析

外商直接投资主要以中外合资企业、中外合作企业和外商独资企业等方式进入中国。外商直接投资在中国的经营方式随着我国外资政策、投资环境的变化，呈现出明显的阶段性。在我国利用外资的起步阶段，合作经营方式是我国利用外资的主要形式；在之后的稳步发展阶段，中外合资企业所占比重不断增加，于 1986 年超过合作企业的利用外资额，成为了我国利用 FDI 的主要方式；1992 年党的"十四大"之后，我国各种利用外资的形式都得到了突飞猛进的发展，其中外商独资企业的发展尤为迅猛，分别于 1998 年和 2000 年在项目数以及外资金额方面超过了合资企业。FDI 的经营方式变化如表 3.2 所示。

表 3.2　1997—2006 年 FDI 在我国的经营方式　　(亿美元，%)

年份	FDI (1)	合资经营(2)	(2)/(1)	合作经营(3)	(3)/(1)	独资经营(4)	(4)/(1)
1997	452.57	194.95	43.08	89.30	19.73	161.88	35.77
1998	454.63	183.48	40.36	97.19	21.38	164.70	36.23
1999	403.19	158.27	39.26	82.34	20.42	155.45	38.55
2000	407.15	143.43	35.23	65.96	16.20	192.64	47.31
2001	468.78	157.39	33.57	62.12	13.25	238.73	50.93
2002	527.43	149.92	28.42	50.58	9.59	317.25	60.15
2003	535.05	153.92	28.77	38.36	7.17	333.84	62.39
2004	606.30	163.86	27.03	31.12	5.13	402.22	66.34
2005	603.25	146.14	24.23	18.31	3.04	429.61	71.22
2006	630.21	143.78	22.81	19.40	3.08	462.81	73.44

资料来源：1998—2007 年《中国统计年鉴》。

表 3.2 以实际利用外商直接投资额变化，描述了 1997—2006 年 FDI 在我国经营方式的变化。外商直接投资的"独资化"倾向越来越大，合资经营与合作经营的比重不断降低，合资经营的比例仍达 1/4 强，而合作经营的比例微乎其微。因此，外资企业呈现出"独资化"态势。

2. FDI 的来源地分析

我国利用外商直接投资具有显著的地缘性特征，即 FDI 主要来自地理位置临近、具有相同文化背景的国家和地区。

截至 2006 年底，按实际使用外资金额，对华投资前十位的国家/地区是：中国香港 2797.55 亿美元，占全国累计实际使用外资总额的比重为 40.81%；日本 579.73 亿美元，约占 8.46%；维尔京群岛 571.64 亿美元，约占 8.34%；美国 539.55 亿美元，约占 7.87%；中国台湾 438.93 亿美元，约占 6.4%；韩国 349.99 亿美元，约占 5.11%；新加坡 300.04 亿美元，约占 4.38%；英国 139.22 亿美元，约占 2.03%；德国 134.18 亿美元，约占 1.96%；开曼群岛 107.55 亿美元，约占 1.57%。近年来，中国香港继续位居对华投资国家/地区累计实际投入金额之首，但所占比重有所下降。[①]

表 3.3 列出了近三年来对华直接投资超过 1%的国家/地区的投资数量和比例，基本反映了我国利用 FDI 的来源地特征。如表 3.3 所示，近三年来，来自欧美等西方发达国家的 FDI 占了不到 1/5；来自亚洲的日本、韩国、新加坡等 FDI 的数量超过了来自西方发达国家的数量；而来自港澳台地区的 FDI 达到了近 40%，其中来自中国香港的 FDI 基本维持在 30%以上。

表 3.3　2004—2006 年在华直接投资的主要国家与地区统计分析

（亿美元，%）

国家/地区	2004		2005		2006	
	FDI	比例	FDI	比例	FDI	比例
中国香港	189.98	31.33	179.49	29.75	202.33	32.11
维尔京群岛	67.30	11.10	90.22	14.96	112.48	17.85
日本	54.52	8.99	65.30	10.82	45.98	7.30
韩国	62.48	10.30	51.68	8.57	38.95	6.18
美国	39.41	6.50	30.61	5.07	28.65	4.55
新加坡	20.08	3.31	22.04	3.65	22.60	3.59
中国台湾	31.17	5.14	21.52	3.57	21.36	3.39
开曼群岛	20.43	3.37	19.48	3.23	20.95	3.33
德国	10.58	1.75	15.30	2.54	19.79	3.14
萨摩亚	11.29	1.86	13.52	2.24	15.38	2.44
毛里求斯	6.02	0.99	9.08	1.50	10.33	1.64
荷兰	8.11	1.34	10.44	1.73	8.41	1.33
英国	7.93	1.31	9.65	1.60	7.26	1.15
中国澳门	5.46	0.90	6.00	1.00	6.03	0.96
其他	71.53	11.80	58.93	9.77	69.71	11.06

资料来源：作者根据 2004—2006 年《中国统计年鉴》整理。

① 资料来源于：2007 年中国投资报告，http://www.fdi.gov.cn/pub/FDI/wzyj/yjbg/zgwstzbg/2007chinainvestmentreport/t20080222_89723.htm，2008-4-9.

从表 3.3 可以看出，外商在华直接投资的来源地比较集中，投资额也比较稳定。来自本表中所列国家与地区的 FDI 占我国利用 FDI 总量的 90%左右，因此此表基本刻画了我国 FDI 的来源地特征。

3. FDI 的流入地分析

由于中国各地区经济状况、资源禀赋差异以及区域性 FDI 政策的直接影响，中国吸收外商直接投资的地区分布呈现出显著的非均衡特征。截至 2006 年底，中国累计批准设立外商投资企业数、合同外资金额和实际使用外资金额分别为 594415 家、14794.0033 亿美元和 6854.4692 亿美元。其中，东部地区所占比重分别为 83.02%、86.61% 和 86.85%；中部地区所占比重分别为 10.77%、8.12% 和 8.79%；西部地区所占比重分别为 6.21%、5.27% 和 4.37%。[①]

表 3.4　2004—2006 年各地区外商投资企业分布状况　(%)

地区		企业数目所占比重			实际投资额所占比重		
		2004	2005	2006	2004	2005	2006
东部地区	北京	4.08	4.22	4.39	4.05	4.14	4.08
	天津	4.10	4.21	3.91	3.59	3.88	4.02
	河北	1.44	1.40	1.39	1.53	1.50	1.45
	辽宁	6.13	6.36	5.97	5.18	5.57	5.53
	上海	11.00	11.15	11.48	13.13	13.71	13.21
	江苏	12.36	12.82	13.27	16.55	18.15	18.99
	浙江	7.34	7.31	7.62	6.36	6.96	7.36
	福建	7.11	6.87	6.78	5.25	5.15	5.14
	山东	7.95	7.75	7.61	5.29	5.37	5.18
	广东	22.81	22.60	22.56	19.90	19.73	18.41
	海南	0.96	0.94	0.92	0.66	0.63	0.69
	合计	85.29	85.63	85.90	81.50	84.78	84.06
中部地区	山西	0.29	0.30	0.33	0.53	0.53	0.65
	吉林	0.98	0.96	0.86	1.48	1.41	1.80
	黑龙江	0.91	0.88	0.88	0.72	0.75	0.80
	安徽	0.87	0.83	0.89	0.99	1.06	1.07
	江西	1.41	1.53	1.56	1.25	1.26	1.36
	河南	1.07	1.11	1.02	1.13	1.41	1.36
	湖北	1.72	1.65	1.54	1.73	1.76	1.64
	湖南	1.07	1.04	1.07	0.91	1.08	1.25
	合计	8.33	8.30	8.14	8.73	9.26	9.94

① 资料来源于：2007 年中国投资报告，http://www.fdi.gov.cn/pub/FDI/wzyj/yjbg/zgwstzbg/2007chinainvestmentreport/t20080305_90083.htm，2008-4-9. 此数据与《中国统计年鉴》数据略有差异。

续表

地区		企业数目所占比重			实际投资额所占比重		
		2004	2005	2006	2004	2005	2006
西部地区	内蒙古	0.35	0.35	0.37	0.82	0.86	0.87
	广西	0.96	0.94	0.95	0.97	1.00	1.05
	重庆	0.53	0.51	0.49	0.55	0.55	0.54
	四川	1.56	1.57	1.63	1.07	1.13	1.17
	贵州	0.26	0.25	0.22	0.17	0.16	0.15
	云南	0.73	0.70	0.72	0.60	0.58	0.63
	西藏	0.04	0.04	0.04	0.03	0.02	0.02
	陕西	1.14	1.11	1.04	0.95	0.94	0.87
	甘肃	0.27	0.25	0.16	0.23	0.22	0.16
	青海	0.07	0.05	0.04	0.07	0.05	0.12
	宁夏	0.19	0.18	0.14	0.31	0.30	0.26
	新疆	0.14	0.13	0.15	0.11	0.13	0.15
	合计	6.23	6.08	5.96	5.89	5.94	6.00

注:①按照最新区域划分,内蒙古和广西属于西部地区。

②本表数据由笔者根据2005—2007年《中国统计年鉴》整理得出。

如表3.4所示,从省域层面来看,外商直接投资企业在中国的分布具有显著的区域特征。其中上海、江苏、广东无论从吸引外资企业数量还是投资额都分别占到了全国总量的10%以上,而这三省(市)的总和则占到了50%以上。从吸引外资额来看,紧随其后的是浙江、辽宁、山东和福建,都分别达到了5%以上。从区域层面来看,85%以上的外资企业投资于东部地区,而中、西部地区分别占到了8%和6%。因此,中国东部经济发达地区成为我国吸引外资的主要区域,其次是中部地区和西部地区。虽然中部地区和西部地区吸引外资量差别不大,然而在中部地区外资企业的数量比重小于投资额比重,而西部地区则恰恰相反,这说明了投资于中部地区的外资企业的平均规模要大于西部地区。从近三年的数据来看,无论是中部地区还是西部地区,外资企业的数量比重降低,而投资额比重却取得了持续增长。这说明了中西部地区外资企业规模的平均增长速度要大于全国平均水平,这可能受到了中部崛起与西部大开发战略等积极吸引外资政策的影响。

4. FDI的流入行业分析

外资企业在我国不同行业的分布受我国吸引FDI的产业政策影响较大。我国吸引FDI的产业政策具有很强的阶段性,除了第一产业基本属于全面鼓励的范围外,第二产业部分鼓励,其他产业基本遵循了由限制到放开的过程。表3.5描述了这个进程:

表 3.5　中国吸引 FDI 产业政策沿革

年份	开放产业	政策建议	相应法律法规
1979－1982	工业、矿业	鼓励政策	《中外合资经营企业所得税法施行细则》(1980)
	交通运输、商业旅游、饮食、服务业	无限制政策	
1983－1990	第二产业："生产性项目"和"两种项目"	鼓励政策（结构高度化）	《中外合资经营企业法实施条例》(1983) 《关于鼓励外商投资的规定》(1986) 《指导吸收外商投资方向暂行规定及其目录》(1987)
	第三产业	限制政策	
1991－2001	第二产业："三种项目"	鼓励政策（结构高度化）	《指导外商投资方向暂行规定及其目录》(1995、1997) 各种试点法律
	第三产业：试点	限制政策减弱（结构合理化）	
2002－2003	第二产业："三种项目"	鼓励政策（结构高度化）	《指导外商投资方向规定及其目录》(2002)
	第三产业	逐步取消限制（结构合理化）	
2004－2007	第二产业	调整投资过热项目	《外商投资产业指导目录》(2004年版)
	第三产业	放宽准入范围	
2007 至今	第二产业	取消单纯鼓励出口类项目	《外商投资产业指导目录》(2007年修订)
	第三产业	进一步扩大开放	

注：(1)"生产性项目"中的第二产业种类包括：①能源开发、建筑材料工业、化学工业、冶金工业；②机械制造工业、仪器仪表工业、海上石油开采设备的制造业；③电子工业、计算机工业、通讯设备的制造业；④轻工业、纺织工业、食品工业、医药和医疗器械工业、包装工业。

(2)"两种项目"指先进技术项目和产品出口项目；"三种项目"指先进技术项目、产品出口项目和高新技术项目。

(3)资料来源：2003 年前的资料来自殷华方和鲁明泓(2005)，2003 年以后资料由笔者根据商务部外资司网站有关资料整理。

从产业开放政策角度来看，我国的产业开放可分为四个阶段：无政策引导的开放阶段(1979－1982)、第二产业优先开放阶段(1983－1990)、第三产业试点开放阶段(1991－2001)以及全面开放阶段(2002－2003)。

受我国吸引外资产业政策以及跨国公司投资战略的影响，外资企业在我国的产业分布具有明显的特征。截至 2006 年年底，在我国累积实际使用外资金额中，农林牧渔业占不到3%，制造业占71%，服务业占约26%。[①] 表3.6描述了近三年来外资企业在我国的产业分布状况。

表3.6　2004—2006年各行业外商投资企业分布状况　　（%）

行业	企业数所占比重			投资总额所占比重		
	2004	2005	2006	2004	2005	2006
农、林、牧、渔业	2.19	2.21	2.12	1.15	1.60	1.51
制造业	70.44	69.21	68.20	60.35	61.17	60.97
电力、燃气及水的生产和供应业	0.65	0.70	0.72	5.09	5.19	5.07
建筑业	1.59	1.51	1.41	1.94	1.92	1.80
交通运输、仓储和邮政业	1.68	1.67	1.73	5.23	3.14	3.35
信息传输、计算机服务和软件业	1.84	2.38	2.56	1.69	2.03	2.04
批发和零售业	4.22	4.65	5.74	1.78	1.95	2.21
住宿和餐饮业	2.24	2.31	2.25	1.99	1.88	1.65
房地产业	5.20	5.10	5.25	12.66	12.65	13.30
租赁和商务服务业	2.67	3.49	4.39	1.16	1.69	2.32
科学研究、技术服务和地质勘查业	1.86	2.16	2.53	1.58	1.75	1.89
居民服务和其他服务业	2.45	1.28	1.20	1.45	0.66	0.59
其他	2.97	3.33	1.89	3.94	4.37	3.30

资料来源：作者根据2004—2006年《中国统计年鉴》整理。

从表3.6可以看出，FDI进入我国主要集中在制造业，其次是房地产行业以及商业服务业。近三年的数据显示，FDI在各个行业的分布基本比较稳定，商业服务业的比重略有增加，而居民服务业的比重略有下降。从企业数所占比重以及投资额所占比重的比较分析可以看出，各个行业的规模有明显差距，其中制造业平均规模小于全国外资企业的平均规模。

二、FDI开展技术创新活动分析

（一）FDI技术创新投入分析

FDI在我国技术创新投入中占有重要地位，并保持了持续增长的趋势。从表3.7可以看出，虽然内外资企业技术创新投入都不断增加，然而外资企业技术创新投入所占比重也在不断增加，这说明了外资企业具有更大的技术创新投入增幅。尽管图3.1说明了2006年外资企业技术创新投入达不到平均水平，

① 资料来源于：2007年中国投资报告，http://www.fdi.gov.cn/pub/FDI/wzyj/yjbg/zgwstzbg/2007chinainvestmentreport/t20080201_89341.htm.2008-4-9

然而我们看到自1998年以来,外资企业的创新投入增长速度超过了全国平均水平,这充分表明了外资企业越来越重视在我国开展技术创新活动。

表3.7表明,外资企业科学家与工程师所占比重低于科技经费所占比重,这充分说明了相对于内资企业,外资企业的科学家与工程师具有较高的人均科技经费。由于"科技人员人均科技经费"这一指标表示了企业技术创新的研发能力,因此相对于内资企业,外资企业具有更高的研发能力。

表3.7 1998—2006年大中型工业企业技术创新投入状况简表

年份	科学家与工程师(万人)		科技经费(亿元)		比值(%)	
	全部(1)	FDI(2)	全部(3)	FDI(4)	(2)/(1)	(4)/(3)
1998	63.75	4.17	556.39	99.96	6.54	17.97
1999	66.85	4.74	665.40	127.78	7.10	19.20
2000	76.86	6.62	922.81	199.04	8.62	21.57
2001	79.11	8.00	1042.89	227.45	10.11	21.81
2002	81.33	8.75	1213.03	267.37	10.76	22.04
2003	87.28	11.13	1588.61	376.37	12.75	23.69
2004	84.21	14.14	2091.00	555.57	16.79	26.57
2005	103.12	18.16	2665.82	705.96	17.61	26.48
2006	117.55	21.95	3300.79	902.76	18.67	27.35

数据来源:作者根据历年相关年鉴整理,其中2004年数据来源于《中国经济普查年鉴》(2004),其余年份数据均来源于历年《中国科技统计年鉴》。

(二)FDI技术创新产出分析

我们用新产品销售收入和专利申请量表示企业的创新产出。从表3.8可以看出,从总的趋势看来,内外资企业技术创新产出都在不断增加,然而外资企业技术创新产出所占比重亦不断增加,这说明了外资企业具有更大的技术创新产出增幅。

表3.8 大中型工业企业技术创新产出状况1998—2005

(亿元,件,%)

年份	新产品销售收入		专利申请量		比值	
	全部(1)	FDI(2)	全部(3)	FDI(4)	(2)/(1)	(4)/(3)
1998	4367.50	1223.56	6317	625	28.02	9.89
1999	5550.05	1745.26	7884	953	31.45	12.09
2000	7641.37	2778.36	11819	2299	36.36	19.45
2001	8793.91	3403.78	15339	2897	38.71	18.89
2002	10837.84	4179.65	21297	5477	38.57	25.72
2003	14097.68	5509.70	31382	9144	39.08	29.14

续表

年份	新产品销售收入		专利申请量		比值	
	全部(1)	FDI(2)	全部(3)	FDI(4)	(2)/(1)	(4)/(3)
2004	20421.23	8532.74	42318	14020	41.78	33.13
2005	24097.09	9175.42	55271	16921	38.08	30.61
2006	31232.81	12892.72	69009	18734	41.28	27.15

数据来源:作者根据相关年鉴整理,其中2004年数据来源于《中国经济普查年鉴》(2004),其余年份数据均来源于历年《中国科技统计年鉴》。

外资企业新产品销售收入所占比重大于专利申请量所占的比重。因此,相对于内资企业,外资企业更注重新产品开发。

(三)FDI技术创新开展情况分析

FDI在中国的经济生活中扮演了重要角色,外资企业开展的技术创新活动是我国全部企业开展技术创新活动的重要组成部分;同时由于外资企业一般具有较高的技术水平,因此其开展技术创新活动成为了FDI对内资企业创新外溢的重要渠道。表3.9详细描述了内外资大中型工业企业开展技术创新活动占整个大中型工业企业开展技术创新活动的比重。

表3.9 2006年大中型内外资工业企业技术创新状况横向比较简表

项目	总计	内资		港澳台商投资		其他外商投资	
	数量	数量	比重	数量	比重	数量	比重
企业数(个,%)	32647	21061	64.51	5458	16.72	6128	18.77
有科技机构的企业数(个,%)	7579	5800	76.53	835	11.02	944	12.46
有科技活动的企业数(个,%)	12068	8806	72.97	1413	11.71	1849	15.32
科技项目数(项,%)	174062	139393	80.08	11817	6.79	22852	13.13
新产品开发项目数(项,%)	100760	76542	75.96	7923	7.86	16295	16.17
科技活动人员(万人,%)	189	154	81.49	14	7.14	22	11.37
科学家和工程师(万人,%)	118	96	81.33	8	6.67	14	12.00
科技经费筹集总额(亿元,%)	3301	2398	72.65	281	8.50	622	18.85
科技经费企业资金(亿元,%)	2892	2098	72.53	245	8.46	550	19.01
新产品产值(亿元,%)	32262	19027	58.98	3155	9.78	10079	31.24
新产品销售收入(亿元,%)	31233	18340	58.72	3116	9.98	9777	31.30
专利申请(项,%)	69009	50275	72.85	9551	13.84	9183	13.31
发明专利申请数(项,%)	25685	19000	73.97	3425	13.33	3260	12.69
拥有发明专利数(项,%)	29176	21232	72.77	2960	10.15	4984	17.08

资料来源:根据《中国科技统计年鉴》(2007)整理计算得出。

表 3.9 横向比较了内外资企业技术创新状况。可以看出，外资企业开展的技术创新活动成为了我国技术创新活动的重要组成部分。外资企业专利申请量以及专利拥有量占到 26%以上，而新产品产值以及新产品销售收入比重占到了 40%以上。这说明了相对于内资企业，外资企业更注重新产品的开发而不是专利申请。在专利申请方面，港澳台资企业与其他外资企业基本持平，而新产品销售收入以及新产品产值仅为其他外资企业的 1/3。这说明了其他外资企业更加注重新产品的开发。关于内外资企业技术创新的差异分析详见本章第三节。

为了更加直观地比较内外资企业技术创新开展状况，图 3.1 纵向比较了 2006 年内外资大中型工业企业技术创新开展及产出状况，其中 HMT 表示港澳台资企业，OFC 表示其他外资企业。

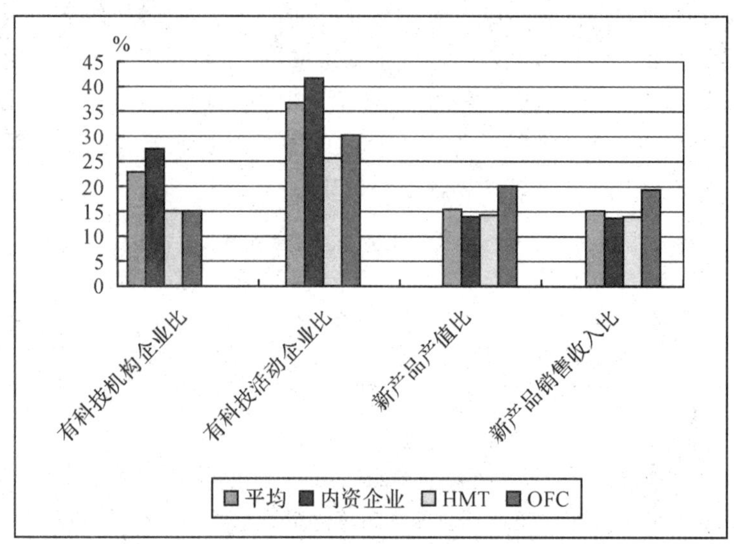

图 3.1　2006 年大中型内外资工业企业技术创新开展状况纵向比较

从图 3.1 可以看出，无论是有科技机构企业所占比重还是有科技活动企业所占比重，内资企业都高于外资企业；而从新产品产值比以及新产品销售收入比来看，内资企业都低于外资企业。这说明了外资企业虽然技术创新的开展状况不如内资企业，然而其创新产出方面却比内资企业强，这有可能是由于外资企业受到母国公司的创新支持的原因。在图 3.1 所列的四个指标中，港澳台资企业均小于其他外资企业，这说明了港澳台资企业开展技术创新活动不积极。

三、内、外资企业技术创新能力与创新绩效的差异

(一)数据来源与变量定义

由于我国1998年后才开始在《中国科技统计年鉴》中系统报告外商直接投资企业的技术创新活动数据，因此本书无法用时间序列数据来研究改革开放以来内、外资企业间技术创新的差异。由于FDI对东道国的溢出效应主要发生在区域内，通过行业内与行业间溢出而表现出来。因此，本小节用区域层面的数据来分析内、外资企业间技术创新能力与绩效的差异。

本小节数据来自于1999－2007年《中国科技统计年鉴》，它详细记录了中国1998－2006年大中型工业企业的技术创新数据。由于西藏、青海、新疆的数据不全面，因而没有包括在内，实际样本为252个。其中内资企业的数据，由全部大中型工业企业数据减去相应三资企业数据得出。

对技术创新能力与绩效的定义与测度，没有明确的定论。不同学者从不同角度理解创新能力与创新绩效，并建立了不同的评价指标体系。魏江等(1995)认为企业技术创新能力由研发能力、营销能力、生产能力和资金能力组成；黄鲁成，张红彩和李晓英(2005)采用投入能力、研发能力和产出能力作为一级指标对北京制造业的技术创新能力进行了研究；王凯和马庆国(2007)也把技术创新能力分成投入能力、研发能力和产出能力，研究了中国制造业技术创新能力。投入能力、研发能力以及产出能力成为了技术创新能力的关键指标。因此，借鉴国内外的研究，本小节根据研究的需要以及数据的可获性，把技术创新能力分为技术创新投入能力以及技术创新产出能力。对于技术创新的投入主要从科技人员投入以及科技经费投入两个方面进行定义；对于技术创新的产出，则从新产品销售收入、新产品产值以及专利申请量①两个方面进行定义；而对于创新绩效则从创新投入产出比的角度进行测量。由于影响企业技术创新活动的因素还包括企业规模、技术活动开展水平等，因此本书也对这些变量进行了分析。变量定义，如表3.10所示：

① 应用专利数据测量创新产出能力时一般用专利申请量，而非授权量(Crosby，2000)。从专利申请到获得专利授权一般要经过较长的时间，并且受到人为因素的影响较大；而专利申请量完全可以反映出创新产出能力，以往学者的研究也是用专利申请量而非专利授权量来表示创新产出能力。

表 3.10　创新能力与创新绩效定义表

变量	指标	代码	定义
规模	产值规模	PN	工业总产值/企业数(百万元/个)
	人员规模	LN	从业人员数/企业数(人/个)
	资产规模	KN	生产经营用设备原价/企业数(百万元/个)
技术水平	先进设备比重	K_1K	微电子控制/生产经营用设备原价(%)
	人均先进设备	K_1L	微电子控制/从业人员数(万元/人)
创新投入能力	科技人员比重	L_1L	科技活动人员/从业人员数(%)
	科学家与工程师比重	L_2L	科学家与工程师/从业人员数(%)
	科技经费占产值比重	K_2P	科技活动经费/工业总产值(1/10000)
	科技经费占收入比重	K_2S	科技活动经费/主营业务收入(1/10000)
研发能力	科学家与工程师占科技人员比重	L_2L_1	科学家与工程师/科技活动人员(%)
	科技人员人均科技经费	K_2L_1	科技活动经费/科技人员(万元/人)
	发明专利拥有数	R3_L	每千人拥有发明专利数(个/万人)
创新产出能力	新产品产值比	P_1P	新产品产值/工业总产值(%)
	每万人专利申请量	R_2L	专利申请量/从业人员数(件/万人)
	新产品收入比	S_1S	新产品销售收入/主营业务收入(%)
	新产品劳动生产率	P_1L	新产品产值/从业人员数(万元/人)
创新绩效	科学家与工程师人均新产品销售收入	S_1L_2	新产品销售收入/科学家与工程师(万元/人)
	科技人员人均新产品销售收入	S_1L_1	新产品销售收入/科技活动人员(万元/人)
	单位科技经费新产品销售收入	S_1K_2	新产品销售收入/科技活动经费
	科学家与工程师人均新产品产值	P_1L2	新产品产值/科学家与工程师(万元/人)
	科技人员人均新产品产值	P_1L1	新产品产值/科技活动人员(万元/人)
	单位科技经费新产品产值	P_1K2	新产品产值/科技活动经费

(二)数据分析与结果讨论

为了便于不同年份的比较，本书对数据按照有关指数进行了平减：科技活动经费以及工业总产值按照各省历年地区生产总值指数以 1998 年为 1 进行平减；生产经营用设备原价和微电子控制设备原价按照各省历年固定资产投资价格指数以 1998 年为 1 进行平减；新产品销售收入和新产品产值按照各省历年工业品出厂价格指数以 1998 年为 1 进行平减。

首先对数据运用 SPSS12.0 进行描述性统计，结果如表 3.11 所示：

表 3.11 内外资企业创新能力与创新绩效的描述性统计表

变量	指标	内资企业			外资企业		
		均值	标准差	标准误	均值	标准差	标准误
规模	PN	185.15	89.91	5.66	222.66	141.20	8.89
	LN	1403.63	693.04	43.66	819.24	408.15	25.71
	KN	217.07①	145.51	9.17	164.52	106.20	6.69
技术水平	K_1K	0.09	0.05	0.003	0.13	0.10	0.01
	K_1L	1.29	0.88	0.06	2.73	3.05	0.19
创新投入能力	L_1L	0.05	0.02	0.001	0.04	0.02	0.001
	L_2L	0.03	0.01	0.001	0.02	0.01	0.001
	K_2P	168.34	61.39	3.87	119.96	88.00	5.54
	K_2S	163.70	724.83	45.66	91.27	75.95	4.78
研发能力	L_2L_1	0.57	0.10	0.01	0.61	0.15	0.01
	K_2L_1	5.27	2.37	0.15	9.43	8.84	0.56
	R3_L	3.77	4.40	0.28	4.13	5.87	0.37
创新产出能力	P_1P	0.12	0.09	0.01	0.16	0.14	0.01
	R_2L	8.02	12.46	0.79	9.71	15.18	0.96
	S_1S	0.14	0.36	0.02	0.17	0.15	0.01
	P_1L	1.99	1.96	0.12	5.21	7.31	0.46
创新绩效	S_1L_2	106.79	111.91	7.05	389.63	909.81	57.31
	S_1L_1	65.99	85.62	5.39	236.77	632.58	39.85
	S_1K_2	11.21	11.22	0.71	23.09	24.96	1.57
	P_1L2	74.69	78.23	4.93	264.57	575.38	36.25
	P_1L1	44.91	56.03	3.53	160.70	407.76	25.69
	P_1K2	8.21	9.12	0.57	15.28	15.31	0.96

根据以上变量来自内、外资企业的数据，组成配对样本，用配对 t 检验来验证内、外资企业相关变量的显著性差异，结果如表 3.12 所示。

表 3.12 表明，变量 K_2S、R3_L、R_2L、S_1S 的配对样本检验结果在 10% 水平上不显著，即内、外资企业在科技经费占销售收入比重、每千人拥有发明专利数、每万人专利申请量、新产品销售收入占主营业务收入比重等方面没有显

① 在《中国统计年鉴》中，缺失海南省 1998—2001 年工业品出厂价格指数，以全国平均值替代。

著差异，因此不做深入分析；其他指标在1%水平上显著，说明内外资企业在这些指标上具有显著差异。

表 3.12　内外资企业创新能力与创新绩效的配对样本检验结果

变量	配对样本指标（内资企业－外资企业）	配对差			t 值	自由度	显著性
		均值	标准差	标准误			
规模	PN	－37.51	124.01	7.81	－4.80	251	0.000
	LN	584.39	627.49	39.53	14.78	251	0.000
	KN	52.55	146.21	9.21	5.71	251	0.000
技术水平	K_1K	－0.04	0.10	0.01	－6.64	251	0.000
	K_1L	－1.44	2.93	0.18	－7.81	251	0.000
创新投入能力	L_1L	0.01	0.02	0.00	6.37	251	0.000
	L_2L	0.004	0.02	0.00	4.58	251	0.000
	K_2P	48.38	94.83	5.97	8.10	251	0.000
	K_2S	72.43	727.63	45.84	1.58	251	0.115
研发能力	L_2L_1	－0.04	0.16	0.01	－3.62	251	0.000
	K_2L_1	－4.16	8.55	0.54	－7.72	251	0.000
	R3_L	－0.35	6.48	0.41	－0.87	195①	0.386
创新产出能力	P_1P	－0.03	0.17	0.01	－3.36	251	0.001
	R_2L	－1.70	17.53	1.10	－1.54	251	0.126
	S_1S	－0.03	0.39	0.02	－1.28	251	0.200
	P_1L	－3.22	7.28	0.46	－7.01	251	0.000
创新绩效	S_1L_2	－282.84	901.39	56.78	－4.98	251	0.000
	S_1L_1	－170.78	627.49	39.53	－4.32	251	0.000
	S_1K_2	－11.88	26.54	1.67	－7.10	251	0.000
	P_1L2	－189.88	582.10	36.67	－5.18	251	0.000
	P_1L1	－115.79	412.67	26.00	－4.45	251	0.000
	P_1K2	－7.07	18.24	1.15	－6.15	251	0.000

在去除不显著变量后，可以看出：

① 《中国科技统计年鉴》2001年之后才开始统计发明专利拥有数，因此变量R3_L的样本来自2001－2007年《中国科技统计年鉴》。

(1)内资企业的人员规模与资产规模大于外资企业,而产值规模则小于外资企业。这说明了内资企业的劳动生产率以及资产产出比均小于外资企业。

(2)内资企业的技术水平小于外资企业。内资企业无论在先进设备比重还是人均先进设备拥有量方面均显著小于外资企业。

(3)内资企业的创新投入能力大于外资企业。除内、外资企业在科技经费占销售收入比重配对样本差在10%水平上不显著外,其余三个指标的配对样本差都在1%水平上显著。

(4)内资企业的研发能力小于外资企业。内资企业在每千人拥有发明专利数指标上小于外资企业,但不显著;而内外资企业在科学家与工程师占科技人员比重以及科技人员人均科技经费指标的配对样本差均在1%水平上显著。

(5)内资企业的创新产出能力小于外资企业。内、外资企业在新产品产值比和新产品劳动生产率两个指标的配对样本差均在1%水平上显著;而新产品收入比以及专利申请量两个指标的配对样本差虽然为负,但不显著。

(6)内资企业的创新绩效小于外资企业。反映创新绩效的6个指标的内、外资企业配对样本差均在1%水平上显著,说明了内资企业的创新绩效显著小于外资企业。

综上,相对于外资企业,内资企业的规模较大,技术水平较低;创新投入能力较大,然而研发能力、创新产出能力以及创新绩效较低。这可能与外资企业的先进技术受母国支持,从而在东道国开展技术创新投入不足有关。尽管外资企业技术创新投入不足,然而以科技人员人均科技经费以及科学家与工程师占科技人员比重两指标测量的研发能力方面,外资企业显著高于内资企业。这说明了,相对于外资企业,内资企业的技术创新投入的质量不高。因此,在技术创新方面,内资企业落后于外资企业,这就为内资企业学习模仿外资企业的技术创新活动提供了可能。[①]

四、FDI与我国技术创新的关系:基于协整理论的研究

有关FDI对我国技术创新影响的研究刚刚起步,前人的研究主要集中在FDI对我国技术创新溢出效应的存在性方面,实证文献基本肯定了FDI对我国技术创新的正向溢出的积极作用。然而,长期、大量的FDI流入与我国本土技术创新之间到底存在什么样的关系?长期来看,这种关系是不是稳定以及两者

① 尽管外资企业技术可能受母国支持,其技术创新投入低于本土企业,由此计算的创新绩效会受到影响,然而配对样本检验的结果对理解内外资企业技术创新还是提供了有益的参考。即使外资企业技术受母国支持,仍然不影响内资企业在技术创新方面落后于外资企业的结论。

之间是否存在因果性？学术界对这些问题的研究明显不足。本小节将运用我国稳步引进外资以来 FDI 的实际利用额与国内专利申请量之间的时间序列数据，通过对两者之间协整关系和因果关系的检验来研究 FDI 与我国本土技术创新的内在关联。

（一）研究方法与指标选取

在进行经典的回归分析时，要求所用的时间序列数据是平稳的，否则会产生“伪回归”问题。然而，现实中的时间序列数据通常是不平稳的，为了使回归方程有意义，必须对数据进行平稳化。数据平稳化的一般的方法是对水平序列数据进行差分，然后对差分序列进行回归，然而这样做的直接后果是丢失了水平序列所包含的有用信息。协整理论则提供了一种处理非平稳数据的方法。

格兰杰与恩格尔在 20 世纪 80 年代提出了协整理论（cointegration theroy），用以研究变量间的长期均衡关系。协整理论认为如果两个或两个以上的变量之间存在协整关系，则它们的增长率表现出共同的趋势；反之，如果变量之间不存在协整关系，则它们之间不存在一个长期的均衡关系。协整检验可以判别时间序列数据是否存在长期均衡关系，而格兰杰检验则可判别时间序列数据是否存在因果关系，两者均要求时间序列数据具有同阶平稳。

考虑到数据的可获性，本小节用国内专利申请量表示本土技术创新能力，[①]用外商直接投资实际利用额表示外商直接投资量，并根据年汇率中间值转变成人民币值。专利包括三种类型：发明专利、实用新型专利和外观设计专利。发明专利是关于产品、方法或对其改进所提出的新的技术方案，代表了最高的技术水平和重大的创新；实用新型专利是关于产品的形状、架构或者其组合所提出的具有实用价值的新的技术方案，是发明中技术水平较低、难度比较小的发明创造；外观设计专利是关于产品的形状、图案、色彩或者其组合而形成的具有美感的新设计，几乎不涉及技术含量，难度最低，创新性也不大。原始数据如表 3.13 所示：

① 专利是创新产出最常用的指标之一，虽然这一指标受到了质疑，比如有人认为并不是每项专利都是创新，而且某些行业的创新是很少申请专利的，并且专利之间经济效益的差别也很大。但相对于其他指标而言，专利在衡量创新产出方面具有三个明显优势：(1)专利统计数据是可获得的；(2)专利的内涵界定与创新密切相关；(3)专利授权标准是客观的、变化缓慢的。因此 Griliches(1990)认为，虽然存在许多困难和限制，但专利数据仍是研究技术变革的独特资源。Acs et al.(1997)也证明，在衡量创新产出时，专利指标虽称不上完美，但却是相当可靠的，因为专利与创新活动一样，都随着 R&D、科技人员等知识指标的变化而变化。

表 3.13　FDI与专利申请样本数据

年份	外商直接投资实际利用额(亿美元)	人民币与美元汇率(=1美元)	发明专利申请量(件)	实用新型专利申请量(件)	外观设计专利申请量(件)
1986	18.74	3.45	3494	9580	606
1987	23.14	3.72	3975	16605	1083
1988	31.94	3.72	4780	22190	1612
1989	33.92	3.77	4749	20553	2065
1990	34.87	4.78	5832	27488	3265
1991	43.66	5.32	7372	33157	4866
1992	110.07	5.51	10022	44198	7588
1993	275.15	5.76	12084	47252	8817
1994	337.67	8.62	11191	45188	11428
1995	375.21	8.35	10018	43429	15433
1996	417.25	8.31	11471	49341	21395
1997	452.57	8.29	12713	49902	27456
1998	454.63	8.28	13726	51220	31287
1999	403.19	8.28	15596	57214	37148
2000	407.15	8.28	25346	68461	46532
2001	468.78	8.28	30038	79275	56460
2002	527.43	8.28	39806	92166	73572
2003	535.05	8.28	56769	107842	86627
2004	606.30	8.28	65786	111578	101579
2005	603.25	8.19	93485	138085	151587
2006	694.68	7.98	122318	159997	188027

数据来源:《中国统计年鉴》各期。

(二)FDI与本土技术创新协整关系的检验

协整分析分三个步骤完成:首先,利用单位根检验以验证外商直接投资和专利申请量等变量的平稳性;其次,检验外商直接投资和专利申请量之间是否存在协整关系;最后,用格兰杰因果性检验研究外商直接投资和专利申请量之间是否存在因果关系。

1. 变量平稳性检验

为了避免对非平稳时间序列分析回归时产生的虚假回归等问题,在分析外商直接投资与中国技术创新的关系之前,首先要对原始数据进行单位根检验。

单位根检验是检验时间序列数据是否平稳的有效手段,其方法主要有 DF

检验法和 ADF 检验法。由于 ADF 检验法较 DF 检验法更具一般性，本书采用 ADF 检验法。ADF(Augmented Dickey-Fuller Test)检验模型为：

$$\Delta x_t = \alpha_0 + \alpha_1 t + \alpha_2 x_{t-1} + \sum_{i=1}^{p} \theta_i \Delta x_{t-i} + \mu_t \tag{3-1}$$

并假设检验：$H_0: \alpha_2 = 0; H_1: \alpha_2 < 0$

(3-1)式中，Δ 表示变量的一阶差分，μ_t 为白噪声，最优滞后期数按照 AIC 准则选取。如果接受假设 H_0 而拒绝假设 H_1，则说明存在单位根，即序列是非平稳的，否则说明序列是平稳的。

下面运用 Eviews 6.0，对专利申请量和 FDI 值做单位根检验，结果见表 3.14：

表 3.14　单位根平稳性 ADF 检验结果

变量	检验形式 (C, T, K)	D-W 值	ADF 统计量	临界值 (5%)	临界值 (1%)	结论
FDI	(C, T, 1)	2.236	−2.519	−3.674	−4.533	非稳定
△FDI	(C, T, 0)	1.900	−2.786	−3.674	−4.533	非稳定
$\triangle^2$FDI	(C, T, 0)	2.025	−4.842	−3.691	−4.572	稳定
IP	(C, T, 1)	2.117	4.763	−3.674	−4.533	非稳定
△IP	(C, T, 2)	1.688	2.198	−3.710	−4.616	非稳定
$\triangle^2$IP	(C, T, 1)	1.373	−5.354	−3.710	−4.616	稳定
UP	(C, T, 0)	2.032	1.578	−3.658	−4.498	非稳定
△UP	(C, T, 0)	2.104	−3.222	−3.674	−4.533	非稳定
$\triangle^2$UP	(C, T, 0)	2.163	−7.122	−3.691	−4.572	稳定
DP	(C, T, 2)	1.591	5.893	−3.691	−4.572	非稳定
△DP	(C, T, 4)	2.702	5.839	−3.760	−4.728	非稳定
$\triangle^2$DP	(C, T, 4)	3.017	0.877	−3.791	−4.800	非稳定
IUP	(C, T, 0)	2.367	3.286	−3.658	−4.498	非稳定
△IUP	(C, T, 0)	2.229	−2.448	−3.674	−4.533	非稳定
$\triangle^2$IUP	(C, T, 1)	1.968	−4.239	−3.710	−4.616	稳定
ALLP	(C, T, 1)	2.178	4.058	−3.674	−4.533	非稳定
△ALLP	(C, T, 4)	2.261	1.522	−3.760	−4.728	非稳定
$\triangle^2$ALLP	(C, T, 1)	1.941	−3.966	−3.710	−4.616	稳定

注：①△表示变量的一阶差分；$\triangle^2$ 表示变量的二阶差分；

②检验形式(C, T, K)中的 C，T 和 K 分别表示单位根检验方程包括常数项、时间趋势和滞后阶数；

③滞后阶数 K 根据 AIC 信息准则确定；

④临界值为 ADF 检验的 MacKinnon 统计量。

表 3.14 中，FDI 代表用人民币表示的外商直接投资实际利用额；IP 代表发

明专利申请量；UP代表实用新型专利申请量；DP代表外观设计专利申请量；IUP代表发明专利申请量和实用新型专利申请量之和，它代表了较高的技术水平和技术创新水准；ALLP代表了三种专利申请量之和。

由表3.14可知，变量FDI、IP、UP、DP、IUP、ALLP的水平序列、一阶差分序列不能拒绝单位根假设，说明水平序列、一阶差分序列都是非平稳的。FDI、IP和UP的二阶差分序列在1%水平上拒绝了单位根假设，IUP和ALLP的二阶差分序列在5%水平上拒绝了单位根假设。这说明了FDI、IP、UP、IUP和ALLP的二阶差分序列都是平稳的，即都是I(2)序列；而DP在二阶差分后仍然不稳定，因此本书不分析此变量。由于外观设计专利技术含量比较低、创新性也不大，因此并不影响本书的结论。

2. 协整检验与误差修正模型(ECM)

通过单位根检验，我们知道变量FDI、IP、UP、IUP、ALLP都是二阶单整变量，均满足进行协整检验的前提，可以进行协整分析。

协整检验的目的在于研究n维向量单位根过程的各分量之间是否存在着某种长期均衡关系。本书通过协整检验来分析FDI与本土技术创新之间是否存在长期均衡关系。一般地，大多数经济序列都是非平稳的，但是经济序列的某种线性组合却是平稳的，并且相互之间存在一种长期均衡关系，即协整关系。

协整检验的基本思想是尽管两个或两个以上的变量序列为非平稳序列，但若其某种线性组合呈现稳定性，则序列间便存在长期稳定的关系，即协整关系。协整检验的一般模型可以表示为：

若序列$(X_{1t}, X_{2t}, \cdots, X_{kt})$都是$d$阶单整，存在向量$\boldsymbol{\alpha} = (\alpha_1, \alpha_2, \cdots, \alpha_k)$，使得

$$Z_t = \boldsymbol{\alpha} X \sim I(d-b),$$

其中，$b > 0$，$X = (X_{1t}, X_{2t}, \cdots, X_{kt})^{\mathrm{T}}$，则认为序列$(X_{1t}, X_{2t}, \cdots, X_{kt})$是$(d, b)$阶协整，表示为$X_t \sim CI(d, b)$，$\boldsymbol{\alpha}$为协整向量(Cointegrated Vector)。

协整检验通常有Engle-Granger两步法和Johansen检验法。Engle-Granger两步法使用方便，但在小样本下OLS协整估计具有实质性偏误。因此，本书采用Johansen检验法，其优点在于可以精确地检验出协整向量的数目。结果如表3.15所示：

表3.15　Johansen协整检验结果

变量	零假设 H_0	特征值	迹检验统计量	临界值(5%)	结论
FDI	$r=0$	0.796	31.877	15.495	仅存在一个
IP	$r\leqslant 1$	0.082	1.632	3.841	协整关系

续表

变量	零假设 H_0	特征值	迹检验统计量	临界值(5%)	结论
FDI	$r=0$	0.540	17.442	15.495	仅存在一个
UP	$r\leqslant 1$	0.131	2.678	3.841	协整关系
FDI	$r=0$	0.679	23.759	15.495	仅存在一个
IUP	$r\leqslant 1$	0.107	2.152	3.841	协整关系
FDI	$r=0$	0.718	26.312	15.495	仅存在一个
ALLP	$r\leqslant 1$	0.112	2.264	3.841	协整关系

注：r 代表协整向量的个数。

协整检验的零假设为 $H_0:r=0$，即不存在协整关系；如果拒绝零假设，则接受备择假设 $H_1:r>0$ 。对于 FDI 和 IP，从零假设 $H_0:r=0$ 开始，迹统计量的值为 31.877，大于 5%显著性水平的临界值 15.495，表明应拒绝零假设，接受备择假设。在接下来的检验中，零假设 $r\leqslant 1$ 在 5%显著性水平上被接受。表明在 5%显著性水平上，变量 FDI 和 IP 之间有且仅有 1 个协整关系。同理，FDI 和 UP、FDI 和 IUP 以及 FDI 和 ALLP 也存在唯一的协整关系。

Johansen 迹检验表明 FDI 分别和 IP、UP、IUP 以及 ALLP 之间存在长期均衡的关系，但无法得知这些变量偏离它们共同的随机趋势时的调整速度，而误差修正模型(error correction model，ECM)可以解决这个问题。因此，接下来建立误差修正模型以研究因变量在短期波动中偏离长期均衡关系的程度。本书对含有协整关系的变量建立误差修正模型如下：

(1)发明专利申请量与 FDI 之间的误差修正模型

$$\Delta IP_t = \underset{(5.487)}{19361} - \underset{(-4.108)}{1.629}\Delta IP_{t-1} - \underset{(-1.952)}{0.830}\Delta IP_{t-2} - \underset{(-0.595)}{1.23}\Delta FDI_{t-1} - \underset{(-2.423)}{5.55}\Delta FDI_{t-2} + \underset{(5.433)}{0.962}ECM_{t-1} + \mu_t$$

其中 $R^2=0.944$，调整后 $R^2=0.920$，F 统计量 $=40.223$。

误差修正项 $ECM_{t-1} = IP_{t-1} - 0.543FDI_{t-1} - 22447 + \mu_t$

(2)实用新型专利申请量与 FDI 之间的误差修正模型

$$\Delta UP_t = \underset{(4.441)}{20369} - \underset{(-2.786)}{1.014}\Delta UP_{t-1} - \underset{(-1.336)}{0.505}\Delta UP_{t-2} - \underset{(-1.01)}{3.938}\Delta FDI_{t-1} - \underset{(-1.74)}{7.08}\Delta FDI_{t-2} + \underset{(4.305)}{0.548}ECM_{t-1} + \mu_t$$

其中 $R^2=0.734$，调整后 $R^2=0.624$，F 统计量 $=6.637$

误差修正项 $ECM_{t-1} = UP_{t-1} - 7.045FDI_{t-1} - 41215 + \mu_t$

(3)发明专利与实用新型专利申请量之和与 FDI 之间的误差修正模型

$$\Delta IUP_t = \underset{(4.739)}{39622} - \underset{(-3.348)}{1.282}\Delta IUP_{t-1} - \underset{(-1.418)}{0.594}\Delta IUP_{t-2} - \underset{(-1.041)}{6.143}\Delta FDI_{t-1}$$

$$-\underset{(-1.907)}{12.085}\Delta FDI_{t-2}+\underset{(4.816)}{0.722}ECM_{t-1}+\mu_t$$

其中 $R^2=0.868$，调整后 $R^2=0.813$，F 统计量 $=15.805$

误差修正项 $ECM_{t-1}=IUP_{t-1}-7.561FDI_{t-1}-63736+\mu_t$

(4)所有类型的专利申请量与 FDI 之间的误差修正模型

$$\Delta ALLP_t=\underset{(6.093)}{85099}-\underset{(-4.768)}{1.744}\Delta ALLP_{t-1}-\underset{(-3.06)}{1.481}\Delta ALLP_{t-2}+\underset{(0.481)}{3.464}\Delta FDI_{t-1}$$
$$-\underset{(-2.386)}{16.903}\Delta FDI_{t-2}+\underset{(6.327)}{0.986}ECM_{t-1}+\mu_t$$

其中 $R^2=0.929$，调整后 $R^2=0.899$，F 统计量 $=31.311$

误差修正项 $ECM_{t-1}=ALLP_{t-1}-10.838FDI_{t-1}-93039+\mu_t$

以上四个误差修正模型中，方程右边的差分项反映了各变量短期变化对被解释变量短期变化的影响；误差修正项表示了长期的影响，其系数小于1，说明了误差修正模型是长期均衡的(李子奈、叶阿忠，2000)。

(三)FDI与本土技术创新的格兰杰因果性检验

从3.4.2可以看出，FDI与本土技术创新之间存在长期的均衡关系，但是外商直接投资导致了本土创新能力的提高还是本土创新能力的提高吸引了更多的外商直接投资，即它们之间的因果关系并不清楚。因此，本书接下来对FDI和本土技术创新进行格兰杰检验。

如果两个变量 x、y 在包含过去信息条件下对 y 的预测效果要好于只单独由 y 的过去信息对 y 的预测效果，即变量 x 有助于变量 y 的预测精度的改善，则称 x 对 y 存在格兰杰(Granger)因果关系，其检验的数学模型为：

$$Y_t=c+\sum_{i=1}^{n}\alpha_i Y_{t-1}+\sum_{i=1}^{p}\beta_i X_{t-i}+\mu_t \tag{3-2}$$

检验的零假设为 x 不是 y 的格兰杰原因，即

$$H_0:\beta_1=\beta_2=\cdots\cdots=\beta_n=0 \tag{3-3}$$

通常，我们利用 F 统计量对原假设“X 不是引起 Y 变化的原因”进行检验，检验统计量为：

$$F=\frac{(RSS_R-RSS_U)/q}{RSS_U/(T-p-q-1)}\sim F(q,t-p-q-1) \tag{3-4}$$

其中 T 为样本容量；p 和 q 分别为 y 和 x 的滞后阶数；RSS_R 为有限制条件回归模型的残差平方和，RSS_U 为无限制条件回归模型的残差平方和。

Granger 检验对变量的滞后期数非常敏感，因此合理的滞后期数非常重要。本书根据 AIC 定阶准则，并考虑变量的自由度损失，以确定合理滞后期数。检验结果如表3.16所示：

表 3.16　Granger 因果检验结果表

原假设 H_0	滞后期数	样本数	F 统计量	概率
IP 不是 FDI 的 Granger 原因	3	18	2.882	0.084
FDI 不是 IP 的 Granger 原因	3	18	3.998	0.038
UP 不是 FDI 的 Granger 原因	3	18	2.570	0.107
FDI 不是 UP 的 Granger 原因	3	18	3.320	0.061
IUP 不是 FDI 的 Granger 原因	3	18	2.763	0.092
FDI 不是 IUP 的 Granger 原因	3	18	4.232	0.032
ALLP 不是 FDI 的 Granger 原因	3	18	2.340	0.130
FDI 不是 ALLP 的 Granger 原因	3	18	6.067	0.011

从上表可以看出：

(1)在 10%水平上发明专利申请量与 FDI 之间存在双向因果关系；而在 5%水平上发明专利申请量与 FDI 之间存在呈现单向因果关系，FDI 是发明专利申请的原因。

(2)在 10%水平上实用新型专利申请量与 FDI 之间呈现单向因果关系，实用新型专利申请量是 FDI 的原因不能得到支持；而 FDI 是实用新型专利申请量的原因。

(3)在 10%水平上发明专利与实用新型专利申请量之和与 FDI 之间存在双向因果关系；而在 5%水平上发明专利与实用新型专利申请量之和与 FDI 之间呈现单向因果关系，FDI 是发明专利与实用新型专利申请量之和的原因。

(4)所有类型的专利申请量与 FDI 之间呈现单向因果关系；在 1%水平上 FDI 是所有类型的专利申请量的原因。

因此，我们可以得出 FDI 促进了我国技术创新的明确结论：FDI 是我国技术创新的 Granger 原因；而我国技术创新的发展对 FDI 也产生了重要的影响，其中发明专利申请量以及发明专利与实用新型专利申请量之和是 FDI 的 Granger 原因，但不能得出我国技术创新是 FDI 流入的 Granger 原因。

五、本章小结

本章首先对我国引进 FDI 的历程与规模、FDI 在国内的特征与分布以及 FDI 开展技术创新等方面情况做了简要的分析。虽然以上分析只是描述性的或者是描述性的统计分析，并不深入，但却给了我们 FDI 在我国的发生、发展、特征及技术创新的宏观概念，并做出了一定的理论分析。我们发现 FDI 在我国发展迅速，在经济生活中占有重要地位；FDI在我国的地区分布、行业分布以及来源都是非常不均衡的；FDI在我国的技术创新中占有重要地位。FDI在我国开展技术创新活动也具有显著的特征：FDI对技术创新的投入低于内资企业，而对技术创新的产出却高于内资企业；从时间跨度来看，FDI对技术创新的投入比重以及产出比重越来越大。

本章关于FDI技术创新特征的分析仅仅给出了直观的概念，然而仅有粗线条的分析对研究FDI对我国技术创新的溢出效应是远远不够的，有关内外企业技术创新的差异判断还需要严格的实证分析来佐证。因此，本章接下来对我国内外资企业技术创新能力与创新绩效的差异、FDI与国内技术创新的关系进行了严格的计量分析，并得出了一系列重要的结论。

我们发现内外资企业在技术创新方面存在显著差异。相对于外资企业，内资企业具有较大的规模、较多的技术创新活动，然而技术水平不高；虽然内资企业的创新投入能力大于外资企业，然而研发能力、创新产出能力以及创新绩效却小于外资企业。通过对内外资企业技术创新的差异的分析，使我们进一步验证了本章第二节中关于内外资企业的技术创新特征的分析。

通过运用协整分析，本章进一步研究了FDI与我国本土技术创新的关系。从长期来看，FDI与我国本土技术创新存在长期的均衡关系，并且FDI是我国本土技术创新的格兰杰原因。由于FDI是我国本土技术创新的格兰杰原因，因此FDI对本土技术创新的溢出效应的存在性是确定的，而实证分析的不确定结论可能是没有有效地控制相关变量的影响或者是在“错误的地方”去寻找溢出效应所致。

本章的分析对后文的研究提供了重要的基础。本书接下来分别从地区与行业两个层面研究FDI对我国技术创新的溢出效应及其影响因素，继而探讨FDI对我国技术创新能力的作用机理，以期得到有意义的发现。

第四章 FDI 对我国技术创新的溢出效应(一)：基于地区层面的实证分析

技术溢出的发生受空间范围的限制。许多实证研究表明,FDI 溢出效应在很大程度上是本地化的(Eaton & Kortum, 1996),即落后的内资企业与先进的外资企业在空间上越临近,外溢效应越大。Teece(1992)对硅谷的研究发现,区域聚集有利于技术溢出;Audreutsch 和 Feldman(1996)研究发现 FDI 技术外溢效应随空间距离的扩大而下降;Keller(2002)的研究表明空间临近的公司有利于技术溢出,而且溢出效应随距离的增加而迅速减弱;Fritsch 和 Franke(2004)的研究表明研发活动的技术溢出局限在一定区域范围内。

溢出效应的发生受到一定的地理条件的限制。由于劳动力流动具有一定的地域性,因此劳动力的培训—流动效应的发挥受到地理位置的影响;竞争效应、示范—模仿效应的发挥也受到地理位置的限制;考虑到运输成本,垂直溢出效应也往往限制在区域层面。因此,区位因素无论在行业内还是行业间都影响了 FDI 的溢出效应。

在地区层面,本章首先研究省域层面 FDI 对内资企业技术创新产生了何种溢出效应。由于外资政策的区域倾向性以及我国地区发展不平衡,导致了内外资企业在地区分布极不均衡。因此,FDI 对不同区域的内资企业技术创新的溢出效应可能存在差异。FDI 对地区层面内资企业技术创新的溢出效应的大小本质上受到地区层面影响因素的作用,不同的影响因素会产生不同的结果。本章将尝试对这些问题进行研究。

一、数据、模型与方法

(一)数据来源

本章数据来源于《中国统计年鉴》以及《中国科技统计年鉴》。由于《中国科技统计年鉴》直到 1998 年才开始统计大中型外资企业的科研人员、经费和专利申请的相关数据,因此本书的数据选用统计年鉴中 1998—2006 年的数据①。

本书的统计口径为大中型工业企业。其中国有企业数据统计口径为国有控股企业,外资企业(指中外合资、中外合作以及外商独资三类企业),其他类型的企业数据由全国的大中型工业企业数据减去国有企业和外资企业数据得到。在进行参数估计时,我们采用了对数模型的形式。之所以选择对数形式,原因在于方程两边同时取对数以后,解释变量前的系数所表示的就是弹性的概念,以便于实证结果的比较。

由于西藏、青海,新疆数据不全,外资进入量也较小,因此我们将去除这三个地区,研究共包括了 28 个省、市和自治区。

(二)基础模型与变量

Griliches(1979)在测度研究开发和知识外溢对生产率增长的影响时提出了知识生产函数的概念,其基本假设是将创新过程的产出看作研发投入的函数,并用柯布—道格拉斯生产函数的形式加以表述,则基本等式可以表述为:

$$R\&D\text{output} = \alpha(R\&D\text{input})^{b}$$

Jaffe(1989)认为企业追求新技术知识并将其投入生产过程,其投入变量主要包括科技资本投入和人力资源投入,而新知识是最重要的产出。知识生产函数有着广泛的适用范围,不仅可以用于企业和科研机构,还可以拓展到区域和国家间的比较。根据 Jaffe(1989)的研究,我们考虑一个简单的技术创新生产函数,创新产出为 Y,劳动力为 L,科技资本投入 K,则可得:

$$Y_{it} = A_{it}K_{it}^{\alpha}L_{it}^{\beta} \tag{4-1}$$

其中,$A_{it} = \mathrm{C}e^{\gamma \mathrm{FDI}_{it}}$

两边取对数,得:

$$\ln Y_{it} = \alpha_0 + \alpha \ln K_{it} + \beta \ln L_{it} + \gamma \mathrm{FDI}_{it} + \varepsilon_{it} \tag{4-2}$$

考虑到:(1)我国在 2003 年对大中型工业企业的统计口径发生了变化;(2)我国在 2004 年进行了大规模的经济普查,并在 2006 年陆续发布了分省及全国的经济普查年鉴,此次经济普查的口径是规模以上企业。因此,《中国科技统计年鉴》对 2004 年的数据统计口径也调整为规模以上企业。由此本书设置两个时间虚拟变量 DT_{356} 和 DT_4,它是指允许特定时间因素影响被解释变量而不能归于解释变量的因素。

---

① 由于采用了较完善的直报体系和更严格的数据审核程序,中国在 1998 年采用新的统计口径后,统计数据质量有了明显的改善,运用中国统计数据的研究成果也得到了国内外学术界的认同(Holz & Lin, 2004; Holz, 2004)。另外,在研究 FDI 溢出效应时,运用企业层面面板数据容易导致模型设定问题,并且资本、雇员等变量的工具变量的有效性也得不到满足,因此 Driffield & Love(2005)不建议运用企业层面面板数据进行研究。因此,本书运用我国的权威统计数据来进行研究。

$$DT_{356} = \begin{cases} 0, \text{其他} \\ 1, t = 2003、2005、2006 \text{年} \end{cases}$$

$$DT_4 = \begin{cases} 0, \text{其他} \\ 1, t = 2004 \text{年} \end{cases}$$

$$\ln Y_{it} = \alpha_0 + \alpha \ln K_{it} + \beta \ln L_{it} + \gamma FDI_{it} + \eta_1 DT_{356} + \eta_2 DT_4 + \varepsilon_{it} \quad (4\text{-}3)$$

由于学术界还没有其他更好方法对技术创新进行更深刻的考察,在学术研究中,对技术创新的测度往往是专利和新产品销售收入等注重结果的指标。Arundel和Kabla(1998)认为并不是所有的创新都申请专利,许多创新出于保密、竞争的需要并不申请专利。

在实证分析中,本书主要使用内资企业的新产品销售收入(Y_1)以及专利申请量(Y_2)作为被解释变量。如无特殊说明,则以新产品销售收入作为被解释变量。自变量主要选择了内资企业的科技人员(L)、科技经费投入(K)以及外资的参与程度(FDI),DT_{356}以及DT_4为控制变量。

内资企业的新产品销售收入(Y_1)由大中型工业企业新产品销售收入减去大中型工业企业(三资)的新产品销售收入计算得到,并按照1998年为1用新产品出厂价格指数进行平减。

内资企业的专利申请量(Y_2)由大中型工业企业专利申请量减去大中型工业企业(三资)的专利申请量计算得到。

内资企业的科技活动人员(L)由大中型工业企业科技活动人员数减去大中型工业企业(三资)的科技活动人员数计算得到。

内资企业的科技经费(K)由大中型工业企业的科技经费额减去大中型工业企业(三资)的科技经费额计算得到,并按照1998年为1用GDP指数进行平减。

国外已有的研究一般使用外资企业的产出指标或雇员人数在行业中所占的比重来衡量FDI。但在国内的对FDI溢出效应研究中,较多地使用了资本存量作为描述外资进入的指标。《中国科技统计年鉴》中没有统计企业资本存量的指标,而《中国工业经济统计年鉴中》虽有企业资产合计的统计项,然而两个统计年鉴的统计口径并不统一,故舍弃未用。本书用外资企业微电子控制设备原价占整个行业的比重作为FDI进入度的指标。本书如无特殊说明,均以此作为测量FDI进入度的指标。

(三)面板数据模型的分析方法

1. 面板数据模型的定义与特点

时间序列数据或截面数据都是一维数据,时间序列数据是变量按时间取得的数据,截面数据是变量在截面空间上的数据。而面板数据(panel data)是同时在时间和截面空间上取得的二维数据，是时间序列数据和截面数据的混合。面板数据从横截面(cross section)上看，是由若干个体(entity)在某一时刻构成的截面观测值，从纵剖面(longitudinal section)上看是一个时间序列。

面板数据用双下标变量表示：

$$y_{it}, i = 1, 2, \cdots N; \quad t = 1, 2, \cdots T \tag{4-4}$$

其中 N 表示面板数据中含有 N 个个体，T 表示时间序列的最大长度。

对于面板数据 y_{it} 来说，如果从截面上看，每个个体都有观测值；从纵剖面上看，每一期都有观测值，则称此面板数据为平衡面板数据(balanced panel data)。若在面板数据中丢失若干个观测值，则称此面板数据为非平衡面板数据(unbalanced panel data)。本书中的数据即为平衡面板数据。

对于一般面板数据模型，可以写成如下形式：

$$y_{it} = \alpha_{it} + \beta'_{it} x_{it} + \varepsilon_{it}, i = 1, 2, \cdots N; \quad t = 1, 2, \cdots T \tag{4-5}$$

其中，$\boldsymbol{x}_{it} = (x_{1it}, x_{2it}, \cdots, x_{kit})$，为自变量向量，$\boldsymbol{\beta}'_{it} = (\beta_{1it}, \beta_{2it}, \cdots, \beta_{kit})$，为参数向量，$k$ 是自变量个数，ε_{it} 是随机扰动项。

使用面板数据主要有以下优点：

(1)便于控制个体的异质性。对于特定研究对象而言，不随时间的推移而变化的个体效应以及不随个体的不同而变化的时间效应，往往因为难以获得数据或不易衡量而无法进入所研究的模型，由此往往会引起遗漏变量的问题。而面板数据模型可以处理这些不可观测的个体效应或时间效应。

(2)包含的信息量更大，增加了自由度，降低了变量间共线性的可能性，提高了估计的有效性。

(3)便于从多层面分析所研究的问题，除静态分析外，还可以考察所研究问题的动态特征。

(4)增加了样本容量，使估计值更加趋于真实值，截面变量和时间变量的结合信息能够显著地减少缺省变量所带来的问题。

但是面板数据也有两个突出的局限性：

首先是数据问题，由于样本的非随机性易造成观察值的偏差；

其次是模型设定问题，由于面板数据模型同时包括截面数据与时间序列数据。因此，模型设定问题就显得特别重要，模型设定不当会引起的较大偏差。

本书采用的面板数据来自于权威统计部门的全国统计数据，具有较高的质量，因此本书接下来主要讨论面板数据的模型设定问题。

2. 面板数据模型的设定与检验

用面板数据建立的模型通常有三种，即混合效应模型、固定效应模型和随机效应模型。

对于面板数据而言，个体效应与时间效应的处理方法是一致的。本书接下来在不考虑时间效应的情况下，仅以个体效应为例，介绍混合效应模型、固定效应模型以及随机效应模型的基本概念与检验原理。

在截距与斜率都相同的情况下，模型(4-5)可写为：

$$y_{it} = \alpha + \boldsymbol{\beta}' \boldsymbol{x}_{it} + \varepsilon_{it}, \tag{4-6}$$

从时间上看，不同个体之间不存在显著性差异；从截面上看，不同截面之间也不存在显著性差异，模型(4-6)即为混合效应模型，可直接用普通最小二乘法(OLS)估计参数。

(1)固定效应模型与混合效应模型的选择

固定效应模型是建立在个体间存在显著差异的基础之上的，把个体效应视为不随时间改变的固定因素，即特定的截距项，模型(4-7)为简单的固定效应模型。

$$y_{it} = \alpha_i + \boldsymbol{\beta}' \boldsymbol{x}_{it} + \varepsilon_{it}, \tag{4-7}$$

对于固定效应模型的特定的个体而言，组内不存在时间序列上的差异，如果个体间(组间)的差异不明显，则模型(4-7)退化为模型(4-6)，反之则采用固定效应模型。因此，在个体效应不显著的原假设下，应当有如下关系成立：

$H_0: \alpha_1 = \alpha_2 = \cdots = \alpha_n$,

$H_1: \alpha_1, \alpha_2, \cdots \alpha_n$ 不全相等.

我们可以采用 F 统计量来检验上述假设是否成立，

$$F = \frac{(R_u^2 - R_r^2)/(n-1)}{(1-R_r^2)/(nT-N-K)} \sim F(n-1, nT-N-K) \tag{4-8}$$

其中，u 表示不受约束的模型，即固定效应模型；r 表示受约束的模型，即混合效应模型。

(2)随机效应模型与混合效应模型的选择

随机效应模型把个体效应视为随机因素。因此，随机效应模型所有的个体具有相同的截距项，而把个体的差异主要反应在随机干扰项上，模型(4-9)为简单的随机效应模型。

$$y_{it} = \alpha + \boldsymbol{\beta}' \boldsymbol{x}_{it} + \mu_i + w_{it} \tag{4-9}$$

其中 $\mu_i \sim N(0, \sigma_u^2)$ 表示个体随机误差分量；$w_{it} \sim N(0, \sigma_w^2)$ 表示混和随机误差分量。同时还假定 μ_i，w_{it} 之间互不相关，各自分别不存在截面自相关与混和自相关。当 $\sigma_u^2 = 0$ 时，模型(4-9)退化为模型(4-6)。

Breusch 和 Pagan(1980)基于 OLS 估计的残差构造了 LM 统计量，并提出了如下假设以检验随机效应：

$H_0: \sigma_u^2 = 0, H_1: \sigma_u^2 \neq 0$

相应的 LM 检验为：

$$\mathrm{LM}=\frac{nT}{2(T-1)}\left[\frac{T^2\bar{u}'\bar{u}}{\hat{u}'\hat{u}}-1\right]^2 \tag{4-10}$$

其中 $\bar{u}'\bar{u}$ 表示由个体随机效应模型计算的残差平方和。$\hat{u}'\hat{u}$ 表示由混合效应模型计算的残差平方和。在原假设中,LM 统计量服从自由度为 1 的卡方分布,如果拒绝原假设则表明存在随机效应。

(3)随机效应模型与固定效应模型的选择

随机效应模型和固定效应模型孰优孰劣,在学术界是存在争论的。随机效应模型的好处是节省自由度,并且能明确地描述出误差来源的特征,固定效应模型的好处是很容易分析个体效应。Mundlak(1978)指出,一般情况下,我们都应当把个体效应视为随机的。由于固定效应模型往往会耗费很大的自由度,对于截面数目较大的面板数据,随机效应模型似乎更合适。

由于随机效应模型把个体效应设定为干扰项的一部分,所以就要求解释变量与个体效应不相关,而固定效应模型并不需要这个假设条件。因此,区分固定效应模型和随机效应模型应当看使用两者的假设条件是否满足。我们可以通过检验固定效应 α_i 与其他解释变量是否相关作为进行固定效应和随机效应模型筛选的依据。Hausman 检验就是这样一个检验统计量(Hausman,1978)。其基本思想是,在 α_i 与其他解释变量不相关的原假设下,用 OLS 估计的固定效应模型和用 GLS 估计的随机效应模型得到的参数估计都是无偏且一致的,只是前者不具有效性;反之,则固定效应模型的参数是一致的,但随机效应模型却不是。因此,我们可以基于两者参数估计的差异构造统计检验量,如果拒绝了原假设,则选择固定效应模型比较合适。

假设 b 和 $\hat{\beta}$ 分别为固定效应模型的 OLS 估计和随机效应模型的 GLS 估计,则

$$\mathrm{Var}[b-\hat{\beta}]=\mathrm{Var}[b]+\mathrm{Var}[\hat{\beta}]-\mathrm{Cov}[b,\hat{\beta}]-\mathrm{Cov}[b,\hat{\beta}]' \tag{4-11}$$

基于上述 Hausman 检验的思想,有效估计量与其和非有效估计量之差的协方差应当为零,即

$$\mathrm{Cov}[(b-\hat{\beta}),\hat{\beta}]=\mathrm{Cov}[b,\hat{\beta}]-\mathrm{Var}[\hat{\beta}]=0 \tag{4-12}$$

故,$\mathrm{Cov}[b,\hat{\beta}]=\mathrm{Var}[\hat{\beta}]$

所以,$\mathrm{Var}[b-\hat{\beta}]=\mathrm{Var}[b]-\mathrm{Var}[\hat{\beta}]=\Psi$ (4-13)

Hausman 检验基于如下 Wald 统计量:

$$W=[b-\hat{\beta}]'\hat{\Psi}^{-1}[b-\hat{\beta}]\sim\chi^2(k-1) \tag{4-14}$$

其中,$\hat{\Psi}$ 为采用固定效应模型和随机效应模型得到的参数值的协方差矩阵

之差阵。当计算的值大于卡方分布的临界值时我们采用固定效应模型。否则，采用随机效应模型。

二、地区层面FDI对技术创新的溢出效应

（一）FDI同期溢出效应

首先，分别用新产品销售收入和专利申请量作为被解释变量，对模型(4-3)分别进行混合效应模型、固定效应模型以及随机效应模型分析。结果见表4.1。

从表4.1可以看出，在以新产品销售收入和专利申请量为被解释变量的两组方程中，LM检验(OLS/RE)在1%水平上显著，说明了随机效应模型优于混合效应模型；F检验(OLS/FE)也在1%水平上显著，因此固定效应模型优于混合效应模型；对于固定效应模型与随机效应模型的选择依据Hausman检验结果，Hausman检验结果(FE/RE)不显著，应当采用随机效应模型。

因此以随机效应模型来解释方程回归结果。从表4.1可以看出，无论以新产品销售收入还是以专利申请量为被解释变量，方程回归结果都基本相同：科技活动人员变量$\lg(L)$不显著，而科技经费变量$\lg(K)$均在1%水平上显著，外资变量FDI分别在5%和1%水平上显著。方程的解释平方和(R^2)，以及方程回归模型的检验结果(χ^2)都表明了方程回归效果可以接受。从地区层面的结果来看，FDI产生了显著的溢出效应。

（二）FDI的滞后期溢出效应

本书对FDI采用了存量的研究方法。本书分别用滞后一期、滞后二期以及与同期FDI的组合来研究FDI滞后变量对创新溢出的影响。当对FDI采用滞后变量时，原有的时间虚拟变量就不合适了。比如当FDI滞后一期时，则2002年FDI的数量会影响到2003年的创新产出，而2003年的FDI的数量会影响到2004年的创新产出，依次类推。考虑到2003年前后以及2004年数据的特殊性，笔者加入了时间虚拟变量DT_3、DT_4、DT_5、DT_6，当2003、2004、2005、2006年时为1，其他时间为0。

为了节省篇幅，对滞后变量的研究仅列出了固定效应模型和随机效应模型的结果，具体结果见表4.2。

从表4.2可以看出，以新产品销售收入为被解释变量的FDI滞后一期与滞后二期的研究结果，并不显著；而以专利申请量为被解释变量的方程的FDI滞后一期与滞后二期的研究结果，分别在1%与5%水平上显著。这说明了选择FDI的滞后期数与被解释变量的选择直接相关。

表 4.1 地区层面 FDI 同期溢出效应分析结果

变量	新产品销售收入			专利申请量		
	OLS(1)	FE(2)	RE(3)	OLS(4)	FE(5)	RE(6)
常数	2.102***	2.968*	2.543**	−6.236***	−2.964	−5.662***
	(4.95)	(1.82)	(3.12)	(−12.37)	(−1.26)	(−7.00)
lg(*L*)	−0.247**	0.236	0.106	−0.172	−0.104	0.004
	(−2.29)	(1.57)	(0.91)	(−1.35)	(−0.48)	(0.02)
lg(*K*)	1.192***	0.701***	0.847***	1.102***	0.749***	0.890***
	(11.11)	(5.64)	(7.85)	(8.66)	(4.18)	(6.32)
FDI	0.935***	0.336	0.692**	1.276***	2.309***	1.808***
	(4.28)	(1.09)	(2.64)	(4.92)	(5.21)	(5.61)
DT_{356}	0.377***	0.623***	0.543***	0.651***	0.786***	0.729***
	(4.06)	(7.43)	(7.13)	(5.920)	(6.50)	(7.01)
DT_4	0.270**	0.528***	0.437***	0.866***	0.994***	0.928***
	(2.10)	(4.74)	(4.33)	(5.680)	(6.200)	(6.67)
R^2	0.811	0.656	0.844	0.777	0.623	0.869
F	211.60***	83.54***		171.76***	72.38***	
χ^2			564.29***			544.73***
OLS/FE	10.39***				4.43***	
OLS/RE	213.28***				56.59***	
FE/RE			—			10.08
样本数	252	252	252	252	252	252

注:①结果由 STATA10.0 软件计算得到,*、**、***分别表示在10%、5%、1%的显著性水平上显著,括号内为t统计值。

②固定影响模型对异方差进行了修正,固定效应模型的 R^2 只反映组内差别的 within effect R^2,随机效应模型 R^2 只反映组间差别的 between effect R^2。

③F 表示混合效应模型与固定效应模型的回归显著性检验;χ^2 表示随机效应模型的回归显著性检验;OLS/FE 表示固定效应模型与混合效应模型选择的检验值,若显著则说明固定效应模型优于混合效应模型;OLS/RE 表示随机效应模型与混合效应模型选择的检验值,若显著则说明随机效应模型优于混合效应模型;FE/RE 表示随机效应模型与固定效应模型选择的检验值,若显著则说明固定效应模型优于随机效应模型。"—"表示 Hausman 检验的协方差矩阵之差阵非正定,采用随机效应模型。

表 4.1 的研究表明,在以新产品销售收入和专利申请量为被解释变量的两组方程中,FDI 的系数分别为 0.692 和 1.808 且分别在 5%和 1%水平上显著。而表 4.2 的研究表明,在以新产品销售收入为被解释变量的方程中,FDI 滞后一期与滞后二期的系数均不显著;在以专利申请量为被解释变量的方程中,FDI

滞后一期与滞后二期的系数分别为 1.120 和 0.771 且分别在 1% 和 5% 水平上显著，均小于表 4.1 中 FDI 的同期系数 1.808。这充分说明了同期 FDI 较滞后 FDI 的解释性更强，这可能与本书采用 FDI 的存量指标有关。

表 4.2 地区层面 FDI 滞后期溢出效应分析结果

变量	新产品销售收入				专利申请量			
	FE(1)	RE(2)	FE(3)	RE(4)	FE(5)	RE(6)	FE(7)	RE(8)
常数	8.772***	3.894**	8.916***	3.375***	2.329	−5.338***	2.183	−5.089***
	(4.88)	(4.48)	(4.410)	(3.970)	(0.980)	(−6.10)	(0.930)	(−5.21)
lg(L)	0.184	0.236*	0.278	0.254*	−0.101	0.157	0.078	0.275*
	(1.19)	(1.93)	(1.550)	(1.830)	(−0.50)	(1.090)	(0.370)	(1.750)
lg(K)	0.270**	0.630***	0.180	0.660***	0.326*	0.745***	0.201	0.636***
	(2.12)	(5.45)	(1.190)	(4.920)	(1.940)	(5.350)	(1.130)	(4.190)
FDI(−1)	−0.383	0.188			0.861**	1.120***		
	(−1.37)	(0.72)			(2.330)	(3.640)		
FDI(−2)			−0.226	0.413			0.291	0.771**
			(−0.79)	(1.560)			(0.870)	(2.560)
DT_3	0.442***	0.360***	0.391***	0.288**	0.652***	0.576***	0.548***	0.471***
	(5.24)	(4.05)	(4.690)	(3.270)	(5.880)	(5.130)	(5.630)	(4.740)
DT_4	0.730***	0.507***	0.672***	0.432***	1.264***	0.985***	1.181***	0.925***
	(7.22)	(5.32)	(6.530)	(4.570)	(9.490)	(8.310)	(9.820)	(8.670)
DT_5	0.811***	0.577***	0.752***	0.501***	0.911***	0.650***	0.867***	0.622***
	(7.96)	(5.85)	(7.310)	(5.130)	(6.790)	(5.330)	(7.230)	(5.650)
DT_6	1.067***	0.816***	1.024***	0.715***	1.262***	0.953***	1.175***	0.860***
	(10.04)	(8.28)	(9.200)	(7.270)	(9.020)	(7.810)	(9.030)	(7.740)
R^2	0.686	0.797	0.670	0.831	0.684	0.873	0.70	0.838
F	58.91***		46.61***		58.33***		53.59***	
χ^2		484.33***		432.06***		545.41***		468.51***
OLS/FE	13.57***		10.94***		6.85***		9.81***	
OLS/RE		167.71***		108.25***		96.69***		133.74***
FE/RE		—		—		—		—
样本数	224	224	196	196	224	224	196	196

注：注①，②和③同表 4.1 注①，②和③。

④为了节省篇幅，仅报告了固定效应模型与随机效应模型的回归结果。

三、溢出效应影响因素研究

(一)研究假设与变量测量

1. 经济发展水平

一个地区的经济发展水平是该地区的市场容量、教育水平、科技水平和基础设施等要素的集中反映。因此,地区经济发展水平越高,吸收能力也越强,从而越有利于 FDI 的创新溢出效应。何洁(2000)研究发现 FDI 外溢效应的大小和该地区是否达到一定的经济发展水平有关。

基于以上分析,本研究提出如下假设:

H_1:地区经济发展水平越高,FDI 对我国创新溢出的效应也越大。

地区经济发展水平用人均 GDP 来表示,其中各省 GDP 数值以 1998 年为 1,按照各省 GDP 平减指数进行平减,单位为万元/人。

2. 地区人力资本存量

Nelson 和 Phelps(1966)认为一个国家引进和使用新技术的能力来自国内的人力资本存量。Guntlach(1995)认为东道国的人力资本存量对跨国公司的产业转移是一个必要的前提条件。只有在东道国中的人力资本存量达到较高水平时,投资的生产率的增加才可能发生。Borensztein et al.(1998)开创了人力资本对技术吸收能力影响的研究,首次设计了同时包含人力资本和 FDI 的内生增长模型,证明了东道国人力资本投资对于技术吸收的重要性。研究表明,FDI 溢出效应受到人力资本临界值(threshold effect)的影响,即只有当东道国人力资本存量足够丰裕时,东道国才能充分吸收 FDI 的技术外溢。Xu(2000)进一步对吸收能力"临界值"效应进行了检验,其采用男性受中等教育年限来衡量人力资本。作者首先按照东道国人力资本存量丰裕程度对样本进行了排序分类,利用聚类分析对样本进行回归分析,结果发现随着人力资本存量值的增加,FDI 的技术外溢效应越来越明显。赖明勇等(2002)是较早对我国吸收能力进行深入探讨的学者之一,以 Borensztein 等(1998)的模型为基础,选取了 3 个人力资本的代理指标:中学生入学率、大学生入学率以及政府教育投入进行实证研究。

基于以上分析,本研究提出如下假设:

H_2:地区人力资本存量越高,FDI 对我国创新溢出的效应也越大。

科学地计算各省人力资本存量是非常困难的,也超出了本书的范围。考虑到与创新溢出相关的人力资本主要体现在一个地区受过高等教育的各类科技人才以及管理人员身上,本书用地区大专以上人口占总人口的比例来表示地区人力资本发展水平,用每万人中拥有大专以上学历的人口的比例表示。

3. 对外开放

FDI的溢出效应与东道国的对外开放度密切相关。Helliwell(1992)认为,对外开放度不仅意味着更多的进出口贸易联系,而且也意味着拥有更多来自外界的技术学习机会与吸收能力。Moran(1998)认为东道国的对外开放度主要通过两种渠道影响技术吸收能力:(1)FDI给东道国带来了更多的模仿和学习机会;(2)通过竞争效应迫使东道国企业投入更多的研发以增强自身的技术能力。

Findley(1978)、Koizumi和Kopecky(1977),Wang(1990)以及Rivera-Batiz和Romer(1991)分别从人力资本积累和中间投入品产业的多样化角度,研究了FDI规模的扩大对东道国经济增长的促进作用,证实了对外开放度和FDI溢出效应之间存在正相关关系。何洁(2000)运用我国省域数据,证实了对外开放度和FDI技术溢出效应之间的正相关性。

基于以上分析,本研究提出如下假设:

H_{3a}:地区对外开放度越高,FDI对我国创新溢出的效应也越大。

开放度决定了一个地区对外资的接受程度、有无通畅的外销渠道、能否与国际接轨等。我国原本属于较为封闭的经济体,对外国投资者而言是一个较为陌生的领域,相关的投资信息不易取得。因此,开放度成为外国投资者在我国投资时的重要考虑因素。我们预期随着开放度的提高会吸引越来越多FDI的流入。包群(2004)用出口依存度来衡量我国经济的对外开放度,而何洁(2000)用外资企业工业总产值占地区工业总产值的比重来表示经济的开放度。本书中用地区的内外资企业进出口总额占地区GDP的比重来表示地区开放度。《中国统计年鉴》中各地区内外资企业进出口总额是根据美元计算的,笔者根据年末与年初人民币与美元的汇率的中间值,折算成人民币表示的数值,并按照各省工业品出厂价格指数以1998年为1进行平减。

我国主要依靠给予外国投资者相当多的优惠政策来吸引FDI。根据第三章对我国引进外资历程的回顾,东部沿海地区得益于较早实行改革开放以及国家在政策上的倾斜吸引了大量外资。相对于其他地区,东部沿海地区开放的时间最久,受到的优惠政策也越多,受到FDI的溢出效应也应越多。

因此,我们有理由提出如下假设:

H_{3b}:地区对外开放时间越久,FDI对我国创新溢出的效应也越大。

地区开放政策的影响用虚拟变量open来表示,我国最初开放了14个沿海城市,本书将这14个沿海开放城市所在的省份设为1,其余省份为0①。

① 北京、天津、河北、辽宁、上海、江苏、浙江、福建、山东、广东、海南共11个省市自治区设置虚拟变量为1,其余为0。

4. 基础设施

一个地区的基础设施是影响 FDI 投资意愿的重要因素。完善的基础设施是吸引 FDI 的重要优势条件,并且能够提高 FDI 来源的质量和规模;同时,完善的基础设施有利于科技人力资源的聚集,有利于促进内外资企业的产业关联,从而促进 FDI 的溢出效应。Abramowitz(1986)认为一国要吸收先进的科技成果,必须拥有足够的基础设施。何洁(2000)、包群(2004)、张斌盛(2006)也都肯定了基础设施在促进 FDI 溢出效应中的积极作用。随着信息技术的发展,传统的交通基础设施已不能表达一个地区基础设施水平的内涵,地区电信基础设施的研究得到了学者的青睐(包群,2004;张斌盛,2006)。

基于以上分析,本研究提出如下假设:

H_{4a}:地区交通基础设施越完善,FDI 对我国创新溢出的效应也越大。

H_{4b}:地区电信基础设施越完善,FDI 对我国创新溢出的效应也越大。

基础设施涵盖交通、通信、物流、公共设施等方面,是一个综合性的指标,对其的度量极其困难。本书主要研究交通基础设施以及电信基础设施。基础设施采用的测量指标通常包括电信基础设施、道路交通状况以及旅客和货物的周转量等。其中电信基础设施通常用人均电话数和电信业务量等指标来表示;道路交通状况通常用人均公路里程数作为代理指标。

交通基础设施用各地区公路里程数、内河航道里程数以及国家铁路营运里程数之和来表示。由于我国在省域层面地区面积差别较大,因此本书用各省单位面积上的交通里程数来表示,单位为千米/平方千米。

由于《中国统计年鉴》中的邮电业务量指标包括了邮政及电信两种业务,因此电信基础设施用各地区人均邮电业务量来表示,单位为元/人。由于《中国统计年鉴》中缺乏 1999—2000 年的各地区邮电业务量数据,因此电信基础设施仅包括 2001—2006 年共六年的数据。由于《中国统计年鉴》中对于 2000 年以后的邮电业务总量按 2000 年不变价格计算,因此没必要再进行平减。

(二)溢出效应影响因素的研究方法

对于溢出效应的影响因素的研究主要有三种方法:

第一种方法是根据 FDI 溢出效应的影响因素将总体样本分成两组,并且对两组样本分别进行回归分析,然后通过比较两组样本中反映外资参与度的解释变量的系数的差异性,来判断分组所考察的因素是否对 FDI 的溢出效应发生影响。如果两组反映参与程度的变量的系数的估计值先后有明显的差异,特别是表现为系数估计值的显著性或数值大小程度有明显差异时,所研究的因素就被认为是对溢出效应有明显影响;反之,则不产生影响(陈涛涛,2004)。陈涛涛(2003),周燕、齐中英(2005)等在研究 FDI 技术效率溢出效应影响因素时采用了这种方法。但是,此种方法的缺点在于其无法从严谨的概率角度给出影响因素对不同组的作用是否具有显著差异(蒋殿春和张宇，2006)。

第二种方法是通过构造“连乘的解释变量”来检验所考察的影响因素的影响。这种方法首先将所考察的影响因素进行适当量化,并将其与外资变量的乘积作为解释变量纳入回归方程中。如果连乘解释变量的系数显著,则表明所考察的影响因素对 FDI 的溢出效应是有影响的,反之,则不产生影响。通过构造连乘解释变量,考察交互项系数的方法本质上是考察影响因素对 FDI 溢出效应的调节效应。但是,此种方法的缺点在于其对于影响因素属于类别变量的情况无效。

第三种方法是采用虚拟变量的方法。在分组检验方法的基础上,引入虚拟变量 D,使得:$D=\begin{cases}0,\text{第一组}\\1,\text{第二组}\end{cases}$,通过含有虚拟变量与外资参与程度乘积项的显著性程度来检验影响因素是否产生了显著影响(蒋殿春和张宇，2006)。

(三)实证研究检验

本小节主要就 FDI 对创新溢出效应的影响因素进行实证分析,从表 4.1 与 4.2 可知,应用 FDI 的同期变量进行回归是合适的。本小节被解释变量为新产品销售收入。

结合上节对溢出效应研究方法的论述,本节采用的分析模型如下:

$$\begin{aligned}\ln Y_{it} = \alpha_0 + \alpha\ln K_{it} + \beta\ln L_{it} + \gamma_1\mathrm{FDI}_{it} + \gamma_2 D\mathrm{FDI}_{it} \\ + \eta_1\mathrm{DT}_{356} + \eta_2\mathrm{DT}_4 + \varepsilon_{it}\end{aligned} \tag{4-15}$$

其中 D 为虚拟变量,当地区影响因素变量值较高时为 1,较低时为 0,如果 D 的系数在统计上显著,则说明两组 FDI 的系数存在显著差异,此时可以断定检验变量对 FDI 的创新溢出效应具有显著的影响作用。

根据虚拟变量 D 的取值不同,影响因素较小的一组中溢出效应的系数为 γ_1,而影响因素较大的一组中的溢出效应系数为 $(\gamma_1+\gamma_2)$。此时我们可以通过检验外资变量的系数 γ_1 与 $(\gamma_1+\gamma_2)$ 是否具有显著差异来判断两组数据中 FDI 溢出效应的作用是否相同,进而可以判断所依据的指标是否会对 FDI 溢出效应发生显著的影响。如果 γ_2 显著为零,即可认为分组所依据的指标会对 FDI 溢出效应发生显著的影响,其中两组中的技术外溢程度分别为 γ_1 与 $(\gamma_1+\gamma_2)$。否则,表明两组中 FDI 溢出效应的发挥不存在明显差异,分组所依据的指标对 FDI 溢出效应的发挥没有显著的影响(蒋殿春和张宇，2006)。

1. 地区经济发展水平与人力资本存量的影响

从表 4.3 可以看出,在以地区经济发展水平和地区人力资本存量为影响因素的两组方程中,LM 检验(OLS/RE)在 1% 水平上显著,说明了随机效应模型优于混合效应模型;F 检验(OLS/FE)也在 1%水平上显著,因此固定效应模型优于混合效应模型;对于固定效应模型与随机效应模型的选择依据 Hausman 检验结果,Hausman 检验结果(FE/RE)不显著,应当采用随机效应模型。在以地区经济发展水平为分组的检验中,*D*FDI 系数为正,但不显著。因此,FDI 产生了更多的创新溢出效应,但在统计上并不显著。同样,对地区人力资本存量变量的检验表明,*D*FDI 系数为正且显著,较高的人力资本存量促进了 FDI 对我国的创新溢出效应,并且在 10%水平上显著。

表 4.3　地区经济与人力资本对 FDI 创新溢出的影响分析结果

变量	地区经济发展水平			地区人力资本存量		
	OLS(1)	FE(2)	RE(3)	OLS(4)	FE(5)	RE(6)
常数	2.040***	3.050*	2.726***	2.150***	3.330**	2.679**
	(4.600)	(1.880)	(3.330)	(5.05)	(2.04)	(3.24)
lg(*L*)	−0.256**	0.229	0.113	−0.252**	0.196	0.090
	(−2.34)	(1.530)	(0.970)	(−2.35)	(1.29)	(0.77)
lg(*K*)	1.205***	0.699***	0.825***	1.196***	0.707***	0.852***
	(10.920)	(5.630)	(7.610)	(11.15)	(5.71)	(7.91)
FDI	1.164**	(0.189)	0.059	0.559	−0.052	0.256
	(2.280)	(−0.38)	(0.120)	(1.53)	(−0.14)	(0.73)
*D*FDI	−0.239	0.753	0.790	0.449	0.521*	0.545*
	(−0.50)	(1.350)	(1.570)	(1.280)	(1.700)	(1.820)
DT_{356}	0.369***	0.624***	0.556***	0.340***	0.578***	0.497***
	(3.910)	(7.460)	(7.280)	(3.50)	(6.61)	(6.19)
DT_4	0.258*	0.537***	0.461***	0.230*	0.482***	0.388***
	(1.960)	(4.820)	(4.530)	(1.74)	(4.22)	(3.72)
R^2	0.812	0.659	0.843	0.813	0.661	0.846
F	175.83***	70.18***		177.07***	70.69***	
χ^2			570.82***			568.32***
OLS/FE	10.48***			10.46***		
OLS/RE	206.87***	—		218.32***	9.90	FE/RE
样本数	252	252	252	252	252	252

注:同表 4.1 注。

2. 地区开放度与开放政策的影响

从表 4.4 可以看出,两组方程中,LM 检验(OLS/RE)在 1%水平上显著,说明了随机效应模型优于混合效应模型;F 检验(OLS/FE)也在 1%水平上显著,因此,固定效应模型优于混合效应模型;对于固定效应模型与随机效应模型的选择依据 Hausman 检验结果，Hausman 检验结果(FE/RE)不显著，应当采用随机效应模型。

在以地区开放度为分组的方程中，FDI 系数为负且不显著，因此在开放度低的地区，FDI 对内资企业的技术创新产生了负面影响，但不显著；*D* FDI 系数显著为正，因而地区开放度因素促使 FDI 对内资企业的技术创新产生了正面影响，并且地区开放度的影响在 5%水平上显著。与地区经济发展水平的研究类似，地区开放政策的影响虽然为正，但不显著。即就 FDI 对技术创新的溢出而言，较早享受开放政策的地区和其他地区没有显著差异。对此，可能的解释是随着开放步伐的全方位推进，早期政策优势逐渐消失。

表 4.4 地区开放度与地区开放政策对 FDI 创新溢出的影响分析结果

变量	地区开放度			地区开放政策		
	OLS(1)	FE(2)	RE(3)	OLS(4)	FE(5)	RE(6)
常数	2.093***	3.213**	2.703***	2.072***	3.084*	2.656**
	(4.850)	(1.980)	(3.330)	(4.800)	(1.890)	(3.240)
lg(*L*)	−0.251**	0.220	0.127	−0.257**	0.217	0.109
	(−2.23)	(1.470)	(1.100)	(−2.33)	(1.430)	(0.940)
lg(*K*)	1.196***	0.694***	0.816***	1.203***	0.707***	0.834***
	(10.620)	(5.620)	(7.560)	(10.860)	(5.670)	(7.720)
FDI	0.993*	−0.593	−0.302	1.058**	0.078	0.300
	(1.910)	(−1.08)	(−0.58)	(2.890)	(0.180)	(0.740)
*D*FDI	−0.060	1.208**	1.164**	−0.149	0.493	0.596
	(−0.12)	(2.030)	(2.190)	(−0.42)	(0.820)	(1.270)
DT_{356}	0.374***	0.631***	0.564***	0.370***	0.622***	0.553***
	(3.940)	(7.570)	(7.400)	(3.910)	(7.410)	(7.230)
DT_4	0.267**	0.539***	0.463***	0.265**	0.518***	0.438***
	(2.040)	(4.870)	(4.600)	(2.050)	(4.620)	(4.350)
R^2	0.811	0.662	0.842	0.812	0.657	0.844
F	175.63***	71.29***		175.77***	69.62***	
χ^2			578.23***			566.77***
OLS/FE	10.69***			10.39***		
OLS/RE	211.51***			208.83***		
FE/RE			—			—
样本数	252	252	252	252	252	252

注：同表 4.1 注。

3. 基础设施的影响

表 4.5 中的两个模型与前面的分析类似，仍然选择随机效应模型。无论是

交通基础设施还是电信基础设施,在水平较低的地区,FDI对内资企业的技术创新产生了负面影响,但不显著;而在基础设施水平高的地区,FDI对内资企业的技术创新产生了正面影响,并且基础设施的影响在5%水平上显著。这充分说明了,基础设施是影响FDI创新溢出的重要因素。

表4.5 基础实施对FDI创新溢出的影响分析结果

变量	交通基础设施			电信基础设施		
	OLS(1)	FE(2)	RE(3)	OLS(4)	FE(5)	RE(6)
常数	2.140***	3.294**	2.747***	2.253***	3.217*	3.101***
	(4.970)	(2.030)	(3.350)	(4.390)	(1.760)	(3.570)
lg(*L*)	−0.228**	0.245	0.153	−0.358**	0.459**	0.163
	(−2.03)	(1.650)	(1.310)	(−2.64)	(2.320)	(1.130)
lg(*K*)	1.173***	0.665***	0.790***	1.296***	0.517***	0.774***
	(10.450)	(5.360)	(7.240)	(9.400)	(3.530)	(5.750)
FDI	0.684	−0.495	−0.244	−0.067	−1.038**	−0.393
	(1.410)	(−1.04)	(−0.53)	(−0.11)	(−2.04)	(−0.82)
*D*FDI	0.270	1.164**	1.162**	0.865*	0.762*	0.888**
	(0.580)	(2.270)	(2.460)	(1.660)	(1.910)	(2.210)
DT_{356}	0.378***	0.600***	0.533***	0.179*	0.444***	0.345***
	(4.070)	(7.170)	(7.060)	(1.700)	(5.600)	(4.530)
DT_4	0.277**	0.523***	0.447***	0.098	0.378***	0.266**
	(2.140)	(4.740)	(4.470)	(0.740)	(3.750)	(2.840)
R^2	0.812	0.664	0.843	0.818	0.614	0.824
F	175.91***	71.80***		120.44***	35.57***	
χ^2			578.23***			332.95***
OLS/FE	10.76***				10.60***	
OLS/RE	219.99***				110.60***	
FE/RE			10.62			—
样本数	252	252	252	168①	168	168

注:同表4.1注。

① 由于《中国统计年鉴》中,缺失1999—2000年的邮电业务量数据,因此有关电信基础设施对外资创新溢出影响的研究仅包括2001—2006年的数据。

(四)研究小结

通过对本小节的研究我们发现，除地区经济发展水平以及地区开放政策的影响因素外，其他因素均得到了支持，研究小结如表 4.6 所示：

表 4.6 地区层面 FDI 对技术创新的溢出效应影响因素分析结果汇总

影响因素	研究结论	研究假设	支持与否
地区经济发展水平	不显著	H_1	否
地区人力资本存量	正	H_2	支持
地区开放度	正	H_{3a}	支持
地区开放政策	不显著	H_{3b}	否
交通基础设施	正	H_{4a}	支持
电信基础设施	正	H_{4b}	支持

因此，地区人力资本存量、地区开放度以及地区基础设施是影响 FDI 区域创新溢出的重要因素。作为地方政府应该在引进外资、扩大开放的同时，积极加强人力资本建设，促进基础建设，以期获得更大的 FDI 创新溢出效应。加强人力资本建设不仅是提高义务教育入学率，扩大地区高等教育招生量；更为重要的是如何留住专业技术人才，提高地区人力资本存量。加强地区基础设施建设，可以降低交易成本，不仅能吸引优质 FDI 的进入，还能促进其对内资企业的创新溢出。在信息化时代，完善的地区基础设施，不仅包括交通基础设施，电信基础设施同样重要。

四、地区层面的进一步研究：不同地区的分析

许多学者研究了中国不同地区的 FDI 技术溢出效应（严兵，2006b；Cheung & Lin，2004），并比较了不同地区 FDI 技术溢出效应的差异。然而从目前的文献检索看，FDI 对不同地区溢出效应的差异是否具有统计上的显著性，还未有人涉及。

(一)基于东中西部地区以及八大经济区划分的研究

本小节首先分别研究传统的东中西部地区以及最近区域规划提出的八大区域层面 FDI 创新溢出的差异。东中西部地区以及八大经济区域的划分如表 4.7 所示：

表 4.7　基于东中西部地区与八大经济区的区域划分简表

地区划分标准	地区	省市自治区
东中西部地区	东部地区:	北京、天津、河北、辽宁、上海、江苏、浙江、福建、山东、广东、海南
	中部地区:	山西、吉林、黑龙江、安徽、江西、河南、湖北、湖南
	西部地区:	内蒙古、广西、重庆、四川、贵州、云南、、陕西、甘肃、宁夏
八大经济区域	东北地区:	辽宁、吉林、黑龙江
	北部沿海地区:	北京、天津、河北、山东
	东部沿海地区:	上海、江苏、浙江
	南部沿海地区:	福建、广东、海南
	黄河中游地区:	陕西、山西、河南、内蒙
	长江中游地区:	湖北、湖南、江西、安徽
	西南地区:	云南、贵州、四川、重庆、广西
	大西北地区:	甘肃、青海、宁夏、西藏、新疆

为了比较在东中西部地区FDI对技术创新溢出效应的差异,本书设虚拟变量 D_2 与 D_3,分别表示当为中部与西部地区时为1,其他地区为零。同样道理,用 D_2 至 D_8 分别表示北部沿海地区至大西北地区为1,其他地区为零。分析结果如表4.8所示:

表 4.8　FDI对东中西部地区与八大区域的创新溢出效应分析

变量	东中西部地区			八大经济区域		
	OLS(1)	FE(2)	RE(3)	OLS(4)	FE(5)	RE(6)
常数	2.018***	3.025*	2.647**	2.634***	3.451**	2.844***
	(4.580)	(1.850)	(3.160)	(5.940)	(2.120)	(3.470)
lg(*L*)	−0.203*	0.232	0.138	−0.312**	0.147	0.088
	(−1.81)	(1.530)	(1.180)	(−2.73)	(0.950)	(0.750)
lg(*K*)	1.161***	0.699***	0.810***	1.206***	0.733***	0.837***
	(10.360)	(5.620)	(7.460)	(10.750)	(5.870)	(7.690)
FDI	0.975***	0.604*	0.887**	0.599	0.441	0.473
	(4.440)	(1.670)	(3.140)	(0.960)	(0.520)	(0.620)
D_2FDI	−0.714	−1.019	−1.285**	0.596	−0.130	0.254
	(−1.26)	(−1.36)	(−1.98)	(0.920)	(−0.13)	(0.290)
D_3FDI	0.599	−0.626	−0.574	0.637	0.081	0.703
	(0.860)	(−0.64)	(−0.67)	(1.000)	(0.070)	(0.790)

续表

变量	东中西部地区			八大经济区域		
	OLS(1)	FE(2)	RE(3)	OLS(4)	FE(5)	RE(6)
D_4 FDI				−0.130	1.205	0.575
				(−0.20)	(1.070)	(0.660)
D_5 FDI				1.706	5.208*	2.680
				(1.010)	(1.760)	(1.110)
D_6 FDI				−0.315	−1.580	−1.269
				(−0.40)	(−1.33)	(−1.22)
D_7 FDI				1.153	−0.733	−0.050
				(1.320)	(−0.55)	(−0.04)
D_8 FDI				−9.432***	−2.070	−3.725
				(−3.85)	(−0.74)	(−1.40)
DT_{356}	0.392***	0.630***	0.571***	0.357***	0.615***	0.549***
	(4.110)	(7.500)	(7.410)	(3.820)	(7.300)	(7.070)
DT_4	0.269**	0.527***	0.456***	0.291**	0.488***	0.436***
	(2.050)	(4.680)	(4.460)	(2.280)	(4.300)	(4.220)
R^2	0.814	0.659	0.849	0.832	0.673	0.852
F	152.12***	59.97***		98.28***	36.30***	
χ^2			568.28***			586.91***
OLS/FE	10.25***				8.96***	
OLS/RE	213.60***				138.21***	
FE/RE			8.38			—
样本数	252	252	252	252	252	252

注：同表 4.1 注。

从表 4.8 可以看出，在东部地区，FDI 的创新溢出效应为正且显著；中部地区显著小于东部地区，西部地区虽然小于东部地区的溢出效应，但并不显著。总体来看，东部地区产生了正向溢出效应，而中部地区（0.887－1.285＜0）产生了负向溢出效应，同时，西部地区也产生了正向溢出效应（0.887－0.574＞0）。同理，东北地区、北部沿海地区、东部沿海地区、南部沿海地区、黄河中游地区以及西南地区（0.473－0.050＞0）都产生了正向溢出效应，但不显著；长江中游地区以及大西北地区产生了负向溢出效应，但也不显著。

(二)基于地区创新能力以及吸收能力划分的研究

柳卸林和胡志坚(2002)系统研究了区域创新能力，并把区域创新能力划分为四个层次,详见表4.9。我们认为不同的区域创新能力会影响到FDI的创新溢出。

地区吸收能力是影响FDI溢出效应的重要变量,本书用4.3节中地区人力资本存量、地区经济发展水平、交通基础设施、电信基础设施[①]四个变量在1998—2006年共9年数据的平均值作聚类分析。

聚类分析的树状图如图4.1所示,本图由SPSS12.0绘出。

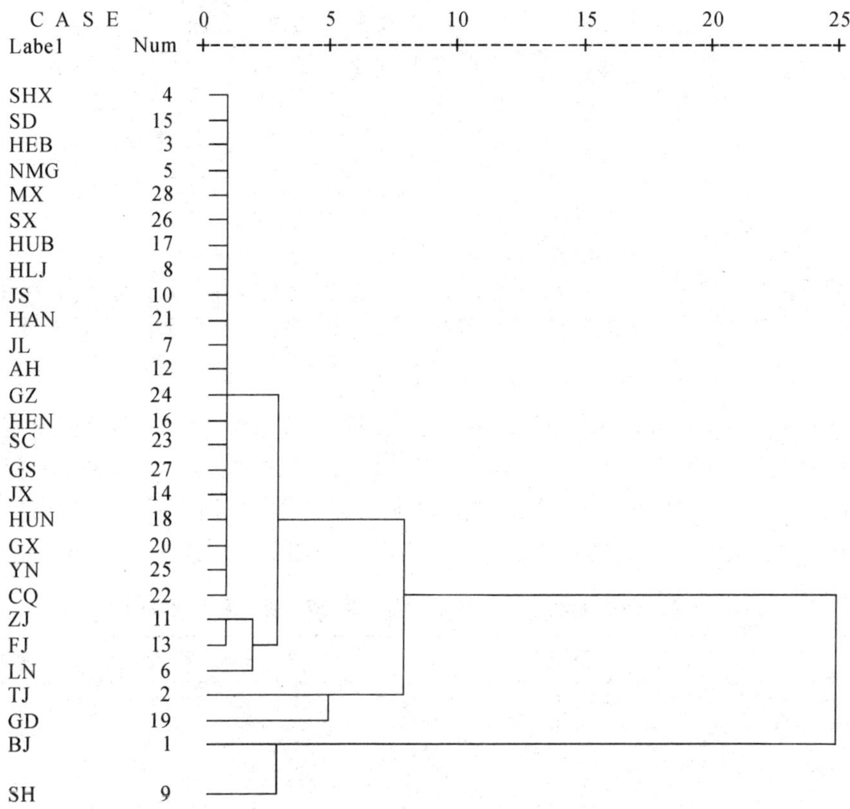

图4.1　地区吸收能力聚类分析图

从图4.1可以看出,按地区吸收能力进行分类,第一层次为北京和上海,第

① 由于《中国统计年鉴》中没有提供各地区1999—2000年间的邮电业务量的数据,为了研究的需要,本书对1999和2000年的28个省级数据进行了插值处理。考虑到研究中仅需要各省邮电业务量在1998—2006年间的平均值,并且最后与其他变量一同进行聚类分析,因此这种插值处理对最终结果影响不大,是可以接受的。对于邮电业务量指标,依据《中国统计年鉴》,2000年及以前按1990年不变价格计算,2001年及以后按2000年不变价格计算,而2001年按可比价格比上年增长27.6%,据此,本书把2001年及以后历年的邮电业务量指标,统一按1990年不变价格计算。

二层次为天津与广东，其余地区为第三层次。

接下来，本节将分别研究区域创新能力以及区域吸收能力对 FDI 创新溢出的差异。按照区域创新能力以及区域吸收能力划分的区域如表 4.9 所示：

表 4.9 基于区域创新能力与吸收能力的区域划分简表

地区划分标准	地区	省市自治区
区域创新能力	第一层次	北京、上海、广东
	第二层次	天津、辽宁、江苏、浙江、福建、山东
	第三层次	河北、吉林、黑龙江、安徽、河南、湖北、湖南、重庆、四川、陕西
	第四层次	山西、内蒙古、江西、广西、海南、贵州、云南、甘肃、宁夏
区域吸收能力	第一层次	北京、上海
	第二层次	天津、广东
	第三层次	辽宁、吉林、黑龙江，河北、山东、江苏、浙江、福建、海南、陕西、山西、河南、内蒙、湖北、湖南、江西、安徽、云南、贵州、四川、重庆、广西、甘肃、宁夏

与本节第一单元的研究类似，为了比较不同区域创新能力对 FDI 创新溢出的差异，本书设虚拟变量 D_2、D_3 与 D_4 分别表示第二至第四层次的区域创新能力的地区为 1，其他地区为零。同样道理，用 D_2 和 D_3 分别表示第二和第三层次的区域吸收能力的地区为 1，其他地区为零。回归结果如表 4.10 所示。

表 4.10 区域创新能力以及区域吸收能力对 FDI 创新溢出效应的影响

变量	区域创新能力			区域吸收能力		
	OLS(1)	FE(2)	RE(3)	OLS(4)	FE(5)	RE(6)
常数	1.653**	2.731	2.548**	2.003***	2.697	2.524**
	(3.22)	(1.63)	(2.95)	(4.69)	(1.60)	(3.03)
lg(*L*)	−0.279**	0.265*	0.138	−0.266**	0.272*	0.128
	(−2.52)	(1.69)	(1.16)	(−2.47)	(1.73)	(1.07)
lg(*K*)	1.257***	0.694***	0.818***	1.216***	0.692***	0.829***
	(10.920)	(5.510)	(7.210)	(11.28)	(5.50)	(7.47)
FDI	0.804***	0.762	0.905**	1.047***	0.724	0.950**
	(3.340)	(1.310)	(2.410)	(3.92)	(1.20)	(2.25)
D_2FDI	0.200	−0.356	−0.118	−0.479	−0.340	−0.333
	(0.640)	(−0.43)	(−0.22)	(−1.37)	(−0.32)	(−0.51)

续表

变量	区域创新能力			区域吸收能力		
	OLS(1)	FE(2)	RE(3)	OLS(4)	FE(5)	RE(6)
D_3FDI	0.345	−1.095	−1.001	0.176	−0.574	−0.431
	(0.600)	(−1.31)	(−1.51)	(0.510)	(−0.79)	(−0.81)
D_4FDI	1.109*	−0.312	−0.217			
	(1.700)	(−0.35)	(−0.30)			
DT_{356}	0.339***	0.631***	0.566***	0.357***	0.627***	0.553***
	(3.520)	(7.460)	(7.190)	(3.840)	(7.400)	(7.090)
DT_4	0.212	0.530***	0.456***	0.247*	0.536***	0.454***
	(1.590)	(4.700)	(4.350)	(1.910)	(4.770)	(4.390)
R^2	0.814	0.659	0.842	0.814	0.657	0.842
F	132.60***	59.97***		152.54***	59.38***	
χ^2			563.34***			558.60***
OLS/FE	10.18***				10.09***	
OLS/RE	192.37***				198.68***	
FE/RE			—			—
样本数	252	252	252	252	252	252

注:同表4.1注。

根据面板数据模型理论,选择随机效应模型。

从区域创新能力角度来看,在创新能力第一层次的地区,FDI对技术创新的影响为正,且显著;而在其他地区,FDI对技术创新的溢出效应均小于第一层次的地区,但不显著;同时,除第三层次的区域外,FDI对其他地区的技术创新都具有积极的影响。这个结论在一定程度上证实了对东中西部地区的研究。

从区域吸收能力的角度来看,在吸收能力处在第一层次的地区,FDI对技术创新的影响为正,且显著;而在其他地区,FDI对技术创新的溢出效应均小于第一层次的地区,但不显著。

综上所述,区域创新能力以及区域吸收能力对FDI创新溢出效应的影响不显著。

五、本章小结

本章运用1998—2006年我国28个省市自治区的面板数据,从地区层面研究了FDI对我国技术创新的溢出效应。对于不包含FDI滞后变量的模型,无论以新产品销售收入还是专利申请量为被解释变量,均得到了FDI显著的正向溢出效应;内资企业科研人员的投入对内资企业技术创新的影响不显著,而科技经费投入显著,其产出弹性达到了0.84以上。对于包含FDI滞后变量模型的分析表明,只包含FDI同期变量的模型是合适的。

通过对地区层面影响FDI创新溢出因素的研究表明,地区经济发展水平的影响不显著,地区人力资本存量在10%水平上影响显著;地区开放度在5%水平上影响显著,而早期的地区开放政策影响不显著;交通基础设施以及电信基础设施在5%水平上显著。

我国幅员辽阔,地区发展不均衡,不同的区域划分集中体现了FDI创新溢出影响因素的综合效果,使FDI的创新溢出表现出明显的区域差异。实证结果表明,FDI的创新溢出效应在东部地区最大也最显著,中部地区FDI的创新溢出效应最小且与东部地区存在显著差异,而西部地区与东部地区的差别不显著。而八大经济区之间,FDI的创新溢出效应差别不显著。区域创新能力高的地区,FDI的创新溢出效应也越大,但不同创新能力的区域之间没有显著差异。同样,区域吸收能力有利于FDI的创新溢出效应,不同吸收能力的区域之间也没有显著差异。这说明了虽然不同区域之间FDI的创新溢出效应不同,但不存在本质的差别。

第五章 FDI对我国技术创新的溢出效应(二)：基于行业层面的实证分析

在行业层面，FDI 的溢出效应主要通过内外资企业间的水平链接效应(horizontal linkages effect)和垂直链接效应(vertical linkages effect)发生。其中水平链接溢出效应主要通过示范、竞争和人力资本的培训—流动等途径发生，一般发生在产业内或行业内；垂直链接溢出效应又包括后向链接(backward linkages)溢出效应和前向链接(forward linkage)溢出效应，主要是通过上下游产业关联而产生的溢出效应，一般发生在产业间。

由于外资企业会限制将自己的专利、专有技术和管理经验与东道国的同类竞争对手分享，Kugler(2001)指出产业间的溢出效应往往要高于产业内的溢出效应。UNCTAD(2001)特别强调对于发展中东道国，FDI 产生的后向链接溢出效应比前向链接溢出效应更加重要。

一、数据、模型与方法

(一)数据来源

本书数据来源于 1999－2007 年《中国科技统计年鉴》，其统计口径为大中型工业企业，其中 2004 年的统计口径为规模以上企业；对于投入产出数据，则来源于《2002 年投入产出表》，并根据国家统计局公布的行业分类标准(GB/T 4754－2002)对投入产出表的数据进行了归类与合并。

由于 2002 年行业分类调整，2003 年之后便采用了新的行业分类标准(GB/T 4754－2002)，而 2002 年之前的分类行业标准为 GB/T 4754－94。本书根据这两个行业分类标准对数据进行了调整，如表 5.1 所示：

表 5.1 2003 年前后工业行业的分类调整方法

1998—2002 年		2003—2006 年		主要调整方法
行业名称	代码	行业名称	代码	
煤炭采选业	B06	煤炭开采和洗选业	B06	更名
其他矿采选业	B11	其他采矿业	B11	更名
木材及竹材采选业	B12			取消,调至 A022
食品加工业	C13	农副食品加工业	C13	更名,将 C1313 调至 C1431
烟草加工业	C16	烟草制品业	C16	更名
服装及其他纤维制品制造业	C17	纺织服装、鞋、帽制造业	C17	将 C171 调至 A0512
石油加工及炼焦业	C25	石油加工、炼焦及核燃料加工业	C25	更名,加入部分行业
普通机械制造业	C35	通用设备制造业	C35	更名
武器弹药制造业	C39	取消		取消
电子及通信设备制造业	C41	通信设备、计算机及其他电子设备制造业	C40	更名
其他制造业	C43	工艺品及其他制造 废弃资源和废旧材料回收加工业业	C42 C43	更名 新增
电力蒸汽热水的生产和供应业	D44	电力、热力的生产和供应业	D44	更名
煤气生产和供应业	D45	燃气生产和供应业	D45	更名
自来水的生产和供应业	D46	水的生产和供应业	D46	更名,加入 C7550

注:①笔者根据《国民经济行业分类与代码》GB/T 4754-94 和 GB/T 4754-2002 得出二位码层面的行业调整方法。

②未列出行业名称未发生变化,而仅做出较小调整的行业;未列出同一二位码层面行业下,三位码层面的行业调整方法。

根据调整后的行业分类代码,最终包括 B06—B11、C13—C42、D44—D46 共 38 个行业。接下来,本书根据 38 个行业中 2006 年外资的比重以及外资企业开展技术创新活动的状况,对数据进行进一步取舍,如表 5.2 所示。

由于较低的外资比重对内资行业的影响较小,因此本书去掉主营业务收入比重低于 10%的行业。同时由于 D45、D46 两行业在 2006 年外资新产品的销售收入值缺省,外资开展技术创新活动较少,因此也去除这两个行业。

由于《2002 年投入产出表》未包括 C14,也去除这个行业。因此本章对行业层面的研究仅仅包括 C13、C15、C17－C24、C26－C42 共 26 个行业,全部是制造业行业。

表 5.2　2006 年外资企业的所占行业主营业务收入比重

代码	行业名称	比重	代码	行业名称	比重
B06	煤炭开采和洗选业	0.0111	C26	化学原料及化学制品制造业	0.2343
B07	石油和天然气开采业	0.0015	C27	医药制造业	0.2583
B08	黑色金属矿采选业	0.0221	C28	化学纤维制造业	0.2854
B09	有色金属矿采选业	0.0094	C29	橡胶制品业	0.4054
B10	非金属矿采选业	0.0663	C30	塑料制品业	0.5421
B11	其他采矿业	0	C31	非金属矿物制品业	0.2315
C13	农副食品加工业	0.3850	C32	黑色金属冶炼及压延加工业	0.1249
C14	食品制造业	0.4734	C33	有色金属冶炼及压延加工业	0.1461
C15	饮料制造业	0.3767	C34	金属制品业	0.4598
C16	烟草制品业	0.0032	C35	通用设备制造业	0.3351
C17	纺织业	0.2611	C36	专用设备制造业	0.2729
C18	纺织服装、鞋、帽制造业	0.4630	C37	交通运输设备制造业	0.5044
C19	皮革、毛皮、羽毛(绒)及其制品业	0.6837	C39	电气机械及器材制造业	0.4247
C20	木材加工及木、竹、藤、棕、草制品业	0.2917	C40	通信设备、计算机及其他电子设备制造业	0.8488
C21	家具制造业	0.7300	C41	仪器仪表及文化、办公用机械制造业	0.7764
C22	造纸及纸制品业	0.4699	C42	工艺品及其他制造业	0.4628
C23	印刷业和记录媒介的复制	0.4598	D44	电力、热力的生产和供应业	0.0785
C24	文教体育用品制造业	0.7283	D45	燃气生产和供应业	0.1451
C25	石油加工、炼焦及核燃料加工业	0.0932	D46	水的生产和供应业	0.1293

资料来源:根据《中国科技统计年鉴》(2007)整理计算得出。

(二)基础模型与变量

与第四章的研究类似,本章所建立的基础研究模型如下:

$$\ln Y_{it} = \alpha_0 + \alpha \ln K_{it} + \beta \ln L_{it} + \gamma_1 \mathrm{Hori}_{it} + \gamma_2 \mathrm{Back}_{it} + \gamma_3 \mathrm{For}_{it} + \eta_1 \mathrm{DT}_{356} + \eta_2 \mathrm{DT}_4 + \varepsilon_{it} \quad (5\text{-}1)$$

对于外资参与度变量的设计分行业内和行业间两方面进行考虑。用 Hori

代表行业内的溢出程度，表示水平溢出效果；用 Back 和 For 表示行业间的垂直溢出程度，分别表示后向溢出效果和前向溢出效果。

对于行业内水平溢出变量，国外已有的研究一般使用外资企业的产出指标或雇员人数在行业中所占的比重来衡量。但国内有关 FDI 溢出效应研究中，较多地使用了资本存量作为描述外资进入的指标，并根据其在各行业中所占比重作为水平溢出变量。可以用如下公式表示：

$$\text{Hori}_i = \frac{i\text{行业外资资本存量}}{i\text{行业总资本存量}} \tag{5-2}$$

对于垂直溢出变量，本书参照了国外学者的做法，主要借助投入产出表来构造各行业之间的关联。在模型中主要用到了 Back 和 For 两个变量，下面将对这两个变量分别加以详细描述。

Back 为 FDI 的后向溢出变量，用来衡量外资企业对上游内资企业技术创新的溢出影响。这里借鉴了 Blalock(2001)对 Back 的定义，将 Back 定义为一组所有下游行业中外资比重的加权值之和，即

$$\text{Back}_{it} = \sum_{k,k\neq i}(\gamma_{ik} \times \text{Hori}_{kt}) \tag{5-3}$$

式中权重 γ_{ik} 是上游行业 i 供应给下游行业 k 的产出的比例，可由投入产出表中求得。另外，因为在 Hori 变量中已经包含了部门内的效果，因此供应给同部门的投入品被剔除出去，即对于权重 γ_{ik}，排除 $k=i$ 的情况(水平溢出效应)。显然，i 行业下游部门的外资比重越高，供给到下游部门中间品的比重就越高，即 Back 变量的值越大。γ_{ik} 为投入产出表中的直接分配系数，表示行业 k 向行业 i 购买的中间产品占行业 i 总产出的比重。Back 即为行业 i 总产出中卖给外资企业的比例，如果这一比例与行业 i 的技术创新存在显著的正相关，则证明行业 i 中存在显著的后向溢出效应。

同样，设定 For 为 FDI 的前向溢出变量，用来衡量外商直接投资企业通过提供高质量的产品或示范效应而对东道国下游内资企业技术创新的溢出影响。这里参照了 Schoors 和 Tool(2002)的做法，将 For 定义为一组所有上游行业中外资比重的加权值的和，即：

$$\text{For}_{it} = \sum_{l,l\neq i}(\delta_{li} \times \text{Hori}_{lt}) \tag{5-3}$$

其中权重 δ_{li} 是下游行业 i 从上游行业 l 中采购的中间品的比重，可以直接由投入产出表得到。同样，也排除了从行业内采购中间品的情况，即排除 $l=i$ 情况，因为行业内的情况已经被 Hori 溢出变量包含进去了。For 溢出变量的值随着上游行业外资比重的提高而变大。δ_{li} 为由投入产出表计算得到的直接消耗系数，表示行业 i 的总投入中来自行业 l 的比例。For 即为行业 i 的总投入中来自外资企业生产的比例，如果这一比例与行业 i 的技术创新存在显著的正相关，

则证明行业中存在显著的前向链接溢出效应。

在具体计算中需要说明的是,由于在实证中主要采用了 1998—2006 年间的数据,在本书中假定各行业间的结构在短期内不会发生改变,也即这 9 年间产业的关联程度不会发生太大的改变。① 因此,在本书中使用了 2002 年的投入产出表来构造产业间的链接关系。

解释变量与被解释变量的定义可参考第四章。

二、行业层面 FDI 对技术创新的总体溢出效应

(一)FDI 的同期溢出效应

本书接下来研究 FDI 对我国行业层面技术创新的总体溢出效应。对模型(5-1)进行回归分析,分析结果如表 5.3 所示。

表 5.3　FDI 对行业层面技术创新的同期溢出效应分析结果

变量	新产品销售收入			专利申请量		
	OLS(1)	FE(2)	RE(3)	OLS(4)	FE(5)	RE(6)
常数	2.264***	4.786***	2.940***	−6.142***	−2.75	−5.089***
	(7.550)	(4.630)	(5.770)	(−11.67)	(−1.58)	(−5.53)
$\lg(L)$	0.132	−0.057	0.071	0.366**	−0.12	0.08
	(1.520)	(−0.54)	(0.840)	(2.40)	(−0.66)	(0.57)
$\lg(K)$	0.847***	0.796***	0.849***	0.567***	0.719***	0.742***
	(9.970)	(9.150)	(10.840)	(3.80)	(4.92)	(5.61)
Hori	0.460**	−0.099	0.044	0.809**	0.20	0.31
	(2.670)	(−0.47)	(0.230)	(2.68)	(0.56)	(0.96)
Back	0.101	0.371***	0.298**	0.16	0.505**	0.385**
	(0.800)	(3.480)	(2.960)	(0.69)	(2.82)	(2.27)
For	1.456**	1.798	1.455	9.259***	6.310**	7.711***
	(2.560)	(1.250)	(1.500)	(9.27)	(2.61)	(4.48)
DT_{356}	0.440***	0.416***	0.386***	0.674***	0.609***	0.580***
	(4.810)	(5.620)	(5.410)	(4.20)	(4.90)	(4.84)
DT_4	0.425***	0.496***	0.419***	0.942***	1.035***	0.925***
	(3.930)	(5.340)	(5.010)	(4.95)	(6.64)	(6.56)
R^2	0.922	0.823	0.943	0.784	0.784	0.797

---

① 目前,2002 年的投入产出表是最新公布的,次新的是 1997 年投入产出表,选用 2002 年的投入产出表也是一个折衷的选择。

续表

变量	新产品销售收入			专利申请量		
	OLS(1)	FE(2)	RE(3)	OLS(4)	FE(5)	RE(6)
F	381.01***	133.38***		117.10***	81.02***	
χ^2			1311.07***			650.39***
OLS/FE	10.81***			12.53***		
OLS/RE	221.39***			267.13***		
FE/RE			19.40***			5.68
样本数	234	234	234	234	234	234

注：同表 4.1 注。

从表 5.3 可以看出，6 个方程的解释平方和，以及方程回归模型的检验结果都表明了方程回归效果可以被接受。在以新产品销售收入为被解释变量的3 个方程中，LM 检验（OLS/RE）在 1%水平上显著，说明了随机效应模型优于混合效应模型；F 检验（OLS/FE）也在 1%水平上显著，因此固定效应模型优于混合效应模型。对于固定效应模型与随机效应模型的选择依据 Hausman 检验结果，Hausman 检验结果（FE/RE）在 1%水平上显著，应当采用固定效应模型。同理，在以专利申请量为被解释变量的 3 个方程中，Hausman 检验结果不显著，应当采用随机效应模型。

无论以新产品销售收入还是专利申请量为被解释变量，科技活动人员变量 lg(L)不显著，而科技经费变量 lg(K)显著且均在 1%水平上显著。这说明了对我国行业技术创新影响最大的因素是科技经费投入，并且进一步验证了第四章对地区层面的分析结果。

无论是以新产品销售收入还是专利申请量为被解释变量，FDI 的水平溢出效应（Hori）不显著，但后向溢出效应（Back）显著；而 FDI 对专利申请量产生了显著的前向溢出效应（For），但对新产品销售收入影响不大。这说明了，内资企业通过采用来自外资企业的中间品投入显著促进了自身专利申请的数量，但没有给新产品销售收入带来显著影响。因此，不同的被解释变量也是影响 FDI 创新溢出存在性的重要因素，这是本书的重要发现之一。

（二）FDI 的滞后期溢出效应

本节分别以滞后一期、滞后二期来研究 FDI 滞后变量对创新溢出的影响，为消除不同统计口径的影响，笔者加入了时间虚拟变量 DT_3、DT_4、DT_5、DT_6。同时，时间虚拟变量的定义与作用，可参阅第四章第二节。分析结果如表 5.4 所示。

模型分析方法，同本节第一单元，以随机效应模型对方程回归结果进行分析。通过含有 FDI 滞后变量的回归方程可以看出，无论是新产品销售收入还是专利申请量为被解释变量,FDI 的水平溢出效应和后向溢出效应均不显著;FDI 滞后一期与滞后二期变量对内资企业的专利申请量都产生了显著的前向溢出效应,而对新产品销售收入的影响不显著。这也进一步验证了本节第一单元的结论。

表 5.4　FDI 对行业层面技术创新的滞后期溢出效应分析结果

变量	新产品销售收入				专利申请量			
	FE(1)	RE(2)	FE(3)	RE(4)	FE(5)	RE(6)	FE(7)	RE(8)
常数	7.723***	4.061***	8.727***	4.989***	1.47	−3.539***	3.154*	−1.950**
	(8.09)	(7.70)	(9.92)	(9.31)	(0.84)	(−3.66)	(1.96)	(−2.04)
lg(*L*)	0.01	0.176**	0.09	0.209**	−0.07	0.21	−0.10	0.20
	(0.06)	(2.02)	(0.85)	(2.12)	(−0.38)	(1.37)	(−0.52)	(1.12)
lg(*K*)	0.494***	0.678***	0.360***	0.588***	0.318*	0.513***	0.25	0.433**
	(5.45)	(8.17)	(3.49)	(6.23)	(1.91)	(3.46)	(1.32)	(2.56)
Hori(−1)	−0.27	−0.16			0.18	0.26		
	(−1.45)	(−0.86)			(0.53)	(0.81)		
Back(−1)	−0.02	−0.02			0.09	−0.01		
	(−0.08)	(−0.12)			(0.27)	(−0.02)		
For(−1)	2.426*	1.19			6.633**	7.254***		
	(1.89)	(1.21)			(2.81)	(4.08)		
Hori(−2)			−0.15	−0.15			−0.12	−0.11
			(−0.81)	(−0.81)			(−0.38)	(−0.35)
Back(−2)			−0.18	−0.20			0.26	0.02
			(−0.73)	(−0.79)			(0.57)	(0.05)
For(−2)			−0.10	−0.63			2.64	4.823**
			(−0.08)	(−0.63)			(1.16)	(2.72)
DT_3	0.340***	0.281***	0.305***	0.246***	0.565***	0.489***	0.424***	0.314**
	(5.46)	(4.42)	(5.32)	(4.15)	(4.95)	(4.31)	(4.04)	(2.95)
DT_4	0.772***	0.569***	0.778***	0.567***	1.414***	1.160***	1.354***	1.089***
	(8.48)	(6.91)	(10.15)	(8.20)	(8.49)	(7.86)	(9.66)	(8.79)
DT_5	0.794***	0.664***	0.861***	0.705***	0.911***	0.730***	0.913***	0.749***
	(7.92)	(6.83)	(9.56)	(8.04)	(4.96)	(4.20)	(5.55)	(4.76)
DT_6	0.920***	0.738***	0.990***	0.804***	1.280***	1.078***	1.146***	0.923***
	(7.54)	(6.31)	(8.58)	(7.13)	(5.73)	(5.15)	(5.43)	(4.57)
R^2	0.854	0.943	0.870	0.937	0.744	0.799	0.721	0.764
F	111.95***		108.56***		55.84***		49.83***	
χ^2		1260.08***		1152.15***		552.17***		465.78***
OLS/FE	14***		17.16***		13.88***		16.46***	
OLS/RE		205.54***		194.63***		237.31***		194.30***
FE/RE		—		—		—		4.51
样本数	208	208	182	182	208	208	182	182

注:同表 4.2 注。

因此，通过研究 FDI 的同期与滞后期变量对行业层面的创新溢出效应，我们发现针对不同的被解释变量，FDI 的创新溢出效应出现了不同的结果。主要差别表现在：当以专利申请量为被解释变量时，FDI 的前向创新溢出效应为正；而以新产品销售收入为被解释变量时，FDI 的前向创新溢出效应不显著。这有可能与技术创新的复杂性有关，不同的被解释变量表示了技术创新的不同方面。新产品销售收入主要表示技术创新的商业化价值以及创新产出能力，而专利申请量则表示了技术创新的潜在商业化价值以及研发能力。

因此，通过本节的研究，我们发现 FDI 通过行业间的垂直溢出效应对我国的技术创新产生了积极的促进作用。由于技术创新多样化的特征，FDI 对我国技术创新不同方面的垂直溢出效应也不同。FDI 的垂直创新溢出效应主要通过后向产业关联发生，通过前向产业关联对我国的潜在商业化价值以及研发能力产生了积极的促进作用。

(三)FDI 对技术创新的溢出渠道研究

由不同指标构成的 FDI 反映了 FDI 溢出效应发生的不同途径(Liu et al.，2000)。以三资企业产出占行业总产出的比重表示的 FDI，主要从产品的示范—模仿和行业的竞争两条途径反映溢出效应；而以三资企业人员数占行业总从业人员数的比重表示的 FDI，主要从人力资本培训—流动途径来反映溢出效应(许和连、魏颖绮和赖明勇等，2007)。本书分别从产出比以及人员比的角度研究 FDI 创新溢出的渠道。

对于人员比，本书分别用外资企业科技人员和从业人员所占整个行业的比重表示；对于产出比，分别从外资企业产品销售收入和工业总产值所占整个行业的比重表示。同时，分别以人员比与产出比表示 FDI 的进入度(Hori)，通过投入产出表构造了前向与后向溢出变量，对模型(5-1)进行回归分析，分析结果如表 5.5 所示。

表 5.5 FDI 对技术创新的溢出渠道研究结果

变量	区域创新能力				区域吸收能力			
	FE(1)	RE(2)	FE(3)	RE(4)	FE(5)	RE(6)	FE(7)	RE(8)
常数	4.809***	2.929***	4.254***	2.425***	4.693***	2.793***	4.423***	2.566***
	(5.070)	(6.230)	(4.080)	(5.490)	(4.760)	(5.570)	(4.370)	(5.080)
lg(*L*)	0.088	0.172**	−0.010	0.104	0.019	0.095	−0.003	0.096
	(0.860)	(1.990)	(−0.09)	(1.260)	(0.180)	(1.150)	(−0.03)	(1.160)
lg(*K*)	0.638***	0.745***	0.804***	0.866***	0.720***	0.836***	0.762***	0.849***
	(7.420)	(9.240)	(9.100)	(11.170)	(8.150)	(10.680)	(8.690)	(10.890)

续表

变量	区域创新能力				区域吸收能力			
	FE(1)	RE(2)	FE(3)	RE(4)	FE(5)	RE(6)	FE(7)	RE(8)
Hori	0.365	0.669**	0.141	0.639**	−0.898*	−0.081	0.155	0.327
	(1.200)	(2.240)	(0.390)	(2.190)	(−1.97)	(−0.24)	(0.470)	(1.130)
Back	5.458***	2.708***	0.076	−0.008	0.227**	0.216**	0.249**	0.201*
	(5.700)	(3.610)	(0.450)	(−0.05)	(2.170)	(2.110)	(2.230)	(1.900)
For	6.737***	5.146***	3.251**	1.585	8.272***	3.194**	4.165**	2.466**
	(3.740)	(3.300)	(2.010)	(1.300)	(3.790)	(2.450)	(2.550)	(2.150)
DT_{356}	0.387***	0.378***	0.418***	0.360***	0.436***	0.389***	0.389***	0.361***
	(5.920)	(5.940)	(5.250)	(4.770)	(5.890)	(5.420)	(5.180)	(4.990)
DT_4	0.371***	0.330***	0.472***	0.380***	0.490***	0.416***	0.471***	0.397***
	(4.100)	(3.820)	(4.950)	(4.420)	(5.460)	(5.040)	(5.170)	(4.830)
R^2	0.846	0.930	0.818	0.958	0.830	0.943	0.826	0.949
F	157.85***		129.08***		139.56***		136.06***	
χ^2		1422.02***		1448.31***		1334.50***		1360.22***
OLS/FE	11.61***		7.27***		10.59***		9.94***	
OLS/RE		170.02***		118.16***		198.16***		201.69***
FE/RE		—		—		12.38		—
样本数	234	234	234	234	234	234	234	234

注:同表4.2注。

模型分析方法,同本节第一单元,以随机效应模型对方程回归结果进行分析。FDI通过科技活动人员渠道对内资企业的水平溢出效应以及前、后向垂直溢出效应均产生了显著的正向溢出效应;而通过所有从业人员渠道对内资企业的水平溢出效应显著,而前、后向垂直溢出效应均不显著。这说明FDI对技术创新的垂直溢出效应主要通过含有较高人力资本的科技人员发生;而水平溢出效应的发生对人员的要求较低。

FDI通过产品销售收入对内资企业的水平溢出效应不显著,而前、后向垂直溢出效应均产生了显著的正向溢出效应。通过工业总产值渠道研究结论完全与通过产品销售收入渠道的研究结论相吻合。

三、行业内FDI对技术创新的溢出效应

(一)行业内溢出效应分析

1. FDI的同期溢出效应

首先对26个制造业行业分别以新产品销售收入和专利申请量为被解释变

量，对模型(5-4)进行回归分析。

$$\ln Y_{it} = \alpha_0 + \alpha \ln K_{it} + \beta \ln L_{it} + \gamma_1 \mathrm{Hori}_{it} + \eta_1 \mathrm{DT}_{356} + \eta_2 \mathrm{DT}_4 + \varepsilon_{it} \quad (5\text{-}4)$$

分析结果如表 5.6 所示。

表 5.6　FDI 对行业内技术创新的同期溢出效应分析结果

变量	新产品销售收入			专利申请量		
	OLS(1)	FE(2)	RE(3)	OLS(4)	FE(5)	RE(6)
常数	2.539***	3.483***	2.883***	−4.156***	−4.692**	−4.448***
	(9.400)	(3.450)	(5.980)	(−7.57)	(−2.75)	(−4.53)
lg(L)	0.159*	0.013	0.068	0.578**	(0.019)	0.029
	(1.840)	(0.120)	(0.790)	(3.310)	(−0.10)	(0.190)
lg(K)	0.809***	0.865***	0.867***	0.268	0.853***	0.786***
	(9.800)	(9.850)	(10.870)	(1.600)	(5.740)	(5.670)
Hori	0.559***	0.044	0.172	1.255***	0.496	0.610
	(3.390)	(0.210)	(0.900)	(3.740)	(1.390)	(1.810)
DT_{356}	0.521***	0.559***	0.535***	0.983***	0.827***	0.847***
	(7.180)	(8.440)	(9.290)	(6.670)	(7.400)	(8.470)
DT_4	0.504***	0.556***	0.522***	1.330***	1.170***	1.195***
	(4.890)	(5.940)	(6.570)	(6.360)	(7.400)	(8.640)
R^2	0.919	0.808	0.943	0.702	0.714	0.673
F	520.83***	171.69***		107.23***	101.54***	
χ^2			1253.67***			557.74***
OLS/FE	10.05***				18.16***	
OLS/RE	216.22***				358.05***	
FE/RE			2.54			4.45
样本数	234	234	234	234	234	234

注：同表 4.1 注。

模型分析方法，同本章第二节第一单元，以随机效应模型对方程回归结果进行分析。外资变量 Hori 为正但不显著，而以专利申请量为被解释变量的方程回归结果与之基本相同。因此，无论以新产品销售收入还是以专利申请量为被解释变量，FDI 均没有产生显著的溢出效应。

2. FDI 的滞后期溢出效应

分别以滞后一期、滞后二期来研究 FDI 滞后变量对行业内水平创新溢出的影响，为了消除不同统计口径的影响，笔者加入了时间虚拟变量 DT_3、DT_4、DT_5、DT_6。时间虚拟变量的定义与作用，可参阅第四章第二节第二单元。分析结果如表 5.7 所示：

表 5.7　FDI对行业内技术创新的滞后期溢出效应分析结果

变量	新产品销售收入				专利申请量			
	FE(1)	RE(2)	FE(3)	RE(4)	FE(5)	RE(6)	FE(7)	RE(8)
常数	7.859***	4.258***	8.736***	4.855***	1.82	−1.890*	3.182**	−0.72
	(8.23)	(8.67)	(9.98)	(9.66)	(1.03)	(−1.84)	(1.98)	(−0.73)
lg(*L*)	(0.00)	0.173**	0.07	0.202**	−0.07	0.16	−0.09	0.14
	(−0.00)	(2.01)	(0.75)	(2.07)	(−0.41)	(1.01)	(−0.52)	(0.78)
lg(*K*)	0.504***	0.671***	0.366***	0.599***	0.341**	0.466**	0.27	0.412**
	(5.57)	(8.15)	(3.63)	(6.39)	(2.03)	(3.06)	(1.44)	(2.43)
Hori(−1)	−0.24	−0.14			0.25	0.34		
	(−1.30)	(−0.75)			(0.72)	(1.01)		
Hori(−2)			−0.12	−0.13			−0.16	−0.12
			(−0.68)	(−0.71)			(−0.49)	(−0.38)
DT_3	0.350***	0.288***	0.302***	0.233***	0.603***	0.546***	0.463***	0.401***
	(5.79)	(4.69)	(5.52)	(4.10)	(5.37)	(4.92)	(4.63)	(3.97)
DT_4	0.784***	0.581***	0.764***	0.541***	1.479***	1.281***	1.387***	1.179***
	(9.65)	(8.36)	(10.36)	(8.38)	(9.81)	(9.95)	(10.25)	(10.07)
DT_5	0.844***	0.690***	0.818***	0.649***	1.091***	0.949***	0.996***	0.847***
	(11.29)	(10.00)	(11.99)	(10.04)	(7.87)	(7.50)	(7.96)	(7.30)
DT_6	0.933***	0.746***	0.926***	0.717***	1.382***	1.206***	1.296***	1.108***
	(11.56)	(10.48)	(12.36)	(10.50)	(9.23)	(9.19)	(9.43)	(8.99)
R^2	0.850	0.942	0.869	0.939	0.732	0.668	0.750	0.638
F	142.16***		140.88***		68.26***		63.92***	
χ^2		1266.66***		1162.20***		505.22***		455.40***
OLS/FE	14.19***		17.73***		20.81***		24.72***	
OLS/RE		218.25***		206.27***		328.53***		264.11***
FE/RE		—		−12.15		12.33		−162.93
样本数	208	208	182	182	208	208	182	182

注:注①,②,③和④同表 4.2 注①,②,③和④。

⑤Hausman 值为负,根据《Stata Reference 7》,不拒绝随机效应模型。

模型分析方法,同本章第二节第一单元,以随机效应模型对方程回归结果进行分析。Hori(−1)以及 Hori(−2)均不显著,因此,无论以新产品销售收入还是以专利申请量为被解释变量,FDI 的滞后变量均没有产生显著的水平溢出效应。从而,进一步验证了本章第二节第一单元和第二单元的结论。

因此,无论 FDI 的同期变量还是滞后期变量,均没有对行业内技术创新产生显著的溢出效应。

下一单元，笔者将进一步探索到底是哪些因素影响了 FDI 对行业内技术创新的溢出效应。

(二)行业内溢出效应的影响因素研究

本书分别从行业的技术特征、研发特征、创新特征、市场结构特征、战略导向等角度来研究 FDI 行业内溢出效应的影响因素。

目前，有关 FDI 行业内创新溢出的影响因素还是一个黑箱。实际上，不仅内外资企业的相对指标会影响 FDI 的溢出效应，内外资企业自身的绝对指标也可能会影响 FDI 的溢出效应。因此，笔者试图从内资企业水平指标、外资企业水平指标以及内外资企业差距的角度进行探索。

笔者根据影响因素指标的大小，将研究分成两组来进行，设置虚拟变量 D，把影响因素高的组设为 1，低的组设为 0，通过判断 D 的系数来检验影响因素显著与否，所用模型如下：

$$\begin{aligned}\ln Y_{it} = {} & \alpha_0 + \alpha \ln K_{it} + \beta \ln L_{it} + \gamma_1 \mathrm{Hori}_{it} + \gamma_2 D\mathrm{Hori}_{it} \\ & + \eta_1 \mathrm{DT}_{356} + \eta_2 \mathrm{DT}_4 + \varepsilon_{it}\end{aligned} \tag{5-5}$$

1. 行业的技术特征

(1)技术水平

技术水平是影响 FDI 溢出效应的重要因素。Findlay(1978)、Wang 和 Blomström(1992)的研究表明，FDI 溢出效应是内外资企业间技术差距的增函数；Sjöholm(1999a)的研究也证实了技术差距有利于技术溢出；Imbriani 和 Reganati(1997)的研究表明，外资企业技术外溢效果与内外资企业技术差距成反比；Kokko(1994)发现当技术差距较小时，技术溢出效应比较明显，而在技术差距较大时，技术溢出效应不明显；Liu(2000)运用 1991－1995 年行业面板数据对英国制造业进行了研究，验证了 Kokko 的结论。

实际上，较大的技术差距意味着内资企业拥有较多的学习、模仿的机会。然而此时内资企业可能没有足够的技术吸收能力，从而导致了溢出效应不明显。因此，适度的技术差距会有利地促进 FDI 的溢出效应。

实际上，不仅技术差距会影响 FDI 的溢出效应，内外资企业自身的技术水平也可能会影响 FDI 的溢出效应。因此，笔者试图从内资企业技术水平、外资企业技术水平以及内外资企业技术差距的角度进行探索。

关于技术水平的测量，现有文献一般用劳动生产率(工业增加值与从业人员之比)表示(陈涛涛，2004；严兵，2006b)，然而《中国科技统计年鉴》中并没有提供相关的数据，故无法运用劳动生产率指标来表示技术水平。针对这种情况，也有学者(杜健，2005)运用《中国工业经济统计年鉴》中的相关数据计算得出劳动生产率值，并以此作为行业技术水平的指标。但由于两本年鉴的统计口径不同,这样做存在较大漏洞,而《中国科技统计年鉴》刚好提供了大中型工业企业的生产经营用设备原价以及微电子控制设备原价这两个值。因此,对于技术水平的指标,本书用微电子控制设备原价占生产经营用设备原价的比重来表示。定义如下:

技术水平=微电子控制设备原价/生产经营用设备原价

技术差距=外资企业技术水平/内资企业技术水平

方程回归结果如表 5.8 所示:

表 5.8 技术水平对行业内 FDI 技术创新溢出效应影响的检验结果

变量	内资企业技术水平		外资企业技术水平		内外资企业技术差距	
	OLS(1)	FE(2)	RE(3)	OLS(4)	FE(5)	RE(6)
常数	3.502***	2.940***	3.367**	2.715***	3.789***	2.822***
	(3.38)	(5.98)	(3.33)	(5.43)	(3.740)	(6.090)
lg(L)	0.01	0.07	0.01	0.06	−0.010	0.071
	(0.13)	(0.86)	(0.08)	(0.74)	(−0.09)	(0.830)
lg(K)	0.863***	0.857***	0.877***	0.884***	0.853***	0.866***
	(9.49)	(10.42)	(9.93)	(10.97)	(9.760)	(10.960)
Hori	0.04	0.15	0.21	0.35	0.406	0.556**
	(0.19)	(0.79)	(0.83)	(1.50)	(1.480)	(2.270)
DHori	0.01	0.09	−0.18	−0.20	−0.278**	−0.311**
	(0.09)	(0.55)	(−1.19)	(−1.35)	(−2.05)	(−2.41)
DT_{356}	0.558***	0.531***	0.555***	0.529***	0.535***	0.496***
	(8.38)	(9.11)	(8.38)	(9.16)****	(8.010)***	(8.370)
DT_4	0.557***	0.525***	0.526***	0.486***	0.531***	0.473***
	(5.91)	(6.58)	(5.43)	(5.81)	(5.660)	(5.820)
R^2	0.809	0.944	0.810	0.944	0.813	0.948
F	142.38***		143.62***		146.03***	
χ^2		1258.99***		1254.67***		1312.99***
OLS/FE	9.56***		9.85***		9.28***	
OLS/RE		197.42***		211.26***		190.47***
FE/RE		3.95		2.67		5.07
样本数	234	234	234	234	234	234

注:同表 4.2 注。

模型分析方法,同本章第二节第一单元,以随机效应模型对方程回归结果进行分析。从表 5.8 可以看出,无论按内资企业技术水平还是按外资企业技术水平分组,DHori 的系数都不显著,因此内外资企业的技术水平因素所产生的影响不显著。按技术差距分组的研究表明,差距较小组产生了显著的正向溢出效应，DHori 前的系数为负，且显著。因此，内外资企业较大的技术差距不利于 FDI 的创新溢出效应。

(2)资本密集度

Blomström 和 Wolff(1994)认为对于资本密集度高的行业，内资企业对外资企业的追赶也较慢，因而不利于 FDI 的溢出效应。Kokko(1994)在对墨西哥的研究中也发现，在资本密集度较低的行业中，FDI 的溢出效应是明显的。因此，资本密集度指标是影响 FDI 溢出效应的重要因素。

对于资本密集度指标，《中国科技统计年鉴》中并没有提供资本存量之类的指标，因此本书用人均生产经营用设备的原价表示。定义如下：

资本密集度＝生产经营用设备原价/从业人员

资本密集度差距＝外资企业资本密集度/内资企业资本密集度

方程回归结果如表 5.9 所示：

表 5.9　资本密集度对行业内 FDI 技术创新溢出效应影响的检验结果

变量	内资企业资本密集度		外资企业资本密集度		资本密集度差距	
	OLS(1)	FE(2)	RE(3)	OLS(4)	FE(5)	RE(6)
常数	3.396***	2.901***	3.492***	2.693***	3.810***	2.726***
	(3.36)	(6.19)	(3.46)	(5.91)	(3.890)	(5.920)
lg(L)	0.04	0.08	0.01	0.06	−0.031	0.051
	(0.39)	(0.96)	(0.05)	(0.74)	(−0.30)	(0.600)
lg(K)	0.847***	0.851***	0.872***	0.888***	0.881***	0.902***
	(9.52)	(10.31)	(9.86)	(10.97)	(10.340)	(11.590)
Hori	−0.05	0.13	0.13	0.363*	0.234	0.400**
	(−0.21)	(0.64)	(0.54)	(1.68)	(1.110)	(2.060)
DHori	0.18	0.10	−0.13	−0.26	−0.627***	−0.612***
	(1.20)	(0.73)	(−0.75)	(−1.57)	(−3.81)	(−3.96)
DT_{356}	0.564***	0.541***	0.536***	0.481***	0.472***	0.430***
	(8.52)	(9.25)	(7.35)	(7.23)	(6.940)	(6.960)
DT_4	0.577***	0.538***	0.532***	0.461***	0.498***	0.436***
	(6.07)	(6.47)	(5.37)	(5.25)	(5.410)	(5.440)
R^2	0.810	0.941	0.810	0.948	0.822	0.948
F	143.63***		142.87***		155.00***	
χ^2		1283.36***		1336.64***		1366.72***
OLS/FE	9.83***		8.53***		9.51***	
OLS/RE		187.20***		151.81***		189.66***
FE/RE		9.49		9.56		5.65
样本数	234	234	234	234	234	234

注：同表 4.2 注。

模型分析方法,同本章第二节第一单元,以随机效应模型对方程回归结果进行分析。从表5.9可以看出,无论是内资企业还是外资企业,*D*Hori的系数都不显著。因此,内外资企业的资本密集度因素影响不显著。

对于内外资企业资本密集度差距较小的组,FDI产生了显著的正向溢出效应,其资本密集度差距虚拟变量的系数为−0.6,且显著。因此,较大的资本密集度差距不利于FDI的创新溢出效应。

(3)企业规模

内资企业的规模也是影响外资企业技术溢出的因素。小企业由于竞争力不足,在和外资企业竞争的过程中会受到损失(Aitken & Harrison, 1999),并且由于生产规模的限制而无法模仿外资企业所带来的新技术。Cohen和Klepper(1992, 1996a)研究发现,企业规模越大,则通过研发获得的产出水平也越高,可以相当大部分地承担研发成本。Cohen和Klepper(1996b)进一步将创新分为产品创新和工艺创新。通过研究,发现与产品创新相比,工艺创新的回报率将更多地取决于产出规模的大小。

我们用企业的平均资产规模表示企业的规模。用国有及国有控股企业工业总产值占行业的工业总产值的比重来表示行业的市场竞争度。定义如下:

企业规模=生产经营用设备原价/企业个数

企业规模差距=外资企业规模/内资企业规模

方程回归结果如表5.10所示:

表5.10 市场结构对行业内FDI技术创新溢出效应的影响

变量	内资企业规模		外资企业规模		企业规模差距	
	OLS(1)	FE(2)	RE(3)	OLS(4)	FE(5)	RE(6)
常数	3.484***	2.939***	3.563***	2.734***	3.543***	2.815***
	(3.45)	(5.96)	(3.53)	(5.74)	(3.510)	(5.820)
lg(*L*)	0.02	0.07	0.00	0.07	0.013	0.076
	(0.16)	(0.79)	(0.04)	(0.81)	(0.120)	(0.870)
lg(*K*)	0.862***	0.862***	0.866***	0.879***	0.860***	0.866***
	(9.78)	(10.72)	(9.87)	(10.98)	(9.790)	(10.870)
Hori	−0.001	0.12	0.16	0.32	0.184	0.319
	(−0.01)	(0.60)	(0.67)	(1.51)	(0.770)	(1.430)
*D*Hori	0.11	0.10	−0.22	−0.25	−0.196	−0.188
	(0.68)	(0.64)	(−1.19)	(−1.48)	(−1.28)	(−1.27)
DT_{356}	0.555***	0.534***	0.556***	0.522***	0.545***	0.516***
	(8.34)	(9.26)	(8.41)	(8.97)	(8.120)	(8.690)

续表

变量	内资企业规模		外资企业规模		企业规模差距	
	OLS(1)	FE(2)	RE(3)	OLS(4)	FE(5)	RE(6)
DT_4	0.578***	0.545***	0.520***	0.465***	0.587***	0.544***
	(5.85)	(6.27)	(5.29)	(5.29)	(6.080)	(6.700)
R^2	0.810	0.942	0.810	0.946	0.810	0.943
F	142.78***		143.60***		143.79***	
χ^2		1243.37***		1287.11***		1259.92***
OLS/FE	10.04***		9.33***		9.87***	
OLS/RE		214.67***		185.73***		206.81***
FE/RE		2.76		5.29		3.74yy
样本数	234	234	234	234	234	234

注:同表 4.2 注。

模型分析方法,同本章第二节第一单元,以随机效应模型对方程回归结果进行分析。从表 5.10可以看出,无论是内资企业还是外资企业,*D*Hori 的系数都不显著。因此,内外资企业的规模因素影响不显著;而对于企业规模差距变量,*D*Hori 仍然不显著。笔者进一步按照人均工业总产值规模以及人均销售收入规模进行了验证,结果表明无论内资企业规模因素、外资企业规模因素还是内外资企业的规模因素影响都不显著(考虑到篇幅关系,并未列出)。因此,本书可以得到企业规模因素对 FDI 创新溢出的影响不显著的结论。

2. 行业的研发特征

对于内外资企业的研发行为,本书分别从研发资本强度以及研发的人力资本质量两个方面进行测量。

(1)研发资本

内外资企业的研发资本也是影响 FDI 对创新溢出的重要因素。

研发资本强度用科技人员人均科研经费表示;研发资本差距用外资企业与内资企业的研发资本强度之比表示。

研发资本强度=科技活动经费/科技活动人员

研发资本差距=外资研发资本强度/内资研发资本强度

方程回归结果如表 5.11 所示:

表 5.11　研发资本强度影响的检验结果

变量	内资企业研发资本强度		外资企业研发资本强度		研发资本强度差距	
	OLS(1)	FE(2)	RE(3)	OLS(4)	FE(5)	RE(6)
常数	3.286**	2.724***	3.487***	2.856***	3.583***	2.852***
	(3.24)	(5.50)	(3.40)	(6.19)	(3.520)	(6.200)
lg(*L*)	−0.06	0.002	0.01	0.07	0.021	0.089
	(−0.48)	(0.02)	(0.12)	(0.84)	(0.200)	(1.000)
lg(*K*)	0.941***	0.937***	0.865***	0.865***	0.850***	0.853***
	(9.27)	(9.91)	(9.82)	(10.76)	(9.420)	(10.490)
Hori	0.17	0.29	0.04	0.19	0.083	0.241
	(0.76)	(1.39)	(0.21)	(0.96)	(0.380)	(1.210)
*D*Hori	−0.22	−0.20	−0.003	0.005	−0.095	−0.107
	(−1.48)	(−1.37)	(−0.02)	(0.04)	(−0.76)	(−0.88)
DT_{356}	0.552***	0.529***	0.559***	0.534***	0.562***	0.533***
	(8.34)	(9.18)	(8.32)	(9.22)	(8.470)	(9.230)
DT_4	0.546***	0.513***	0.557***	0.520***	0.556***	0.513***
	(5.83)	(6.45)	(5.91)	(6.51)	(5.940)	(6.410)
R^2	0.811	0.942	0.809	0.943	0.809	0.944
F	144.28***		142.37***		142.88***	
χ^2		1259.21***		1295.42***		1296.00***
OLS/FE	10.19***		9.91***		9.67***	
OLS/RE		217.76***		205.95***		193.91***
FE/RE		3.88		−8.26		13.97
样本数	234	234	234	234	234	234

注:同表4.2注。

模型分析方法,同本章第二节第一单元,以随机效应模型对方程回归结果进行分析。从表5.11可以看出,内外资企业的研发资本强度指标没有产生显著的溢出效应,内外资企业的研发资本差距指标同样不显著。研发资本强度差距虚拟变量前面的系数为负,但不显著。因此,内外资企业的研发资本强度影响不显著。

(2)研发人力资本

研发人力资本质量也是行业研发特征的重要因素。

本书用科学家与工程师占科技活动人员的比重表示研发人力资本质量,用外资企业与内资企业的研发人力资本质量之比表示研发人力资本质量差距。定义如下:

研发人力资本质量＝科学家与工程师/科技活动人员

研发人力资本质量差距＝外资研发人力资本质量/内资研发人力资本质量

方程回归结果如表 5.12 所示：

表 5.12 研发人力资本质量对行业内 FDI 技术创新溢出效应影响的检验结果

变量	内资企业研发人力资本		外资企业研发人力资本		研发人力资本差距	
	OLS(1)	FE(2)	RE(3)	OLS(4)	FE(5)	RE(6)
常数	3.279**	3.045***	3.278**	2.942***	3.428***	2.910***
	(3.26)	(6.23)	(3.22)	(6.04)	(3.410)	(6.000)
lg(*L*)	0.10	0.13	0.05	0.08	0.039	0.090
	(0.90)	(1.37)	(0.44)	(0.95)	(0.360)	(1.040)
lg(*K*)	0.804***	0.805***	0.853***	0.850***	0.849***	0.847***
	(8.68)	(9.34)	(9.67)	(10.53)	(9.600)	(10.530)
Hori	−0.04	0.08	−0.03	0.09	0.128	0.252
	(−0.20)	(0.40)	(−0.14)	(0.46)	(0.590)	(1.280)
*D*Hori	0.310*	0.282*	0.17	0.17	−0.178	−0.199*
	(1.95)	(1.88)	(1.32)	(1.35)	(−1.47)	(−1.68)
DT_{356}	0.531***	0.522***	0.547***	0.533***	0.548***	0.526***
	(7.89)	(9.04)	(8.21)	(9.26)	(8.240)	(9.130)
DT_4	0.541***	0.526***	0.558***	0.537***	0.533***	0.501***
	(5.79)	(6.66)	(5.97)	(6.71)	(5.630)	(6.250)
R^2	0.812	0.941	0.810	0.942	0.811	0.810
F	145.68***		143.90***		144.26***	
χ^2		1267.31***		1252.58***		1257.87***
OLS/FE	10.34***		10.15***		9.91***	
OLS/RE		216.82***		218.06***		215.45***
FE/RE		3.79		2.75		2.17
样本数	234	234	234	234	234	234

注：同表 4.2 注。

模型分析方法，同本章第二节第一单元，以随机效应模型对方程回归结果进行分析。从表 5.12 可以看出，表示内资企业研发人力资本质量程度的变量 *D*Hori 在 10％水平上显著，而外资企业研发人力资本质量变量不显著；研发人力资本质量差距虚拟前面的系数为负，在 10％水平上显著。因此，内资企业研发人力资本质量产生了显著的正向溢出效应，而内外资企业研发人力资本质量差距变量产生了显著的负向作用。

3. 行业的创新特征

(1)技术创新水平

行业创新水平是影响 FDI 创新产出的重要因素。内资企业较高的创新水平有利于吸收外资企业的先进技术,从而有利于FDI的创新溢出;外资企业较高的创新水平,为内资企业学习外资企业的技术创新扩大了空间,因此外资企业的较高创新水平也有利于FDI的创新溢出;内外资企业之间的创新差距越大,越不利于内资企业学习外资企业的先进技术,从而对FDI创新溢出的影响为负。

本书用新产品产值占工业总产值的比重表示技术创新水平,用外资企业与内资企业的技术创新水平之比表示技术创新水平差距。定义如下:

技术创新水平＝新产品产值/工业总产值

技术创新水平差距＝外资技术创新水平/内资技术创新水平

方程回归结果如表5.13所示:

表5.13　技术创新水平对行业内FDI技术创新溢出效应影响的检验结果

变量	内资企业创新水平		外资企业创新水平		创新差距	
	OLS(1)	FE(2)	RE(3)	OLS(4)	FE(5)	RE(6)
常数	3.489***	3.050***	3.472***	2.944***	3.630***	2.796***
	(3.680)	(7.180)	(3.430)	(5.950)	(3.650)	(5.940)
lg(L)	0.015	0.055	0.014	0.064	−0.0001	0.072
	(0.140)	(0.690)	(0.130)	(0.740)	(−0.00)	(0.850)
lg(K)	0.860***	0.861***	0.865***	0.866***	0.862***	0.870***
	(10.410)	(11.620)	(9.830)	(10.840)	(9.970)	(11.100)
Hori	−0.180	−0.128	0.011	0.101	0.326	0.462**
	(−0.89)	(−0.69)	(0.050)	(0.470)	(1.410)	(2.190)
DHori	0.700***	0.767***	0.060	0.110	−0.355**	−0.376**
	(5.310)	(6.120)	(0.340)	(0.680)	(−2.79)	(−3.05)
DT_{356}	0.535***	0.516***	0.560***	0.541***	0.529***	0.496***
	(8.580)	(9.620)	(8.430)	(9.300)	(8.020)	(8.550)
DT_4	0.605***	0.585***	0.559***	0.532***	0.545***	0.498***
	(6.840)	(7.830)	(5.940)	(6.590)	(5.920)	(6.350)
R^2	0.832	0.959	0.809	0.944	0.816	0.947
F	166.96***		142.48***		149.16***	
χ^2		1549.76***		1241.62***		1314.99***
OLS/FE	8.26***		9.90***		9.58***	
OLS/RE		168.77***		215.54***		201.55***
FE/RE		2.93		2.18		3.41
样本数	234	234	234	234	234	234

注:同表4.2注。

模型分析方法，同本章第二节第一单元，以随机效应模型对方程回归结果进行分析。从表 5.13 可以看出，内资企业较高的创新水平对 FDI 创新溢出的影响在 1%水平上显著为正，而外资企业创新水平因素影响为正，但不显著。这说明了外资企业创新水平的高低对 FDI 创新溢出的影响不大，而内资企业的创新水平才是影响其的根本原因。内外资企业的创新差距因素的影响显著为负，较大的创新差距不利于 FDI 的创新溢出。

(2)技术机会

技术机会是每个企业或产业对其所面临的技术的潜在可利用程度(冈田羊佑，2000)。Jaffe(1986)使用了 432 个企业在 1972—1974 年以及 1978—1980 年两个时间段的研发数据，对制造业中技术机会和研发外溢进行了研究。研究表明，邻近企业进行大量研发会对本企业的单位研发投入带来更多的专利。Love 和 Roper(1999)对英国制造业的数据进行分析后发现，研发、技术转移和网络效应在创新过程中是可以相互替代的。Klevorick et al.(1997)总结了研究技术机会问题的文献，用一些操作性强的技术机会的测度指标来检验产业间技术机会的差异。在论文中，他们将技术机会区分为三类：第一，本产业科学和技术方面的进步；第二，其他产业以及经济中其他机构的技术进步，丰富了一个特定产业中的技术机会；第三，一个时期某个特定产业的技术进步具有正反馈的机制，对下一时期新技术机会的产生有很大的影响。通过对耶鲁大学产业研发和创新企业调查分析，他们发现，不同产业中技术机会的差异很大。

(3)创新可获取性

马丁(2003)认为研发和创新的可获取性(Appropriability)是指一个投资于知识的企业从其投资中获利的程度和水平。如果不能占有成功创新所带来的利润，私人投资于研发的动机会大大降低。冈田羊佑(2000)认为可获取性(Appropriability)是指持续排出被模仿并能够排他性、寡占性地利用技术知识的程度。Lee 和 Mariko(1999)对日本的研究表明，1988 年后专利保护范围的扩大并没有引起厂商更多的创新努力。Hall 和 Ham(1999)对美国半导体行业的研究发现，专利保护制度对补偿研发投资的作用不大。Levin, et al.(1987)的研究表明，除了专利保护之外，还可以通过销售努力、长期学习效应带来的成本降低以及维持商业秘密等方式提高创新的独占性。

本书用行业人均发明专利拥有量表示创新机会，用行业人均新产品销售收入表示创新可获取性。定义如下：

技术机会＝行业的发明专利拥有量/从业人员

创新可获取性＝新产品销售收入/从业人员

方程回归结果如表 5.14 所示：

表 5.14　行业的创新特征对行业内 FDI 技术创新溢出效应影响的检验结果

变量	技术机会			创新可获取性		
	OLS(1)	FE(2)	RE(3)	OLS(4)	FE(5)	RE(6)
常数	2.921***	5.128***	3.725***	2.988***	3.546***	3.366***
	(9.37)	(5.24)	(7.37)	(8.840)	(3.620)	(6.740)
lg(*L*)	0.14	−0.04	0.05	0.171**	0.069	0.094
	(1.28)	(−0.35)	(0.43)	(2.000)	(0.660)	(1.110)
lg(*K*)	0.810***	0.788***	0.830***	0.762***	0.812***	0.804***
	(8.27)	(7.09)	(8.35)	(9.000)	(9.380)	(10.120)
Hori	0.409*	−0.35	−0.19	0.290	−0.186	0.105
	(1.87)	(−1.36)	(−0.79)	(1.420)	(−0.87)	(−0.52)
*D*Hori	0.04	0.28	0.26	0.396**	0.606***	0.593***
	(0.24)	(1.51)	(1.54)	(2.180)	(3.680)	(3.770)
DT_{356}	0.409***	0.488***	0.437***	0.507***	0.505***	0.500***
	(5.56)	(7.80)	(8.05)	(7.030)	(7.670)	(8.810)
DT_4	0.397***	0.525***	0.447***	0.518***	0.536***	0.527***
	(3.93)	(6.11)	(6.14)	(5.070)	(5.890)	(6.820)
R^2	0.924	0.798	0.941	0.921	0.821	0.821
F	352.80***	98.57***		441.93***	154.20***	
χ^2			955.08***			1312.36***
OLS/FE	10.52***			10.82***		
OLS/RE	160.39***			238.38***		
FE/RE			5.56			1.81
样本数	182①	182	182	234	234	234

注:同表 4.1 注。

模型分析方法,同本章第二节第一单元,以随机效应模型对方程回归结果进行分析。从表 5.14可以看出,技术机会和创新可获取性都产生了正向作用,但是技术机会的影响不显著,创新可获取性的影响在 1%水平上显著。技术机会较多的行业,外资企业的创新活动就比较频繁,为内资企业创新的学习与模仿树立了示范作用。同时,内资企业的创新行为也促进了其学习与模仿外资企业的能力。在创新可获取性较高的行业中,内外资企业的创新动力得到了加强,既为内资企业的创新学习与模仿创造了机会,也促进了内资企业的创新动力。

① 《中国科技统计年鉴》2001 年之后才开始统计发明专利拥有数,因此样本时间为 2000—2006 年。

4. 行业的市场结构特征

(1)行业开放度

一般认为,外资拥有的产权越小,则对海外分支机构技术转移的动力越不足,外资企业的溢出效应也越小。因此,外资的所有权比重是影响 FDI 技术溢出的重要因素(Blomström & Sjöholm, 1999; Dimelis & Louri, 2002; Javorcik & Spatareanu, 2003)。

针对行业开放度,我们采用 FDI 在行业中的参与程度来表示,并且按照 FDI 在行业中参与程度的高低将样本划分成两组,即"FDI 参与程度高的行业组"和"FDI 参与程度低的行业组"(陈涛涛和宋爽,2005)。

(2)市场竞争度

Dunning 和 Cantwell(1986)从市场竞争的角度来研究 FDI 的技术溢出效应。如果市场被少数几个国家的跨国公司所控制,而本土企业又无力和跨国公司进行竞争,则跨国公司可以保持其竞争的优势地位,就不会把先进的技术转移到子公司,因此技术溢出效应并不明显;相反,就会加快技术的转移。Wang 和 Blomström(1992),Blomström 和 Kokko(1995)的检验结果也都表明,外资企业引进技术的数量受本地市场竞争状况的影响。

针对市场竞争度,我们采用国有及国有控股企业在行业中的参与程度来表示,并且按照国有企业在行业中参与程度的高低将样本划分成两组。一般认为,国有企业缺乏活力,市场竞争意识不强。因此,国有企业所占份额越大,行业竞争度越低。

综上,对行业开放度和市场竞争度定义如下:

行业开放度=外资企业工业总产值/行业总工业总产值

市场竞争度=国有企业工业总产值/行业工业总产值

方程回归结果如表 5.15 所示:

表 5.15 市场结构对行业内 FDI 技术创新溢出效应影响的检验结果

变量	行业开发度			市场竞争度		
	OLS(1)	FE(2)	RE(3)	OLS(4)	FE(5)	RE(6)
常数	2.475***	3.523***	2.852***	2.412***	3.501***	2.821***
	(9.250)	(3.500)	(5.980)	(8.950)	(3.470)	(5.910)
lg(*L*)	0.139	0.006	0.064	0.173**	0.024	0.086
	(1.630)	(0.050)	(0.740)	(2.040)	(0.220)	(0.990)
lg(*K*)	0.839***	0.871***	0.878***	0.811***	0.855***	0.858***
	(10.200)	(9.920)	(11.000)	(9.990)	(9.660)	(10.740)

续表

变量	行业开发度			市场竞争度		
	OLS(1)	FE(2)	RE(3)	OLS(4)	FE(5)	RE(6)
Hori	0.007	−0.172	−0.088	0.218	−0.035	0.057
	(0.030)	(−0.64)	(−0.35)	(1.090)	(−0.15)	(0.280)
*D*Hori	0.513**	0.222	0.264	0.457**	0.153	0.208
	(2.650)	(1.300)	(1.580)	(2.870)	(1.000)	(1.410)
DT_{356}	0.485***	0.546***	0.517***	0.477***	0.547***	0.516***
	(6.660)	(8.170)	(8.840)	(6.530)	(8.140)	(8.740)
DT_4	0.478***	0.549***	0.509***	0.462***	0.547***	0.504***
	(4.680)	(5.870)	(6.400)	(4.510)	(5.810)	(6.270)
R^2	0.922	0.810	0.809	0.922	0.810	0.946
F	446.68***	143.84***		449.22***	143.24***	
χ^2			1270.88***			1270.04***
OLS/FE	9.60***			9.45***		
OLS/RE	201.60***			197.82***		
FE/RE			3.35			3.32
样本数	234	234	234	234	234	234

注:同表4.1注。

模型分析方法,同本章第二节第一单元,以随机效应模型对方程回归结果进行分析。从表5.15可以看出,在以行业开放度指标分组的方程中,*D*Hori系数为正,但不显著。因此行业开放度指标影响为正,但不显著。在市场竞争度指标中也得出了类似结果:市场竞争度产生了正向溢出效应,但同样不显著。

5. 行业的战略导向

跨国公司的投资动机对技术溢出效应产生了重要影响(Narula & Marin,2003)。Driffield et al.(2002)指出,由于以往研究中把FDI当作是同质的外生因素,没有考虑到不同投资动机的影响,才导致了FDI溢出效应的实证分析中出现了不一致的结论。Barrios和Strobl(2001)运用1990—1994年间的企业面板数据对西班牙制造业进行了研究,研究表明虽然在总体上不存在正向溢出效应,但在以出口为主的本地企业中存在显著的正向溢出效应。

因此,内外企业的战略导向是影响FDI创新产出的重要因素。

本书用内外资行业出口导向表示企业的经营战略。本地化战略还是出口导向战略决定了外资企业与本地企业的合作与竞争。

本书用行业的出口交货值占工业总产值的比重来表示出口导向。由于《中国科技统计年鉴》没有提供行业的出口值,因此我们运用了《中国工业经济统计年鉴》的相关数据。定义如下：

出口导向＝出口交货值/工业总产值

出口差距＝外资企业出口导向/内资企业出口导向

方程回归结果如表 5.16 所示：

表 5.16　战略导向对行业内 FDI 技术创新溢出效应影响的检验结果

变量	内资企业出口		外资企业出口		出口差距	
	OLS(1)	FE(2)	RE(3)	OLS(4)	FE(5)	RE(6)
常数	4.248***	3.058***	4.357***	3.011***	4.263***	3.018***
	(3.86)	(6.20)	(3.97)	(6.11)	(3.87)	(6.02)
lg(*L*)	0.07	0.12	0.04	0.11	0.06	0.11
	(0.49)	(1.03)	(0.32)	(1.00)	(0.39)	(0.95)
lg(*K*)	0.773***	0.825***	0.785***	0.837***	0.784***	0.838***
	(6.33)	(7.69)	(6.48)	(7.92)	(6.32)	(7.80)
Hori	−0.23	−0.07	−0.51	−0.34	−0.37	−0.28
	(−0.76)	(−0.25)	(−1.45)	(−1.15)	(−0.90)	(−0.89)
*D*Hori	0.04	0.23	0.44	0.550**	0.22	0.453*
	(0.17)	(1.23)	(1.35)	(2.31)	(0.52)	(1.70)
DT_{356}	0.451***	0.397***	0.442***	0.386***	0.450***	0.398***
	(6.74)	(6.78)	(6.62)	(6.66)	(6.74)	(6.87)
DT_4	0.456***	0.388***	0.458***	0.382***	0.454***	0.381***
	(5.01)	(5.12)	(5.05)	(5.10)	(4.98)	(5.04)
R^2	0.773	0.951	0.777	0.954	0.774	0.953
F	70.49***		71.80***		70.67***	
χ^2		892.15***		903.57***		883.09***
OLS/FE	7.15***		7.14***		7.24***	
OLS/RE		81.32***		89.72***		90.67***
FE/RE		7.49		4.30		4.55
样本数①	156	156	156	156	156	156

注：同表 4.1 注。

模型分析方法，同本章第二节第一单元，以随机效应模型对方程回归结果进行分析。从表 5.16可以看出，内资企业的出口导向影响不显著，而外资企业的出口导向产生了显著的正向溢出效应，内外资企业间的出口导向差距产生了显著的溢出效应。对此可能的解释是，出口导向的外资企业对国内市场的冲击

① 《中国工业经济统计年鉴》2002 年之后才开始统计发明专利拥有数，因此样本时间为2001—2006年。

较小,而本地化导向的外资企业对内资企业产生了挤出效应(Hori 系数为负)。

对行业内 FDI 创新溢出效应影响因素的分析结果汇总如表 5.17 所示:

表 5.17　FDI 对行业内技术创新溢出效应的影响因素分析结果汇总

影响因素		结果
技术特征		
技术密集度	内资企业技术水平	不显著
	外资企业技术水平	不显著
	内外资企业技术差距	负
资本密集度	内资企业资本密集度	不显著
	外资企业资本密集度	不显著
	内外资企业资本密集度差距	负
规模密集度	内资企业规模	不显著
	外资企业规模	不显著
	内外资企业规模差距	不显著
研发特征		
研发人力资本	内资企业研发人力资本质量	正
	外资企业研发人力资本质量	不显著
	内外资企业研发人力资本质量差距	负
研发资本	内资企业研发资本强度	不显著
	外资企业研发资本强度	不显著
	内外资企业研发资本强度差距	不显著
创新特征		
技术创新水平	内资企业技术创新水平	正
	外资企业技术创新水平	不显著
	内外资企业技术创新水平差距	负
技术机会	行业技术机会	不显著
技术创新可获取性	行业技术创新可获取性	正
市场结构特征		
行业开放度	行业开放度因素	不显著
市场竞争	行业市场竞争度	不显著
战略导向		
出口导向	内资企业出口导向	不显著
	外资企业出口导向	正
	内外资企业出口差距	正

从表 5.17 可以看出,内外资企业的技术差距、资本密集度差距、研发人力资本质量差距、创新水平差距不利于 FDI 的创新溢出效应。内资企业的研发人

力资本质量、技术创新水平、行业技术创新的可获取性、外资企业出口导向以及内外资企业的出口差距显著促进了 FDI 的行业内创新溢出效应。因此，本节的研究结论具有重要的理论与实践价值。

四、行业间 FDI 对技术创新的溢出效应

(一)行业间溢出效应分析

1. FDI 的同期溢出效应

首先把 26 个制造业行业的新产品销售收入和专利申请量设定为被解释变量，对模型(5-6)进行回归分析，分析结果如表 5.18 所示。

$$\ln Y_{it} = \alpha_0 + \alpha \ln K_{it} + \beta \ln L_{it} + \gamma_1 \mathrm{Back}_{it} + \gamma_2 \mathrm{For}_{it} + \eta_1 \mathrm{DT}_{356} + \eta_2 \mathrm{DT}_4 + \varepsilon_{it} \quad (5\text{-}6)$$

模型分析方法，同 5.2.1，在以新产品销售收入和专利申请量为被解释变量的两组方程中，LM 检验(OLS/RE)在 1%水平上显著，说明了随机效应模型优于混合效应模型；F 检验(OLS/FE)也在 1%水平上显著，因此固定效应模型优于混合效应模型；对于固定效应模型与随机效应模型的选择依据 Hausman 检验结果，Hausman 检验结果(FE/RE)不显著，应当采用随机效应模型。

表 5.18 FDI 对行业间技术创新的同期溢出效应分析结果

变量	新产品销售收入			专利申请量		
	OLS(1)	FE(2)	RE(3)	OLS(4)	FE(5)	RE(6)
常数	2.568***	4.682***	3.020***	−5.606***	−2.538	−4.833***
	(9.140)	(4.640)	(5.920)	(−11.36)	(−1.50)	(−5.37)
lg(*L*)	0.091	−0.045	0.064	0.293*	−0.139	0.0492
	(1.050)	(−0.44)	(0.770)	−1.93	(−0.80)	−0.35
lg(*K*)	0.866***	0.794***	0.850***	0.601***	0.724***	0.756***
	(10.100)	(9.160)	(10.940)	−3.99	−4.97	−5.75
Back	0.198	0.366***	0.304**	0.325	0.515**	0.405**
	(1.610)	(3.450)	(3.060)	−1.5	−2.89	−2.41
For	1.700**	1.688	1.468	9.688***	6.529**	7.887***
	(2.990)	(1.190)	(1.480)	−9.7	−2.74	−4.59
DT_{356}	0.420***	0.412***	0.387***	0.640***	0.618***	0.590***
	(4.550)	(5.620)	(5.480)	−3.95	−5.02	−4.96
DT_4	0.424***	0.490***	0.422***	0.940***	1.046***	0.939***
	(3.860)	(5.340)	(5.100)	−4.88	−6.78	−6.7

续表

变量	新产品销售收入			专利申请量		
	OLS(1)	FE(2)	RE(3)	OLS(4)	FE(5)	RE(6)
R^2	0.919	0.823	0.820	0.777	0.737	0.791
F	431.64***	156.18***		131.84***	94.79***	
χ^2			1284.01***			648.92***
OLS/FE	11.44***			13.22***		
OLS/RE	254.68***			289.72***		
FE/RE			4.01			4.28
样本数	234	234	234	234	234	234

注:同表4.1注。

从表5.18可以看出,当以新产品销售收入为被解释变量时,FDI后向溢出效应(Back)显著为正,但前向溢出效应(For)不显著;而以专利申请量为被解释变量时,FDI无论后向溢出效应还是前向溢出效应均显著为正。

2. FDI的滞后期溢出效应

分别以滞后一期、滞后二期来研究FDI滞后变量对垂直创新溢出的影响,为了消除不同统计口径的影响,笔者加入了时间虚拟变量DT3、DT4、DT5、DT6。时间虚拟变量的定义与作用,可参阅本书第四章第二节。分析结果如表5.19所示:

表5.19　FDI对行业间技术创新的滞后期溢出效应分析结果

变量	新产品销售收入				专利申请量			
	FE(1)	RE(2)	FE(3)	RE(4)	FE(5)	RE(6)	FE(7)	RE(8)
常数	7.590***	4.017***	8.718***	4.931***	1.56	−3.323***	3.146*	−1.911**
	(7.97)	(7.66)	(9.92)	(9.32)	(0.90)	(−3.47)	(1.96)	(−2.01)
lg(*L*)	0.03	0.190**	0.09	0.221**	(0.08)	0.18	−0.09	0.20
	(0.30)	(2.24)	(0.93)	(2.27)	(−0.48)	(1.21)	(−0.50)	(1.14)
lg(*K*)	0.479***	0.665***	0.350***	0.579***	0.328**	0.527***	0.24	0.426**
	(5.30)	(8.10)	(3.43)	(6.18)	(1.99)	(3.58)	(1.29)	(2.54)
Back(−1)	0.01	−0.01			0.07	−0.02		
	(0.08)	(−0.07)			(0.22)	(−0.06)		
For(−1)	2.269*	1.13			6.739**	7.329***		
	(1.76)	(1.14)			(2.88)	(4.11)		

续表

变量	新产品销售收入				专利申请量			
	FE(1)	RE(2)	FE(3)	RE(4)	FE(5)	RE(6)	FE(7)	RE(8)
Back(−2)			−0.14	−0.16			0.30	0.06
			(−0.58)	(−0.67)			(0.66)	(0.13)
For(−2)			−0.12	−0.66			2.63	4.692**
			(−0.10)	(−0.67)			(1.16)	(2.63)
DT_3	0.337***	0.280***	0.298***	0.239***	0.567***	0.492***	0.418***	0.311**
	(5.40)	(4.43)	(5.26)	(4.08)	(4.98)	(4.35)	(4.04)	(2.98)
DT_4	0.754***	0.563***	0.775***	0.562***	1.426***	1.179***	1.352***	1.089***
	(8.34)	(6.90)	(10.13)	(8.19)	(8.66)	(8.07)	(9.69)	(8.87)
DT_5	0.772***	0.655***	0.846***	0.691***	0.925***	0.751***	0.901***	0.739***
	(7.76)	(6.80)	(9.61)	(8.06)	(5.11)	(4.36)	(5.61)	(4.83)
DT_6	0.897***	0.731***	0.969***	0.785***	1.295***	1.097***	1.128***	0.911***
	(7.39)	(6.29)	(8.62)	(7.15)	(5.86)	(5.27)	(5.50)	(4.64)
R^2	0.852	0.946	0.869	0.939	0.744	0.792	0.753	0.767
F	124.89***		122.34***		63.05***		56.37***	
χ^2		1248.72***		1152.18***		552.09***		468.42***
OLS/FE	14.37***		17.60***		260.84***		17.29***	
OLS/RE		234.59***		209.73***		2.03		218.97***
FE/RE		—		—		—		—
样本数	208	208	182	182	208	208	182	182

注：同表4.2注。

从表5.19可以看出，通过含有FDI滞后变量的回归方程：无论是以新产品销售收入还是以专利申请量表示的外资进入度，后向溢出效应均不显著。以专利申请量表示的FDI滞后一期与滞后二期变量产生了显著的前向溢出效应，而以新产品销售收入表示的FDI滞后变量没有产生显著的前向溢出效应。这进一步验证了本书第五章第二节第二单元的结论。

(二)行业间溢出效应的影响因素研究

本书接下来研究行业间溢出效应的影响因素。由于目前对行业间外资溢出效应的研究刚刚起步，还远没有对行业内溢出效应的研究成熟。根据现有文献，行业间溢出效应的发挥主要受到内外资企业联系紧密度、内外资企业战略导向以及市场结构的影响。

笔者根据影响因素的大小将研究分成两组，设置虚拟变量D，把影响因素高的组设为1，低的组设为0，并通过判断D的系数来检验影响因素显著与否，所用模型如下：

$$\ln Y_{it} = \alpha_0 + \alpha \ln K_{it} + \beta \ln L_{it} + \gamma_1 \mathrm{Back}_{it} + \gamma_2 \mathrm{For}_{it}$$
$$\gamma_3 D\mathrm{Back}_{it} + \gamma_4 D\mathrm{For}_{it} + \eta_1 \mathrm{DT}_{356} + \eta_2 \mathrm{DT}_4 + \varepsilon_{it} \quad (5\text{-}7)$$

1. 产业关联度

Dries 和 Swinnen(2004)发现在发展中国家，由于当地供应商不能满足行业标准和等级要求，从而存在负面的后向链接溢出效应。因此，有关后向关联度不显著的结论有可能与内资上游企业的技术水平较低有关。严兵(2006a)认为外资企业在行业间产生的溢出效应不显著，并认为外资企业与国内企业之间较低的关联度是造成这一结果的主要原因。

笔者根据产品部门×产品部门投入产出系数的大小所表示的垂直溢出联系的紧密度，设置虚拟变量 D。当 D 为 1 时，表示后(前)向联系密切度高，而当 D 为 0 时，表示后(前)向联系密切度低。分析结果如表 5.20 所示。

从表 5.20 可以看出，对于以新产品销售收入为被解释变量的后向溢出效应而言，内外资企业联系密切度影响不显著；而对于前向溢出效应而言，则产生了显著的正向溢出效应。对于以专利申请量为被解释变量的方程中，前、后向溢出效应均为正。

理论上讲，内外资企业的产业关联度对行业间的溢出效应应该具有显著的影响，如严兵(2006a)。然而对于以新产品销售收入为被解释变量的后向溢出效应，内外资企业联系紧密与否对其影响却不显著。对此可能的解释如 Dries 和 Swinnen(2004)所言，是上游内资企业较低的技术水平所致。

表 5.20　产业关联度对行业间 FDI 技术创新溢出效应的检验结果

变量	新产品销售收入			专利申请量		
	OLS(1)	FE(2)	RE(3)	OLS(4)	FE(5)	RE(6)
常数	2.336***	5.764***	3.588***	−5.151***	−0.76	−4.059***
	(6.660)	(6.950)	(7.150)	(−7.89)	(−0.57)	(−4.67)
lg(L)	0.232**	0.210**	0.325***	0.397**	0.316**	0.499***
	(2.790)	(2.410)	(4.230)	(2.57)	(2.27)	(3.89)
lg(K)	0.721***	0.425***	0.528***	0.477**	0.04	0.19
	(8.770)	(5.350)	(7.200)	(3.12)	(0.30)	(1.55)
Back	0.046	0.099	0.050	0.29	−0.03	−0.09
	(0.380)	(1.080)	(0.550)	(1.26)	(−0.18)	(−0.59)
DBack	−0.018	0.022	−0.008	−0.151*	0.197**	0.11
	(−0.38)	(0.490)	(−0.19)	(−1.73)	(2.80)	(1.50)

续表

变量	新产品销售收入			专利申请量		
	OLS(1)	FE(2)	RE(3)	OLS(4)	FE(5)	RE(6)
For	1.074**	−1.649	−0.806	8.830***	−0.62	2.940*
	(1.980)	(−1.33)	(−0.86)	(8.76)	(−0.31)	(1.83)
*D*For	0.347***	0.433***	0.418***	0.372***	0.701***	0.668***
	(6.190)	(9.120)	(8.900)	(3.56)	(9.26)	(8.59)
DT_{356}	−0.147	−0.169**	−0.185**	0.10	−0.363**	−0.356**
	(−1.21)	(−2.01)	(−2.19)	(0.44)	(−2.71)	(−2.56)
DT_4	0.003	0.127	0.040	0.571**	0.438**	0.307**
	(0.020)	(1.520)	(0.500)	(2.55)	(3.28)	(2.30)
R^2	0.932	0.884	0.940	0.789	0.845	0.674
F	386.82***	189.89***		105.22***	136.38***	
χ^2			1792.38***			1044.86***
OLS/FE	16.77***			25.75***		
OLS/RE	326.38***			358.88***		
FE/RE			—			—
样本数	234	234	234	234	234	234

注:同表 4.1 注。

2. 战略导向

Kugler(2001)指出,一般而言产业间外溢效应要高于产业内外溢效应。因为出口贸易企业不希望将自己的专利、专有技术和管理经验与同类竞争对手分享;相反,出口贸易企业往往会对技术外溢加以种种限制以防止被行业同类企业模仿。

Reuber(1975)认为相对于出口导向型的外资企业,以进口替代为目的的外资企业更加注重满足本地消费者的需要。从而也更加注重本地化改造,更多地利用本地的中间投入品和原材料,对于本地的技术关联以及示范途径发生的外溢效应也更明显。

Kokko et al.(1996b)对乌拉圭的研究认为:相对于出口导向型的外资企业,东道国市场导向型外资企业与本地企业之间的联系更加密切。因此,东道国市场导向型比出口导向型的外资企业的溢出效应更加明显。

Javorcik(2004b)在对立陶宛进行的相关研究中发现,国内市场取向的 FDI 对东道国上游产业的供应商有更多的垂直溢出。

用出口导向作为战略导向的代理变量,出口导向的定义可参阅本书第五章第三节第二单元。分析结果如表 5.21 所示:

表5.21 战略导向对行业间FDI技术创新溢出效应的检验结果

变量	内资企业出口导向			外资企业出口导向		
	OLS(1)	FE(2)	RE(3)	OLS(4)	FE(5)	RE(6)
常数	2.595***	5.839***	3.474***	2.570***	5.906***	3.434***
	(7.94)	(5.25)	(6.54)	(7.92)	(5.28)	(6.46)
lg(*L*)	0.06	0.09	0.185*	0.08	0.07	0.182*
	(0.49)	(0.67)	(1.66)	(0.68)	(0.51)	(1.65)
lg(*K*)	0.912***	0.608***	0.727***	0.897***	0.622***	0.735***
	(8.18)	(5.26)	(6.88)	(8.15)	(5.42)	(7.04)
Back	0.05	0.624***	0.489***	0.08	0.607***	0.478***
	(0.33)	(4.27)	(3.52)	(0.51)	(4.29)	(3.58)
*D*Back	0.25	−0.20	−0.19	0.22	−0.20	−0.19
	(1.56)	(−1.27)	(−1.27)	(1.36)	(−1.29)	(−1.33)
For	0.47	−0.54	0.10	0.23	−1.75	−0.72
	(0.58)	(−0.26)	(0.08)	(0.28)	(−0.77)	(−0.53)
*D*For	0.68	−0.04	0.54	0.99	1.74	1.55
	(0.87)	(−0.04)	(0.55)	(1.26)	(0.99)	(1.32)
DT_{356}	0.270**	0.282***	0.253***	0.270**	0.276***	0.250***
	(2.94)	(4.13)	(3.82)	(2.94)	(4.03)	(3.78)
DT_4	0.287**	0.416***	0.311***	0.285**	0.415***	0.309***
	(2.70)	(4.83)	(4.10)	(2.69)	(4.82)	(4.08)
R^2	0.932	0.812	0.941	0.932	0.931	0.944
F	249.71***	65.83***		251.31***	65.58***	
χ^2			893.44***			892.29***
OLS/FE	9.85***			9.72***		
OLS/RE	99.97***			105.45***		
FE/RE			—			—
样本数	156	156	156	156	156	156

注:同表4.1注。

从表5.21可以看出,内资企业出口导向因素对FDI后向溢出效应的影响为负,但不显著;而前向溢出效应影响为正,仍然不显著。外资企业出口导向对FDI的垂直溢出效应影响也不显著。

3. 市场结构

市场结构也是影响行业间FDI创新溢出效应的重要因素。本书分别从行业开放度和市场竞争度两个方面研究市场结构的影响。

行业开放度和市场竞争的定义可参阅本书第五章第三节第二单元。

分析结果如表 5.22 所示：

表 5.22 市场结构对行业间 FDI 技术创新溢出效应的检验结果

变量	行业开放度			市场竞争度		
	OLS(1)	FE(2)	RE(3)	OLS(4)	FE(5)	RE(6)
常数	2.489***	5.037***	3.021***	2.466***	4.487***	3.023***
	(8.580)	(5.100)	(5.970)	(8.62)	(4.43)	(5.94)
lg(*L*)	0.091	(0.137)	0.017	0.11	−0.01	0.09
	(1.050)	(−1.32)	(0.200)	(1.28)	(−0.10)	(1.07)
lg(*K*)	0.878***	0.842***	0.890***	0.860***	0.783***	0.828***
	(10.120)	(9.840)	(11.360)	(10.03)	(9.03)	(10.58)
Back	0.049	0.914***	0.713***	0.26	0.579***	0.531***
	(0.260)	(5.150)	(4.250)	(1.45)	(3.64)	(3.52)
*D*Back	0.149	−0.612***	−0.476**	−0.13	−0.257*	−0.273**
	(0.840)	(−3.77)	(−3.01)	(−0.75)	(−1.81)	(−1.99)
For	0.918	0.268	0.555	0.67	0.94	0.77
	(0.990)	(0.160)	(0.450)	(0.92)	(0.56)	(0.66)
*D*For	0.670	1.732**	1.315*	1.585**	0.74	0.94
	(0.790)	(2.240)	(1.770)	(2.26)	(0.87)	(1.22)
DT_{356}	0.421***	0.335***	0.327***	0.404***	0.389***	0.365***
	(4.510)	(4.490)	(4.480)	(4.39)	(5.15)	(5.07)
DT_4	0.423***	0.434***	0.368***	0.404***	0.474***	0.411***
	(3.810)	(4.800)	(4.380)	(3.70)	(5.13)	(4.93)
R^2	0.920	0.835	0.934	0.921	0.826	0.942
F	324.83***	126.28***		329.11***	118.28***	
χ^2			1328.59***			1298.62***
OLS/FE	12.50***			11.19***		
OLS/RE	230.55***			239.39***		
FE/RE			—			5.16
样本数	234	234	234	234	234	234

注：同表 4.1 注。

从表 5.22 可以看出，行业开放度因素对 FDI 后向创新溢出的影响显著为负，而对前向创新溢出的影响显著为正。行业开放度越大，外资企业之间的竞争也越激烈。因此,对上游内资企业的中间投入品不断提高门槛,导致内资部分上游企业失去市场份额,影响了其创新产出。同时,随着行业开放度的扩大,早期内资供应企业的创新溢出也逐渐失去作用。随着行业开放度的扩大,外资企业竞争的加剧促使外资企业的产出品技术含量不断增加,从而促进了下游内资企业的创新。

市场竞争程度小的行业,外资企业为了增强其竞争力,必然会加大对上游内资企业的支持,从而促进内资企业的后向创新溢出,而对下游企业的创新支持则缺乏动力,因此前向溢出效应不显著。

对行业间FDI创新溢出效应影响因素的分析结果汇总如表5.23所示:

表5.23　FDI对行业间技术创新溢出效应的影响因素分析结果汇总

影响因素	分析结果	
	后向溢出效应	前向溢出效应
产业关联度		
后向产业关联度	不显著	—
前向产业关联度	—	正
战略导向		
内资企业出口导向	不显著	不显著
外资企业出口导向	不显著	不显著
市场结构		
行业开放度	负	正
市场竞争	负	正

从表5.23可以看出,后向产业关联度的影响不显著,而前向产业关联度的影响显著为正。这说明产业关联度的紧密与否对FDI后向创新溢出效应影响不大,而对前向创新溢出效应显著;内外资企业的出口导向与否对FDI的垂直创新溢出效应影响不显著;行业开放度以及市场竞争度对FDI的后向创新溢出效应为负,而前向创新溢出效应为正。

五、行业层面的进一步研究:不同行业创新特征的分析

(一)基于Pavitt产业分类的研究

创新既体现了知识的公共、公开以及具体、意会方面的复杂性和差异性,也体现了技术创新机会及创新可获取性方面的差异性。Pavitt(1984)在对英国

1945—1983 年间 4000 多个重要创新和创新型企业的调查活动过程中，根据不同产业技术创新的特征对各个产业进行了分类。在此基础上，Dosi(1988)、Pavitt et al.(1989)对此分类框架进一步完善，主要把产业划分为四类：

1. 供应商主导的产业(Supplier-dominated Sectors)

在供应商主导的产业中，内生性的技术机会不多，企业的研发投入很低，技术创新主要来源于投入设备原料等的供应商。技术创新过程主要是不断改善的中间投入品的扩散过程。企业的知识基础同其他部门生产的设备的渐进性改善及其使用的改善相关，技术能力的累积性不强。供应商主导的产业部门主要包括纺织、服装、皮革、出版印刷以及木材加工等。

2. 规模密集型产业(Scale-intensive Sectors)

在规模密集型产业中，技术机会较多，企业内部研发投入较大，技术创新主要来源于生产工程部门、设计部门和专业化设备的供应商。这些产业中的企业倾向于将创新同生产他们自己的设备结合起来。技术积累主要表现为设计和运行大型的、复杂的系统能力的积累。规模密集型产业主要包括交通运输设备制造、金属制品制造、耐用电子消费品制造、食品生产、玻璃和水泥制造等部门。

3. 专业化供应者产业(Specialized Suppliers)

在专业化供应者产业中，外生的技术机会较为丰富，企业的技术创新来源于设计、生产以及与顾客的互动活动。技术创新活动主要同产品创新相关，并作为投入品进入到其他部门中。专业化供应者产业主要包括机械工具制造、专业仪器设备制造等。

4. 以科技为基础的产业(Science-based Sectors)

在以科技为基础的产业中，技术机会较多，创新活动主要在正式的研发实验室中进行，技术创新往往同科学进步所带来的新的技术范式有关。以科技为基础的产业主要包括电子产业、有机化学、制药、生物工程等。

Pavitt 等人按照技术特征和创新特征的产业分类方法，既与产业经济学中按照企业规模和市场结构对产业进行划分的方法不同，也与研发密集度的分类方法不同。Pavitt 等人的分类法充分考虑了不同类别产业在技术来源和技术轨道上的差异及其对创新管理的特定要求，因而对产业技术创新活动的分析具有更强的解释力，在理论与实践两个方面都有重要的意义。

表 5.24　基于 Pavitt 产业分类的不同类别产业技术特征和创新特征简表

	供应商主导的产业	规模密集型产业	专业化供应者产业	以科技为基础的产业
技术知识	数量少,来源于设备、原材料、软件供应者	数量多,来源于设计、产品工程学、专业化供应者	数量多,来源于内部积累和对用户部门要求的反应	数量多,来源于研发实验室
技术积累	低	较高	高	较高且易断裂
创新的不确定性	低	较高	较低	高
技术轨道	对供应商设备和技术的学习及对本企业产品设计的改进	提高设计复杂的生产系统和产品系统的效率	对产品性能和可靠性的持续改善	协同性新产品、应用工程
主要创新类型	偏向工艺创新 渐进性创新为主	偏向工艺创新 渐进性创新为主	偏向产品创新 渐进性创新为主	偏向产品创新 根本性创新为主
技术机会	低	高	中、高	高
创新可获取性	主要通过生产能力提高可获取性	生产规模 营销、售货服务	先动优势和学习曲线迅速移动;营销、售货服务等	专利;营销、售后服务等
	可获取性更多地与生产有关		可获取性条件更多地与技术本身有关	
创新焦点	过程、组织和增量创新、小规模运作	小规模和过程创新,拥有大量实验室	产品创新	与科技进步联系的突破性创新
企业典型的核心产品群	食品、纺织品、纸制品	基础材料、耐用消费品	机器、设备、专业化学品、软件	电子产品、化学产品
对技术创新管理的影响	对渐进性技术创新的管理、与供应商的互动和学习、获取同行的技术创新	生产技术在可获取性(保密和专利)、垂直非一体化(同供应者的合作)及利润中心及各方面的平衡和选择。	将技术机会和用户的需要结合起来、吸收用户的经验、发现稳定的或新的产品不缺点	补充性资产、开发协同的整合、有耐心的资金

资料来源:Pavitt et al.(1989, p.97)、秦宇(2006, p.33)等资料整理。

表 5.24 总结了基于 Pavitt 产业分类的不同产业的技术特征和创新特征。根据本书的研究范围,对 26 个二位码层面的制造业行业按照 Pavitt 产业

分类的思想进行分类，如表 5.25 所示：

表 5.25　基于 Pavitt 产业分类的行业简表

Pavitt 产业分类名称	行业代码	行业名称
供应商主导的产业	C13、C15、C17、C18、C19、C20、C21、C22、C23、C30	食品加工业、饮料制造业、纺织业、服装及其他纤维制品制造业、皮革毛皮羽绒及其制品业、木材加工及竹藤棕草制品业、家具制造业、造纸及纸制品业、印刷业和记录媒介的复制、塑料制品业
规模密集型产业	C29、C31、C32、C33、C34	橡胶制品业、非金属矿物制品业、黑色金属冶炼及压延加工业、有色金属冶炼及压延加工业、金属制品业
专业化供应者产业	C24、C35、C36、C41、C42	文教体育用品制造业、普通机械制造业、专用设备制造业、仪器仪表及文化办公用机械制造业、其他制造业
以科技为基础的产业	C26、C27、C28、C37、C39、C40	化学原料及化学制品制造业、医药制造业、化学纤维制造业、交通运输设备制造业、电气机械及器材制造业、电子及通信设备制造业

根据 Pavitt 产业分类法，本书对 FDI 在不同类别产业的创新溢出效应进行了分析，结果如表 5.26 所示：

表 5.26　基于 Pavitt 产业分类的 FDI 技术创新溢出效应分析结果①

变量	供应商主导的产业		规模密集型产业		专业化供应者产业		科技为基础的产业	
	FE(1)	RE(2)	OLS(3)	FE(4)	OLS(5)	FE(6)	OLS(7)	FE(8)
常数	2.24	2.794**	3.082**	0.90	2.529**	8.998***	2.423**	6.840**
	(1.36)	(2.49)	(2.83)	(0.20)	(3.35)	(4.55)	(2.51)	(2.29)
lg(*L*)	0.547**	0.519**	−0.495**	−0.08	−0.01	0.01	0.346*	−0.47
	(2.75)	(3.12)	(−2.50)	(−0.18)	(−0.03)	(0.06)	(1.88)	(−1.57)
lg(*K*)	0.505**	0.473***	1.338***	1.170***	0.986***	0.27	0.624**	1.055***
	(3.42)	(3.45)	(9.53)	(7.34)	(4.86)	(1.31)	(2.86)	(7.24)
Hori	0.24	0.20	0.09	0.13	0.84	0.10	0.844***	−1.215***
	(0.68)	(0.60)	(0.20)	(0.26)	(1.58)	(−0.20)	(3.73)	(−4.04)
Back	0.540**	0.549**	0.375*	0.31	0.11	0.09	0.02	0.557***
	(2.88)	(3.14)	(1.91)	(1.38)	(−0.40)	(0.36)	(0.11)	(3.62)

① 对于规模密集型产业、专业化供应者产业以及科技为基础的产业，由于个体数量小于变量数，随机效应模型失效，因此仅报告了混合效应模型和固定效应模型的回归结果。

续表

变量	供应商主导的产业		规模密集型产业		专业化供应者产业		科技为基础的产业	
	FE(1)	RE(2)	OLS(3)	FE(4)	OLS(5)	FE(6)	OLS(7)	FE(8)
For	1.63	2.02	−4.24	−5.85	2.27	8.225**	5.619***	1.20
	(0.70)	(1.14)	(−1.64)	(−1.28)	(−1.56)	(2.39)	(3.64)	(0.55)
DT_{356}	0.270**	0.293**	0.303**	0.412**	0.405**	0.581***	0.547**	0.224**
	(2.16)	(2.43)	(2.25)	(2.90)	(2.21)	(3.69)	(3.51)	(2.10)
DT_4	0.490**	0.523***	0.407**	0.486**	0.23	0.534**	0.360**	0.292**
	(3.09)	(3.56)	(2.61)	(2.70)	(1.06)	(2.23)	(2.07)	(2.55)
R^2	0.815	0.865	0.958	0.926	0.956	0.846	0.929	0.930
F	45.93***		120.06***	59.06***	115.25***	25.94***	85.67***	77.62***
χ^2		370.29***						
OLS/FE	11.17***		1.74		7.72***		20.99***	
OLS/RE		85.92***	—		—		—	
FE/RE		0.67		—		—		—
样本数	90	90	45	45	45	45	54	54

注:同表 4.2 注。

从表 5.26 可以看出,对于供应商主导的产业,固定效应模型优于混合效应模型,随机效应模型优于混合效应模型;而 Hausman 检验表明,固定效模型与随机效应模型没有显著差异。因此,以随机效应模型来解释方程的回归结果。回归结果表明,FDI 的后向创新溢出效应在 5%水平上显著为正,而水平溢出效应与前向溢出效应均不显著。

对于规模密集型产业,固定效应模型以及随机效应模型的检验均不显著,因而,以混合效应模型来解释方程的回归结果。回归结果表明,FDI 的后向创新溢出效应在 10%水平上显著为正,而水平溢出效应与前向溢出效应均不显著。

对于专业化供应者产业,固定效应模型优于混合效应模型。因此,以固定效应模型来解释方程的回归结果。回归结果表明,FDI 的前向创新溢出效应在 1%水平上显著为正,而水平溢出效应与后向溢出效应均不显著。专业化供应者产业通过 FDI 的中间品输入,促进了行业的创新行为。

对于以科技为基础的产业,固定效应模型优于混合效应模型。因此,以固定效应模型来解释方程的回归结果。回归结果表明,FDI 的水平创新溢出效应在 1%水平上显著为负,后向创新溢出效应在 1%水平上显著为正,而前向创新溢出效应不显著。说明了在以科技为基础的产业中,FDI 对行业内资企业的创新产生了显著的挤出效应;而通过为外资企业提供中间投入品的办法,获得了外资企业的帮助，从而促进了内资企业的技术创新。

(二)基于产品创新与工艺创新产业分类的研究

以产品创新为主和以工艺创新为主的行业具有不同的创新行为，研究 FDI 对产品创新和工艺创新为主的产业的创新溢出效应对制定产业政策以及企业发展战略具有重要意义。本书根据秦宇(2006)对产品创新或工艺创新为主的产业划分进行了研究。

根据本书的研究范围，对 26 个制造业行业是以产品创新为主还是工艺创新为主的分类方法(秦宇，2006)思想，进行分类。如表 5.27 所示：

表 5.27　基于产品创新为主与工艺创新为主的行业简表

产品创新与工艺创新	行业代码	行业名称
产品创新为主的行业	C17、C18、C19、C21、C24、C29、C30、C34、C35、C36、C37、C39、C40、C41、C42	纺织业、服装及其他纤维制品制造业、皮革毛皮羽绒及其制品业、家具制造业、文教体育用品制造业、橡胶制品业、塑料制品业、金属制品业、普通机械制造业、专用设备制造业、交通运输设备制造业、电气机械及器材制造业、电子及通信设备制造业、仪器仪表及文化办公用机械制造业、其他制造业
工艺创新为主的行业	C13、C15、C20、C22、C23、C26、C27、C28、C31、C32、C33	食品加工业、饮料制造业、木材加工及竹藤棕草制品业、造纸及纸制品业、印刷业和记录媒介的复制、化学原料及化学制品制造业、医药制造业、化学纤维制造业、非金属矿物制品业、黑色金属冶炼及压延加工业、有色金属冶炼及压延加工业

下面对以产品创新为主或工艺创新为主产业的 FDI 创新溢出效应进行回归分析，结果如表 5.28 所示：

表 5.28　基于产品创新为主与工艺创新为主行业的分析结果

变量	产品创新为主的行业			工艺创新为主的行业		
	OLS(1)	FE(2)	RE(3)	OLS(4)	FE(5)	RE(6)
常数	2.885***	7.310***	3.474***	2.068***	−2.32	2.068***
	(9.41)	(6.68)	(5.90)	(3.66)	(−1.13)	(3.66)
lg(*L*)	0.09	−0.06	0.10	−0.203*	0.396*	−0.203*
	(0.90)	(−0.54)	(0.99)	(−1.70)	(1.84)	(−1.70)
lg(*K*)	0.867***	0.562***	0.792***	1.137***	1.000***	1.137***
	(8.49)	(5.39)	(8.18)	(9.95)	(7.71)	(9.95)

续表

变量	产品创新为主的行业			工艺创新为主的行业		
	OLS(1)	FE(2)	RE(3)	OLS(4)	FE(5)	RE(6)
Hori	0.393*	0.09	0.23	−0.17	0.26	−0.17
	(1.77)	(0.38)	(1.01)	(−0.64)	(0.72)	(−0.64)
Back	0.06	0.298**	0.17	0.342**	0.495**	0.342**
	(0.39)	(2.55)	(1.41)	(2.27)	(2.67)	(2.27)
For	−0.92	4.046**	1.38	1.51	0.67	1.51
	(−1.38)	(2.96)	(1.22)	(1.58)	(0.17)	(1.58)
DT_{356}	0.397***	0.434***	0.357***	0.407***	0.295**	0.407***
	(3.65)	(5.33)	(4.28)	(3.62)	(2.40)	(3.62)
DT_4	0.384**	0.524***	0.350***	0.466**	0.352**	0.466***
	(3.06)	(4.81)	(3.50)	(3.37)	(2.44)	(3.37)
R^2	0.951	0.863	0.963	0.931	0.840	0.982
F	352.93***	101.69***		174.97***	60.95***	
χ^2			899.93***			1224.76***
OLS/FE	13.81***			2.96***		
OLS/RE	117.35***			2.03		
FE/RE			—			—
样本数	138	138	138	99	99	99

注:同表4.1注。

由表5.28可知,对于以产品创新为主的行业而言,固定效应模型以及随机效应模型均优于混合效应模型,而Hausman检验不支持随机效应模型与固定效应模型存在显著性的假设。因此,以随机效应模型来解释方程的回归结果。在以产品创新为主的行业中,FDI的溢出效应无论是水平还是前、后向溢出效应均不显著,影响内资企业产品创新的主要因素是科研经费投入,而科技人员投入不显著。

对于以工艺创新为主的行业而言,固定效应模型优于混合效应模型,而随机效应模型的LM检验不显著。因此,以固定效应模型来解释方程的回归结果。FDI的水平溢出效应以及前向溢出效应均不显著,而后向溢出效应在5%水平上显著。这说明了外资企业对于提供中间投入品的上游内资企业的工艺创新具有积极影响。影响内资企业工艺创新的主要因素是科技人员投入以及科研经费投入,分别在10%以及1%水平上显著。

(三)研究小结

通过本小节的研究,我们发现FDI对我国不同产业技术创新的溢出效应具有不同的特征,研究小结如表5.29所示。

表5.29 基于产业创新分类的FDI技术创新溢出效应研究结果小结

分类	产业	水平溢出效应	后向溢出效应	前向溢出效应
基于Pavitt产业分类	供应商主导的产业	不显著	正	不显著
	规模密集型产业	不显著	正	不显著
	专业化供应者产业	不显著	不显著	正
	以科技为基础的产业	负	正	不显著
产品创新或工艺创新	以产品创新为主的产业	不显著	不显著	不显著
	以工艺创新为主的产业	不显著	正	不显著

对于供应商主导的产业、规模密集型产业和以工艺创新为主的产业,FDI的创新溢出效应以后向溢出效应为主,水平溢出效应和前向溢出效应均不显著。因此,对于此类产业应加强与下游外资企业的产业关联,以促进自身产业的技术创新。

对于专业化供应者产业,FDI的创新溢出效应以前向溢出效应为主,水平溢出效应和后向溢出效应均不显著。因此,对于此类产业应加强与上游外资企业的产业关联,以促进自身产业的技术创新。

对于以科技为基础的产业,FDI的创新溢出效应以后向溢出效应为主,水平溢出效应为负,而前向溢出效应不显著。因此,以科技为基础的产业的竞争力还比较弱,外资企业产生了显著的"挤出效应"。对于此类产业,应加大政府的扶持力度,加强与外资企业的合作,减少竞争;同时加强与下游外资企业的产业关联,以促进自身产业的技术创新。

对于以产品创新为主的产业,FDI的水平创新溢出效应与垂直创新溢出效应均不显著,这可能与此类产业的划分口径过大、包含的产业过多有关。

六、本章小结

本章运用1998—2006年我国26个制造业行业的面板数据,从行业层面研究了FDI对我国技术创新的溢出效应。

FDI的同期溢出效应研究表明:无论是以新产品销售收入还是专利申请量为被解释变量,FDI对技术创新的水平溢出效应都不显著,而后向溢出效应显著;FDI对专利申请量产生了显著的前向溢出效应,对新产品销售收入的前向溢出效应影响不显著。通过对含有FDI滞后变量的回归分析表明,无论是以新产品销售收入还是专利申请量为被解释变量,水平溢出效应和后向溢出效应均不显著;而FDI滞后一期与滞后二期变量均对内资企业的专利申请量产生了显著的前向溢出效应,而对新产品销售收入的前向溢出效应影响不显著。因此,不同的被解释变量也是影响FDI创新溢出存在性的重要因素,这是本书的重要发现之一。

FDI通过科技活动人员渠道对内资企业技术创新的水平溢出效应以及前、后向垂直溢出效应均产生了显著的正向溢出效应。通过所有从业人员渠道对内资企业的水平溢出效应显著,而前、后向垂直溢出效应均不显著。FDI通过产品销售收入对内资企业技术创新的水平溢出效应不显著,而前、后向垂直溢出效应均产生了显著的正向溢出效应。因此,不同的溢出渠道也是影响FDI创新溢出存在性的重要因素,这也是本书的重要发现之一。

由于不同的被解释变量以及溢出渠道,对FDI创新溢出效应存在性的影响很大,因此单纯讨论FDI创新溢出效应存在性的意义不大。本书接下来分别从行业内和行业间层面研究了FDI创新溢出效应的影响因素。

在行业内,内外资企业的技术差距、资本密集度差距、研发人力资本质量差距不利于FDI的创新溢出效应。内资企业的研发人力资本质量、外资企业的技术创新水平、行业技术创新的可获取性、外资企业出口导向以及内外资企业的出口差距显著促进了FDI的行业内创新溢出效应。在行业间,后向产业关联度的影响不显著,而前向产业关联度的影响显著为正;内外资企业的出口导向与否对FDI的垂直创新溢出效应影响不显著。行业开放度以及市场竞争度对FDI的后向创新溢出效应为负,而前向创新溢出效应为正。

本章还研究了对不同类别的产业,FDI技术创新溢出效应的特征。对于供应商主导的产业、规模密集型产业和以工艺创新为主的产业,FDI的创新溢出效应以后向溢出效应为主,水平溢出效应和前向溢出效应均不显著;对于专业化供应者产业,FDI的创新溢出效应以前向溢出效应为主,水平溢出效应和后向溢出效应均不显著;对于以科技为基础的产业,FDI的创新溢出效应以后向溢出效应为主,水平溢出效应为负,而前向溢出效应不显著;对于以产品创新为主的产业,FDI的水平创新溢出效应与垂直创新溢出效应均不显著。

本章的研究结论具有重要的理论与实践价值,在分析相关研究结论的同时,本书还给出了政策建议。

第六章 FDI对我国技术创新能力的作用机理

FDI对我国技术创新能力作用的微观机理，是一个亟需研究的课题，但是目前这方面的研究却非常匮乏。受数据与文献的限制，本章主要从两个角度进行研究探讨：第一，不同来源FDI对我国不同所有制类型企业技术创新能力的溢出效应的差异；第二，FDI对我国技术创新投入、研发、创新产出以及创新绩效的作用路径。

一、不同来源FDI对我国技术创新能力的溢出效应

我国幅员辽阔，但是地区发展不平衡，因此地区与行业层面的FDI溢出效应会有所不同。我国地区发展不平衡，不同地区的外资政策差别很大，内外资企业的地区分布也大为不同；同时，我国制定了规范外资进入的产业政策，内外资企业在产业分布上也有所差别。我国FDI按其来源可分为港澳台资企业和其他外资企业，港澳台资在我国总外资中占很大比重，港澳台资企业与其他外资企业在地区与行业分布、战略、技术能力等方面存在较大差异(Wei & Liu, 2003)。中国不均衡的产业分布以及独特的外资构成使其成为世界上最具特色的FDI东道国。本节从地区与行业层面分别研究港澳台来源的FDI、其他来源的FDI以及总的FDI对我国国有企业以及整个内资企业创新能力的溢出效应，并比较其异同。

(一)数据来源、理论假设与模型设定

1. 数据

我国主要由《中国科技统计年鉴》来报告工业企业科技活动数据，然而它没有区分港澳台投资企业和其他外商投资企业的科技活动状况。迄今为止，我国公开发表的工业企业科技活动数据主要有1995年的《第三次全国工业普查资料汇编》和2004年的《中国经济普查年鉴》。考虑到1995年后我国经济发展变化很大，因此本书采用后者的数据。2004年《中国经济普查年鉴》详细报告了国有及国有控股企业、内资企业、港澳台商投资企业和其他外商投资企业在地区与行业层面的

数据。本书用新产品销售收入测量创新产出,用人均创新产出表示创新能力。

2. 理论假设

港澳台资企业在大陆投资的动机是利用其所有制优势,并结合内地廉价的原材料、土地和劳动力生产产品用于出口国际市场(Shi, 1998);其他外资企业在中国建立子公司是为了取得更大的中国市场份额以实现其全球化战略(Luo, 1999)。因此,平均而言,其他来源FDI较港澳台来源FDI具有更高的技术水平,会产生更大的溢出效应。由此提出理论假设:

H_1:港澳台来源FDI对我国企业创新能力的溢出效应小于其他来源FDI对我国企业创新能力的溢出效应。

中国内资企业按照所有制可分为国有企业与非国有企业(集体企业、联营企业以及私有企业等),由于长期的技术积累和政府支持,国有企业相对非国有企业汇集了更多的高素质科技人员和研发资本;国有控股企业一般是关系国计民生的绩优企业,其相对非国有企业具有较强的研发能力。因此,平均而言,国有及国有控股企业较内资企业具有更强的FDI溢出效应吸收能力。由此提出理论假设:

H_2:不同来源FDI对国有及国有控股企业创新能力的溢出效应大于对内资企业创新能力的溢出效应。

3. 模型与变量

借鉴Caves(1974)、Blomstrom和Persson(1983)等学者采用的检验模型为基础,同时考虑到不同来源FDI的影响,建立了以下计量模型:

$$I_{ij} = \alpha_{0ij} + \alpha_1 K_{ij}/L_{ij} + \alpha_2 LQ_{ij} + \alpha_3 \mathrm{FDI}_{\mathrm{HMT}} + \alpha_4 \mathrm{FDI}_{\mathrm{Others}} + \mathrm{e} \qquad (6\text{-}1)$$

$$I_{ij} = \alpha_{0ij} + \alpha_1 K_{ij}/L_{ij} + \alpha_2 LQ_{ij} + \alpha_5 \mathrm{FDI}_{\mathrm{All}} + \mathrm{e} \qquad (6\text{-}2)$$

其中$i=1, 2$,分别表示国有及国有控股企业,内资企业;$j=1, 2$,分别表示地区与行业;HMT,Others,All分别表示港澳台资企业,其他外资企业和总外资企业。

I表示企业新产品销售收入与科技活动人员的比值,用以反映本地企业的创新能力;K/L表示企业的科技人员人均科技经费数量,用以反映本地企业技术创新投入的资本密集度;LQ表示本地企业从事科技活动的科学家与工程师人数占所有科技活动人员的比例,用以反映技术创新投入的人力资本质量;FDI表示外资企业的科技活动经费筹集总额占总的科技活动经费筹集总额比例,用以反应外资进入强度。因此,FDI前的系数即为溢出效应的大小。

(二)数据分析与结果讨论

分别对行业和地区层面变量进行描述性统计,所用软件为Eviews 6.0,结果如表6.1所示:

表 6.1　变量描述性统计表

统计项目		地区层面		行业层面	
本地企业		国有及国有控股企业	内资企业	国有及国有控股企业	内资企业
I	均值	115.38	82.46	106.66	105.26
	标准差	138.85	75.63	105.40	66.16
K/L	均值	11.79	11.57	11.96	12.51
	标准差	4.26	4.09	5.62	4.24
LQ	均值	0.622	0.59	0.56	0.54
	标准差	0.11	0.08	0.09	0.08

外资强度		总外资	港澳台资	其他外资	总外资	港澳台资	其他外资
FDI	均值	0.17	0.05	0.12	0.26	0.11	0.16
	标准差	0.17	0.07	0.12	0.12	0.06	0.11

分别从地区与行业层面对模型(6-1)与(6-2)进行回归分析,并检验了模型的多重共线性和异方差的影响(由于是截面数据,没必要分析序列相关性),表明回归结果良好。模型回归结果如表 6.2 所示:

表 6.2　不同来源 FDI 对我国企业创新能力的溢出效应分析结果

变量	地区层面				行业层面			
	国有及国有控股企业	国有及国有控股企业	内资企业	内资企业	国有及国有控股企业	国有及国有控股企业	内资企业	内资企业
C	−474.70**	−428.90**	−190.93*	−185.00*	−42.66	−82.18	102.95**	106.38**
	(−2.74)	(−2.58)	(−1.79)	(−1.79)	(−0.63)	(−1.06)	(2.38)	(2.58)
K/L	−5.24	−3.49	1.20	1.30	8.45***	9.22***	7.35***	7.42***
	(−0.67)	(−0.46)	(0.28)	(0.32)	(3.67)	(3.47)	(4.30)	(4.47)
LQ	993.72***	892.74***	418.52**	407.46**	−25.59	−15.45	−236.13***	−241.30***
	(3.09)	(2.95)	(2.16)	(2.17)	(−0.21)	(−0.11)	(−2.87)	(−3.04)
FDI_{HMT}	−21.94		14.54		−157.25		136.34	
	(−0.058)		(0.06)		(−0.89)		(1.46)	
FDI_{Other}	488.82*		116.35		456.83***		99.37**	
	(1.93)		(0.89)		(4.38)		(1.84)	
FDI_{Au}		303.39*		82.92		303.75**		108.29**
		(1.89)		(1.03)		(2.86)		(2.32)
R^2	0.39	0.36	0.25	0.25	0.68	0.55	0.50	0.50
Adj. R^2	0.28	0.29	0.13	0.16	0.62	0.49	0.42	0.44
F	3.79**	4.77***	2.01	2.74*	12.08***	9.62***	5.83***	8.03***

注:结果由 Eviews 6.0 软件计算得到,*、**、***分别表示在10%、5%、1%的显著性水平上显著,括号内为 t 统计值。

从表6.2可以看出,总外资企业对内资企业地区层面的创新能力溢出方程不显著,本书不作分析;其他7个回归方程都在可接受的水平上显著。

在地区层面,资本密集度变量不显著,而人力资本质量变量显著,这说明了在地区层面影响我国企业创新能力的最重要因素是高素质科技人员的比重。我国受长期计划经济的影响,国有及国有控股企业在地区层面的分布较为合理,而集体及私营等内资企业主要集中在经济较为发达的地区。总体而言,国有及国有控股企业比包括了集体及私营等类型的内资企业在地区层面的分布更合理,但差别不大。因此,在地区层面创新资本投入并无显著差异,故而资本密集度变量不显著;而大量的优秀科技人员主要集中在经济发达地区,因此人力资本质量变量显著并且内资企业的显著程度要低于国有及国有控股企业。在行业层面,资本密集度变量显著,而人力资本质量变量甚至产生了负面效应,说明了在行业层面影响我国企业技术创新的最重要因素是资本密集度,这与侯润秀和官建成(2006b)的结论较为一致。行业层面的回归结果说明了我国行业创新能力的瓶颈在于创新资本投入不足,而人力资本质量并不是主要矛盾。在行业层面,我国企业技术创新水平不高,很多创新并非由合格科学家与工程师完成,因此人力资本质量变量为负。即中等素质的科技人员的比重具有正向效应,并且此变量对内资企业在1%水平上显著,而对国有及国有控股企业不显著,说明了国有及国有控股企业具有更高的人力资本质量。因此,内资企业的非合格科学家与工程师占总科技人员的比重对企业技术创新影响更大,充分说明了我国内资企业的技术水平低于同行业内的国有及国有控股企业。

从地区层面看,其他来源FDI、总FDI对国有及国有控股企业创新能力产生正向溢出效应在10%水平上显著;对内资企业创新能力产生了正向溢出效应,但不显著。从行业层面看,其他来源FDI、总FDI对国有及国有控股企业创新能力产生了正向溢出效应,分别在1%与5%水平上显著;对内资企业创新能力也产生了正向溢出效应,在5%水平上显著。港澳台来源FDI无论在地区层面还是行业层面都未对国有及国有控股企业、内资企业创新能力产生显著溢出效应。

(三)研究小结

本节分别从地区与行业层面初步研究了不同来源FDI对国有及国有控股企业、内资企业创新能力的溢出效应,验证了笔者提出的两个理论假设。

港澳台来源FDI对我国企业创新能力的溢出效应小于其他来源FDI对我国企业创新能力的溢出效应。其他来源FDI、总FDI对我国企业创新能力的溢出效应显著而港澳台来源FDI的影响不显著。因此,以往不区分来源而得出"FDI对本土企业产生显著溢出效应"的研究可能掩盖了港澳台来源FDI溢出效应不显著的事实。

不同来源FDI对国有及国有控股企业创新能力的溢出效应大于对内资企业的影响，由此可见，国有及国有控股企业具有较高的吸收能力。我国在制定外资政策时应区分不同来源的FDI，积极吸引能促进我国企业创新能力提高的外资进入。同时，要引导外资企业在中国行业与地区层面科学合理地分布，以利于内资企业的模仿、学习与竞争。

二、FDI对我国技术创新能力与创新绩效的作用路径

(一)研究设计

1. 理论假设与概念模型

(1)FDI与内资企业创新投入能力、研发能力以及创新产出的关系。

杜健(2005)研究了FDI与我国技术创新的关系。杜健从创新投入强度以及创新投入结构的角度定义了技术创新投入，并从创新效益、创新效率、出口竞争力以及技术边缘化四个维度来度量行业技术创新的产出。杜健认为FDI的进入促进了我国的创新投入以及创新产出能力的提高。

徐涛(2003)通过FDI增长率对专利增长率的回归分析，发现FDI对中国的技术创新有很大的推动作用，引进FDI可以提高中国技术创新能力。Cheung和Lin(2004)运用1995—2000年间中国的省级面板数据，分析了FDI对中国创新的溢出效应，研究认为FDI对国内专利申请具有正向溢出效应，而且相比东部和中部地区，FDI对西部地区创新活动的溢出效应更大。由于专利申请量表示了企业在创新产出方面的能力，因此徐涛(2003)、Cheung和Lin(2004)的研究支持FDI促进了我国技术创新产出能力的结论。

王红领、李稻葵和冯俊新(2006)运用1998—2003年我国工业行业的面板数据，研究了FDI与我国内资企业自主研发行为的关系，支持了“促进论”的观点。研究表明，FDI的进入促进了内资企业的专利申请量的增加、科技活动经费支出占销售收入的比重以及科技活动人员占全部从业人员的比重的提高。外资企业销售收入每增加一个标准差，则内资企业的专利申请量增加35%～43%，内资企业科技费用占销售收入比重约上升0.20%～0.22%，内资企业科技活动人员占全部员工比重大约上升0.62%～0.65%；FDI的进入对民族企业起到了重新洗牌的作用。在此过程中，那些研发投入不足的企业被淘汰出局，但留下的企业变得强大了，从而得出了FDI促进了内资企业自主创新的结论。由于专利申请量表示了企业在创新产出方面的能力，而科技活动经费支出占销售收入的比重则是从创新投入的角度来测量技术创新能力，科技活动人员占全

部从业人员的比重则是从研发的角度来表征研发能力。因此王红领、李稻葵和冯俊新(2006)的研究支持了 FDI 的进入提高了我国民族工业的创新投入能力、研发能力以及创新产出能力的结论。

基于以上分析,提出如下假设:

H_1:FDI 促进了内资企业的创新投入能力。

H_{2a}:FDI 促进了内资企业的研发能力。

H_{3a}:FDI 促进了内资企业的创新产出能力。

(2)FDI 与内资企业创新绩效的关系。

技术创新绩效与技术创新能力既有区别又有联系。技术创新绩效是指技术创新资源的投入产出比,它反映着某行业技术创新资源对创新产出的贡献程度,即技术创新资源的配置效率。

王伟光(2003)认为技术创新能力是利用各种创新资源创造新知识,并把这些知识或已有知识以“新”的方式转化为现实的、有经济价值的商品或服务的能力。从这个意义上说,技术创新能力就是实现这种“转化”的能力或水平;技术创新效率则是实现这种“转化”的效率。王伟光(2002)在其博士论文中用创新投入(R&D)或创新产出(新产品销售收入和专利)来表示技术创新能力,而用创新产出和创新投入的指标比来测算创新绩效。刘满凤(2005)认为创新绩效是创新系统在投入一定的资源要素之后,所取得的效果和表现出的生产效率的提高。它可以从投入和产出两个方面的对比来反映。若投入小、产出大,说明创新绩效好;反之,若投入大、产出小,表明创新绩效差。

综上所述,本书在 FDI 对内资企业技术创新能力有关假设的基础上,进而提出如下假设:

H_{4a}:FDI 促进了内资企业的创新绩效。

(3)技术创新投入、研发能力、创新绩效的中介作用。

从投入产出的角度出发,技术创新投入对企业的研发能力以及创新产出能力具有积极的促进作用。这一结也得到了杜健(2005)、王红领、李稻葵和冯俊新(2006)的研究支持。

由此,并接合 FDI 对内资企业技术创新能力有关假设,提出如下假设:

H_{2b}:FDI 通过促进内资企业的创新投入而促进了内资企业的研发能力,即创新投入在 FDI 促进内资企业研发能力的过程中起中介效应。

H_{3b}:FDI 通过促进内资企业的创新投入而促进了内资企业的创新产出,即创新投入在 FDI 促进内资企业创新产出的过程中起中介效应。

创新绩效是技术创新资源的投入产出比,反映了技术创新资源投入对创新产出的贡献程度。王伟光(2002)在其博士论文中用创新产出和创新投入的指标比来测算创新绩效。因此创新投入与创新绩效有负相关关系，而创新产出则与创新绩效则有正相关关系。

蒋殿春和张宇(2006)研究表明，企业研发能力能促进创新产出，这也得到了本书的验证。由于创新产出对创新绩效也具有积极的促进作用，因此研发能力对创新绩效也具有积极的促进作用。

由此，并结合 FDI 对内资企业技术创新能力有关假设提出如下假设：

H_{3c}：FDI 通过促进内资企业的研发能力而促进了内资企业的创新产出，即研发能力在 FDI 促进内资企业创新产出的过程中起中介效应。

H_{4b}：FDI 通过促进内资企业的创新投入而减弱内资企业的创新绩效，即创新投入在 FDI 促进内资企业创新绩效的过程中起负向中介效应。

H_{4c}：FDI 通过促进内资企业的研发能力而促进了内资企业的创新绩效，即研发能力在 FDI 促进内资企业创新绩效的过程中起中介效应。

H_{4d}：FDI 通过促进内资企业的创新产出而促进了内资企业的创新绩效，即创新产出在 FDI 促进内资企业创新绩效的过程中起中介效应。

根据以上假设，本节提出 FDI 对我国技术创新能力以及创新绩效作用路径的概念模型，如图 6.1 所示：

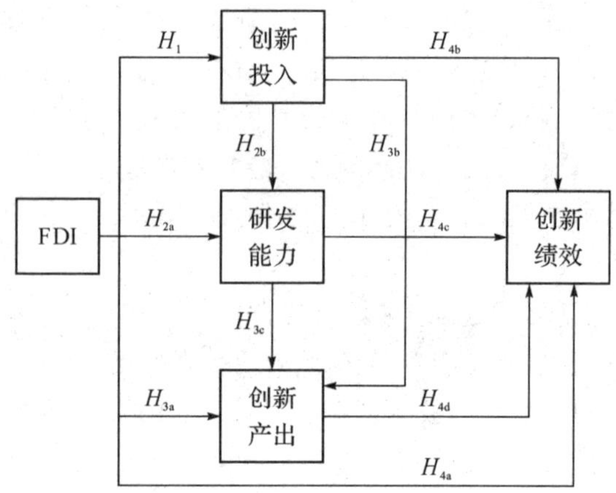

图 6.1　研究概念模型

2. 数据来源与变量定义

本节数据来源于 1999—2007 年的《中国科技统计年鉴》，创新投入能力用科技活动人员占从业人员比重以及科技活动经费占产品销售收入比重两个指标表示。研发能力用科学家与工程师占科技人员比重，以及科技活动人员人均科技经费数量来表示。创新产出能力用新产品销售收入比重以及从业人员中每万人专利申请量表示。创新绩效用创新投入与产出的比例来表示，具体到本书则用专利申请量与科技人员比，以及新产品销售收入与科技活动经费比来表示。

由于制造业包括的企业和分行业数目繁多，不同的企业规模和行业特征对创新绩效会产生重要影响（王红领等，2006）：①企业规模，规模较大的企业在市场竞争中具有较强的竞争优势和创新能力，因此也有较好的创新绩效；②行业技术特征，不同的行业具有不同的技术发展轨道（Dosi，1982），我们认为投资规模较大的行业具有较好的创新绩效。因此，用企业规模与行业规模作为控制变量。企业规模用内资企业平均生产设备的原价表示，而行业规模则用整个行业的平均生产设备的原价表示。

考虑到FDI对行业层面的溢出效应分为行业内与行业间，为了更清晰地研究FDI对内资企业创新能力以及创新绩效的作用路径，本节所用数据为地区层面的数据。变量的定义见表3.10。

为了便于分析，本书对测度各变量的若干指标进行因子分析①。结果如表6.1所示：

表6.3 KMO样本测度和Bartlett球体检验结果

创新投入能力	KMO采样充足度		0.684
	Bartlett球体检验	近似卡方值	518.534
		自由度	6
		显著性概率	0.000
研发能力	KMO采样充足度		0.694
	Bartlett球体检验	近似卡方值	181.943
		自由度	3
		显著性概率	0.000
创新产出能力	KMO采样充足度		0.652
	Bartlett球体检验	近似卡方值	657.857
		自由度	6
		显著性概率	0.000
创新绩效	KMO采样充足度		0.632
	Bartlett球体检验	近似卡方值	3446.249
		自由度	15
		显著性概率	0.000

① 《中国科技统计年鉴》2001年之后才开始统计发明专利拥有数，因此变量R3_L的样本来自2001—2007年《中国科技统计年鉴》中相应的2000—2006年的数值。因此，1998—1999年R3_L的值本书采用了插值分析的办法取得，以便进行因子分析得到研发能力的数值。

按照马庆国(2002),可以对创新投入、研发能力、创新产出以及创新绩效做因子分析。

3. 中介效应的检验程序

考察自变量 X 对因变量 Y 的影响,如果变量 X 通过变量 M 来影响变量 Y,则称 M 为中介变量,因此中介变量是能够传递自变量对因变量影响的变量(Jams & Brett,1984;温忠麟、张雷和侯杰泰等,2004)。

如果变量已经中心化或标准化,对于仅含有一个自变量和中介变量的情况,可用图 6.2 所示的路径图和相应的方程来说明变量之间的关系:

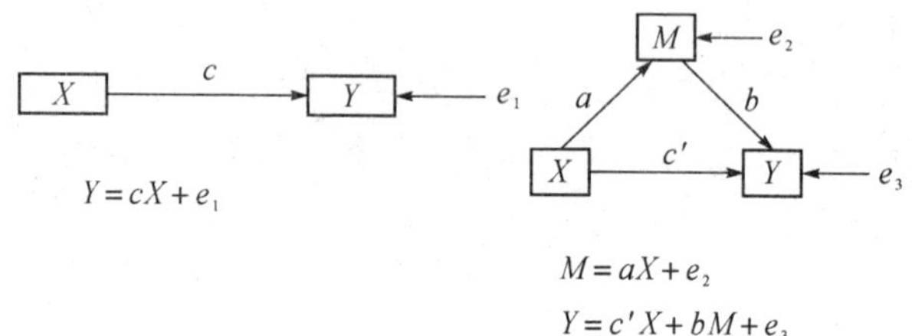

图 6.2　中介变量示意图

资料来源于温忠麟、张雷和侯杰泰等(2004)。

其中,c 是 X 对 Y 的总效应,a,b 是经过中介变量 M 的中介效应(mediating effect),c' 是 X 对 Y 的直接效应。

中介效应本质上是一种间接效应,中介效应检验的方法主要有三种:

第一种方法是依次检验回归系数。Baron 和 Kenny(1986)认为如果自变量显著影响因变量并且对于因果链中任一变量,当控制了其前面的变量后,显著影响它的后继变量,则中介效应显著。进一步,如果在控制了中介变量后,自变量对因变量的影响不显著,则完全中介效应显著。(Judd 和 Kenny,1981)

第二种做法是检验回归系数乘积 ab 是否显著,即检验 $H_0:ab=0$,如果拒绝原假设,则中介效应显著。

第三种做法是检验 c 与 c' 的差异是否显著,即检验 $H_0:c-c'=0$,如果拒绝原假设,则中介效应显著。

在综合了第一、二种方法的基础上,温忠麟等(2004)提出了一个实用的中介效应检验程序,有以下四个步骤组成,可由图 6.3 表示:

(1)检验回归系数 c,若显著,则转入步骤二,否则,则终止检验;

(2)依次检验系数 a,b,如果 a 和 b 都显著,则意味着 X 对 Y 的影响至少有一部分是通过中介变量 M 实现的,因此转入步骤三;如果至少有一个不显著,则转入步骤四;

(3)检验系数 c',如果不显著,则完全中介效应显著,即 X 对 Y 的影响都是

通过中介变量 M 实现的；如果显著，则说明 X 对 Y 的影响只有一部分是通过中介变量 M 实现。检验结束。

(4)做 Sobel 检验，如果显著，则意味着 M 的中介效应显著，否则中介效应不显著。检验结束。

本书采用温忠麟等推荐的方法对中介效应进行检验。

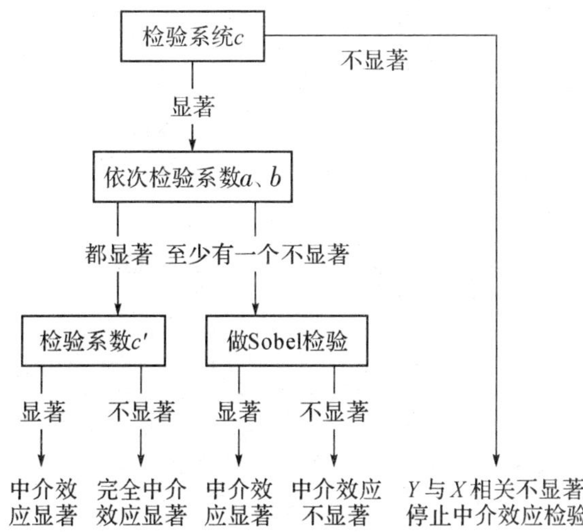

图 6.3 中介效应检验程序

资料来源于温忠麟、张雷和侯杰泰等(2004)。

(二)实证分析

1. FDI、创新投入与研发能力的关系检验

本组检验主要研究 FDI、创新投入以及研发能力之间的关系。按照中介效应的检验程序，分别进行混合效应模型、固定效应模型以及随机效应模型分析。首先检验 H_1 以及 H_{2a}，分析结果如表 6.4 所示：

表 6.4 FDI 对创新投入以及研发能力的影响

变量	创新投入			研发能力		
	OLS(1)	FE(2)	RE(3)	OLS(4)	FE(5)	RE(6)
常数	0.018	−0.204***	−0.117	−0.440***	−0.498***	−0.481***
	(0.250)	(−4.13)	(−0.81)	(−7.55)	(−9.77)	(−4.65)
企业	0.172*	0.965***	0.721***	0.367***	0.762***	0.659***
规模	(1.810)	(8.670)	(7.110)	(4.780)	(6.630)	(7.050)
行业	0.242***	−0.643***	−0.229**	−0.118**	−0.181	−0.141
规模	(3.930)	(−4.47)	(−2.05)	(−2.38)	(−1.22)	(−1.52)

续表

变量	创新投入			研发能力		
	OLS(1)	FE(2)	RE(3)	OLS(4)	FE(5)	RE(6)
FDI	0.301***	0.567***	0.458***	0.591***	0.654***	0.626***
	(4.910)	(5.770)	(5.220)	(11.940)	(6.450)	(8.040)
DT_{356}	0.170	0.085	0.075	0.827***	0.689***	0.722***
	(1.400)	(1.070)	(0.950)	(8.480)	(8.470)	(9.410)
DT_4	−0.669**	1.581***	0.823**	1.476***	2.415***	2.163***
	(−2.34)	(5.040)	(2.950)	(6.380)	(7.460)	(8.470)
R^2	0.332	0.521	0.383	0.564	0.654	0.424
F	24.44***	47.64***		63.52***	82.90***	
χ^2			210.23***			427.33***
OLS/FE	22.80***			10.84***		
OLS/RE	397.13***			231.07***		
FE/RE			—			6.78
样本数	252	252	252	252	252	252

注：①结果由STATA10.0软件计算得到，*、**、***分别表示在10%、5%、1%的显著性水平上显著，括号内为t统计值。

②固定影响模型对异方差进行了修正，固定效应模型的R^2只反映组内差别的within effect R^2，随机效应模型R^2只反映组间差别的between effect R^2。

③F表示混合效应模型与固定效应模型的回归显著性检验；χ^2表示随机效应模型的回归显著性检验；OLS/FE表示固定效应模型与混合效应模型选择的检验值，若显著则说明固定效应模型优于混合效应模型；OLS/RE表示随机效应模型与混合效应模型选择的检验值，若显著则说明随机效应模型优于混合效应模型；FE/RE表示随机效应模型与固定效应模型选择的检验值，若显著则说明固定效应模型优于随机效应模型。"—"表示Hausman检验的协方差矩阵之差阵非正定，采用随机效应模型。

从表6.4可以看出，在以创新投入和研发能力为被解释变量的两组方程中，LM检验(OLS/RE)在1%水平上显著，说明随机效应模型优于混合效应模型；F检验(OLS/FE)也在1%水平上显著，因此固定效应模型优于混合效应模型；对于固定效应模型与随机效应模型的选择依据Hausman检验结果，Hausman检验结果(FE/RE)不显著，应当采用随机效应模型。

因此以随机效应模型来解释方程回归结果：方程的解释平方和(R^2)以及方程回归模型的检验结果(χ^2)都表明了方程回归效果可以接受。从表6.4可以看出，无论以内资企业的创新投入还是以研发能力为被解释变量，FDI均在1%水平上显著。FDI促进了内资企业的创新投入以及研发能力，从而验证了H_1以及H_{2a}。

接下来将研究创新投入对于研发能力的中介作用，即检验假设 H_{2b}。结果如表 6.5 所示：

表 6.5 创新投入对研发能力中介效应的检验

变量	研发能力			研发能力		
	OLS(1)	FE(2)	RE(3)	OLS(4)	FE(5)	RE(6)
常数	−0.455***	−0.388***	−0.436**	−0.441***	−0.420***	−0.456***
	(−6.44)	(−7.67)	(−3.10)	(−7.60)	(−8.53)	(−4.33)
企业规模	0.061	0.075	0.158*	0.353***	0.391**	0.481***
	(0.69)	(0.73)	(1.72)	(4.580)	(3.160)	(4.960)
行业规模	0.059	0.397**	0.205**	−0.138**	0.066	−0.113
	(1.01)	(3.13)	(2.14)	(−2.71)	(0.460)	(−1.23)
FDI				0.566***	0.437***	0.501***
				(10.950)	(4.310)	(6.310)
创新投入	0.251***	0.486***	0.433***	0.083	0.384***	0.302***
	(4.21)	(7.73)	(7.36)	(1.620)	(5.920)	(5.270)
DT_{356}	0.986***	0.775***	0.830***	0.813***	0.656***	0.693***
	(8.40)	(10.54)	(11.57)	(8.330)	(8.650)	(9.520)
DT_4	1.138***	1.168***	1.431***	1.531***	1.808***	2.025***
	(4.060)	(3.990)	(5.610)	(6.570)	(3.990)	(5.610)
R^2	0.357	0.677	0.494	0.568	0.702	0.359
F	27.30 ***	91.73 ***		53.72***	85.68 ***	
χ^2			440.27***			507.26***
OLS/FE	21.76 ***			13.60 ***		
OLS/RE	427.73 ***			257.99 ***		
FE/RE			—			—
样本数	252	252	252	252	252	252

注：同表 6.4 注。

模型分析方法同表 6.4，以随机效应模型来解释方程回归结果。从表 6.5 方程(3)可以看出，内资企业的创新投入对内资企业的研发能力具有显著的促进作用，方程(6)表明 FDI 和内资企业的创新投入一起促进了内资企业的研发能力的提高。因此，根据中介效应检验程序，创新投入在 FDI 促进内资企业研发能力的过程中起中介效应，H_{2b}得证。

经过以上方程验证了假设 H_1、H_{2a}和 H_{2b}。

2. FDI、创新投入、研发能力对创新产出的影响

在本组检验中，主要研究 FDI、创新投入以及研发能力之间的关系，首先检验 FDI 以及创新投入对创新产出的作用。分析结果如表 6.6 所示：

表 6.6 FDI 以及创新投入对创新产出的影响

变量	创新产出			创新产出		
	OLS(1)	FE(2)	RE(3)	OLS(4)	FE(5)	RE(6)
常数	−0.137*	−0.274**	−0.168	−0.148*	−0.201**	−0.168
	(−1.73)	(−3.07)	(−1.57)	(−1.84)	(−2.23)	(−1.44)
企业规模	0.110	0.556**	0.257*	−0.081	0.173	0.039
	(1.060)	(2.760)	(1.960)	(−0.82)	(0.930)	(0.300)
行业规模	−0.011	−0.344	−0.039	0.038	−0.060	0.015
	(−0.16)	(−1.32)	(−0.38)	(0.580)	(−0.27)	(0.150)
FDI	0.365***	0.284	0.341***			
	(5.430)	(1.600)	(3.520)			
创新投入				0.314***	0.345**	0.345***
				(4.640)	(3.070)	(4.030)
DT_{356}	0.403**	0.387**	0.371**	0.456***	0.387**	0.409***
	(3.050)	(2.710)	(2.930)	(3.420)	(2.950)	(3.390)
DT_4	0.019	1.304**	0.395	−0.036	0.647	0.286
	(0.060)	(2.300)	(1.080)	(−0.11)	(1.240)	(0.790)
R^2	0.195	0.145	0.303	0.171	0.171	0.167
F	11.96***	7.45***		10.18***	9.04***	
χ^2			44.21***			49.62***
OLS/FE	3.27***			3.97 ***		
OLS/RE	28.29***			55.60***		
FE/RE			7.56			2.09
样本数	252	252	252	252	252	252

注:同表 6.4 注。

模型分析方法同表 6.4,以随机效应模型来解释方程回归结果。从表 6.6 可以看出,FDI 促进了内资企业的创新产出,H_{3a} 得证。同时,内资企业的创新投入也促进了内资企业的创新产出。

接下来研究创新投入的中介效应以及研发能力对创新产出的影响,分析结果如表 6.7 所示:

表 6.7　创新投入对创新产出中介效应的检验以及研发能力对创新产出的影响

变量	创新产出			创新产出		
	OLS(1)	FE(2)	RE(3)	OLS(4)	FE(5)	RE(6)
常数	−0.141*	−0.208**	−0.162	0.067	−0.186*	0.019
	(−1.81)	(−2.28)	(−1.54)	(0.810)	(−1.80)	(0.190)
企业	0.072	0.247	0.155	−0.106	0.329*	−0.036
规模	(0.70)	(1.07)	(1.16)	(−1.12)	(1.840)	(−0.31)
行业	(0.065)	−0.138	−0.081	0.086	−0.191	0.077
规模	(−0.96)	(−0.51)	(−0.79)	(1.460)	(−0.83)	(0.980)
FDI	0.297***	0.102	0.244**			
	(4.30)	(0.54)	(2.45)			
创新	0.226**	0.321**	0.281**			
投入	(3.29)	(2.66)	(3.28)			
研发				0.467***	0.166	0.390***
能力				(7.010)	(1.530)	(4.980)
DT_{356}	0.365**	0.360**	0.338**	0.052	0.331**	0.118
	(2.80)	(2.55)	(2.71)	(0.360)	(2.030)	(0.810)
DT_4	0.170	0.796	0.445	−0.757**	0.680	−0.521
	(0.55)	(1.35)	(1.24)	(−2.50)	(1.240)	(−1.52)
R^2	0.230	0.172	0.340	0.249	0.144	0.567
F	12.17***	7.56***		16.32***	7.4***	
χ^2			56.56***			56.68***
OLS/FE	3.12 ***			2.5 ***		
OLS/RE	28.69***			9.03***		
FE/RE			4.80			8.24
样本数	252	252	252	252	252	252

注：同表 6.4 注。

模型分析方法同表 6.4，以随机效应模型来解释方程回归结果。从表 6.7 可以看出，FDI 和创新投入在对被解释变量创新产出的回归中同时高度显著，创新投入的中介效应也得到了验证，H_{3b} 得证。研发能力对创新产出也具有积极的影响，在 1% 水平上显著。

接下来将研究研发能力对创新产出的中介效应，分析结果如表 6.8 所示：

表 6.8 研发能力对创新产出中介效应的检验

变量	创新产出		
	OLS(1)	FE(2)	RE(3)
常数	0.030	−0.216**	−0.021
	(0.360)	(−2.02)	(−0.20)
企业规模	−0.029	0.468**	0.069
	(−0.27)	(2.120)	(0.530)
行业规模	0.034	−0.323	0.010
	(0.520)	(−1.24)	(0.110)
FDI	0.141*	0.208	0.170*
	(1.740)	(1.080)	(1.660)
研发能力	0.379***	0.115	0.300**
	(4.550)	(0.970)	(3.190)
DT_{356}	0.090	0.307*	0.143
	(0.620)	(1.870)	(0.990)
DT_4	−0.540*	1.025	−0.244
	(−1.66)	(1.610)	(−0.65)
R^2	0.258	0.149	0.540
F	14.21***	6.37***	
χ^2			59.15***
OLS/FE	2.41***		
OLS/RE	8.95***		
FE/RE			10.58
样本数	252	252	252

注：同表 6.4 注。

从表 6.8 可以看出，FDI 和研发能力在对被解释变量创新产出的回归中，同时高度显著，研发能力的中介效应得到了验证，即 H_{3c} 得证。

3. FDI、创新投入、研发能力以及创新产出对创新绩效的影响

本组检验主要研究 FDI、创新投入、研发能力以及创新产出对创新绩效的影响。首先检验 FDI 以及创新投入对创新绩效的作用，分析结果如表 6.9 所示：

表 6.9 FDI 以及创新投入对创新绩效的影响

变量	创新绩效			创新绩效		
	OLS(1)	FE(2)	RE(3)	OLS(4)	FE(5)	RE(6)
常数	−0.196**	−0.266***	−0.245*	−0.203**	−0.274***	−0.253*
	(−2.47)	(−3.75)	(−1.75)	(−2.42)	(−3.76)	(−1.64)
企业规模	0.006	0.252	0.221*	−0.181*	0.237	0.137
	(0.060)	(1.580)	(1.720)	(−1.74)	(1.590)	(1.120)
行业规模	−0.321***	−0.231	−0.275**	−0.131*	−0.182	−0.149
	(−4.76)	(−1.12)	(−2.18)	(−1.90)	(−1.00)	(−1.25)
FDI	0.369***	0.090	0.223**			
	(5.490)	(0.640)	(2.090)			
创新投入				−0.052	−0.058	−0.040
				(−0.74)	(−0.64)	(−0.50)
DT_{356}	0.467***	0.454***	0.431***	0.626***	0.501***	0.517***
	(3.520)	(4.010)	(4.050)	(4.500)	(4.730)	(5.130)
DT_4	0.360	1.028**	0.914**	(0.053)	0.964**	0.723**
	(1.140)	(2.280)	(2.600)	(−0.16)	(2.290)	(2.120)
R^2	0.194	0.140	0.171	0.097	0.140	0.150
F	11.85***	7.12***		5.31***	7.12***	
χ^2			39.11***			35.23***
OLS/FE	9.95***			12.11***		
OLS/RE	215.50***			277.72***		
FE/RE			6.10			3.64
样本数	252	252	252	252	252	252

注:同表 6.4 注。

模型分析方法同表 6.4,以随机效应模型来解释方程回归结果。从表 6.9 可以看出,FDI 促进了内资企业的创新绩效,H_{4a}得证。然而,内资企业的创新投入对其创新绩效的影响不显著。因此,依据中介效应检验程序,创新投入的中介效应不成立,即 H_{4b}不成立。

接下来研究研发能力的中介效应,即检验 H_{4c},分析结果如表 6.10 所示:

表 6.10 研发能力对创新绩效中介效应的检验

变量	创新绩效			创新绩效		
	OLS(1)	FE(2)	RE(3)	OLS(4)	FE(5)	RE(6)
常数	0.057	−0.200**	−0.093	0.046	−0.201**	−0.111
	(0.740)	(−2.45)	(−0.77)	(0.570)	(−2.37)	(−0.91)
企业规模	−0.220**	0.150	−0.029	−0.195*	0.153	0.034
	(−2.44)	(1.060)	(−0.25)	(−1.95)	(0.880)	(0.260)
行业规模	−0.240***	−0.204	−0.208**	−0.256***	−0.207	−0.251**
	(−4.30)	(−1.12)	(−2.14)	(−4.09)	(−1.00)	(−2.28)
FDI				0.045	0.005	0.096
				(0.580)	(0.030)	(0.870)
研发能力	0.577***	0.131	0.306***	0.549***	0.130	0.266**
	(9.140)	(1.530)	(4.040)	(6.910)	(1.380)	(3.070)
DT_{356}	0.001	0.366**	0.231*	0.013	0.365**	0.233*
	(0.010)	(2.840)	(1.870)	(0.090)	(2.800)	(1.880)
DT_4	−0.519*	0.706	0.141	−0.450	0.715	0.300
	(−1.81)	(1.630)	(0.420)	(−1.45)	(1.420)	(0.800)
R^2	0.325	0.147	0.132	0.326	0.147	0.133
F	23.65***	7.57***		19.71	6.28***	
χ^2			50.43***			50.80***
OLS/FE	7.16***			7.1***		
OLS/RE	105.03***			107.43***		
FE/RE			—			—
样本数	252	252	252	252	252	252

注：同表 6.4 注。

模型分析方法同表 6.4，以随机效应模型来解释方程回归结果。从表 6.10 可以看出，研发能力对创新绩效具有积极的影响作用，在 1% 水平上显著；FDI 和研发能力在对被解释变量创新产出的回归中，同时高度显著。研发能力的中介效应得到了验证，H_{4c}得证。

接下来研究创新产出的中介效应，即检验 H_{4d}，分析结果如表 6.11 所示：

表 6.11 创新产出对创新绩效中介效应的检验

变量	创新绩效			创新绩效		
	OLS(1)	FE(2)	RE(3)	OLS(4)	FE(5)	RE(6)
常数	−0.112*	−0.149**	−0.149	−0.115*	−0.147**	−0.150
	(−1.71)	(−2.45)	(−1.43)	(−1.79)	(−2.42)	(−1.42)
企业	−0.134*	0.031	−0.012	−0.059	0.012	0.042
规模	(−1.66)	(0.260)	(−0.12)	(−0.69)	(0.080)	(0.400)
行业	−0.251***	−0.105	−0.189**	−0.315***	−0.082	−0.240**
规模	(−5.04)	(−0.69)	(−2.18)	(−5.76)	(−0.47)	(−2.44)
FDI				0.154**	−0.033	0.099
				(2.680)	(−0.27)	(1.140)
创新	0.634***	0.431***	0.471***	0.589***	0.432***	0.461***
产出	(12.820)	(9.620)	(10.730)	(11.390)	(9.580)	(10.390)
DT_{356}	0.265**	0.277**	0.296***	0.229**	0.287**	0.263**
	(2.410)	(3.110)	(3.430)	(2.090)	(2.970)	(2.900)
DT_4	0.213	0.507	0.456*	0.349	0.465	0.564*
	(0.840)	(1.450)	(1.670)	(1.370)	(1.210)	(1.950)
R^2	0.458	0.394	0.617	0.473	0.395	0.600
F	41.50***	28.52***		36.64***	23.68***	
χ^2			163.35***			164.68***
OLS/FE	9.15***			8.63***		
OLS/RE	171.35***			167.53***		
FE/RE			—			—
样本数	252	252	252	252	252	252

注:同表 6.4 注。

模型分析方法同表 6.4,以随机效应模型来解释方程回归结果。从表 6.11 可以看出,创新产出对创新绩效具有积极的影响,且在 1%水平上显著;FDI 和创新产出在对创新绩效的回归中,同时高度显著。研发能力的中介效应得到了验证,H_{4d}得证。

(三)研究小结

经过本章的分析,我们可以看出:除 H_{4b} 外,其他研究假设均得到了验证。最终 FDI 对我国技术创新能力以及创新绩效的作用路径,如图 6.4 所示。

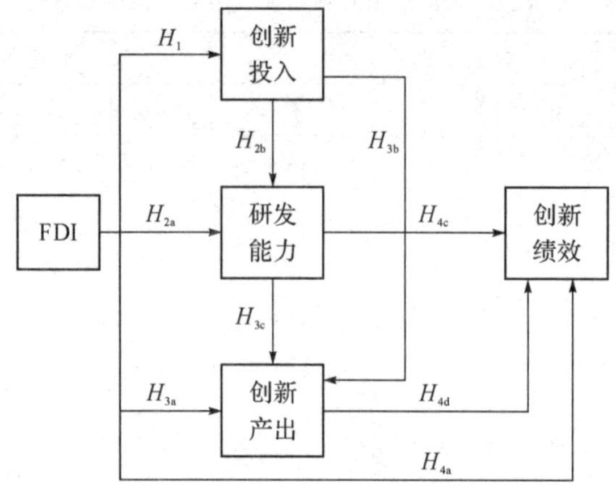

图 6.4 FDI 对我国技术创新能力的机理

三、本章小结

经过本章的分析,我们初步探索了 FDI 对我国技术创新的作用机制。

本书分别从地区与行业层面初步研究了不同来源 FDI 对国有及国有控股企业、内资企业创新能力的溢出效应。地区层面的回归结果与行业层面的回归结果具有较大差异,说明对我国企业创新能力的研究,地区层面的结论不可轻易应用到行业层面。不同来源 FDI 对国有及国有控股企业创新能力的溢出效应大于对内资企业的影响,因此,国有及国有控股企业具有较高的吸收能力。其他来源 FDI、总 FDI 对我国企业创新能力的溢出效应显著,而港澳台来源 FDI 的影响不显著。因此,以往不区分来源而得出"FDI 对本土企业产生显著溢出效应"的研究可能掩盖了港澳台来源 FDI 溢出效应不显著的事实。

本书根据现有文献以及数据的可获性,把技术创新能力划分为创新投入能力、研发能力、创新产出能力以及创新绩效能力,研究了 FDI 对我国技术创新能力的作用机制。杜健(2005)的研究表明外资企业的进入促进了内资企业的创新投入以及创新产出;王红领等(2006)的研究表明,FDI 的进入促进了内资企业的自主研发。他们运用行业层面的数据,从行业内水平溢出的角度进行了研究,这样研究可能的偏差是没有考虑垂直溢出的影响,并且他们测度创新投入、研发以及创新产出的指标也过于简单。

针对 FDI 对我国技术创新能力的作用机制,研究表明 FDI 的进入促进了内资企业的创新投入能力、研发能力、创新产出能力以及创新绩效能力,从而验证了杜健(2005)以及王红领等(2006)的研究结论。

创新投入在FDI促进内资企业研发能力的过程中起不完全中介效应，即FDI促进内资企业研发能力的提高部分原因在于FDI促进了内资企业的创新投入。

创新投入和研发能力分别在FDI促进内资企业创新产出的过程中起不完全中介效应，即FDI促进内资企业的研发能力的提高部分原因在于FDI促进了内资企业的创新投入和研发能力。

研发能力和创新产出分别在FDI促进内资企业创新绩效的过程中起不完全中介效应，即FDI促进内资企业的创新绩效的提高，部分原因在于FDI促进了内资企业的研发能力的提高和创新产出。

第七章 结论与展望

本章主要是对研究作最后的总结，主要包括三个部分：总结和概括本书的研究结论；说明本研究的主要理论贡献和实践意义；最后指出本书研究的不足以及对未来研究的展望。

一、研究结论

（一）FDI与我国技术创新之间的关系

本书运用配对样本检验的方法，对内外资企业间的规模、技术水平、创新投入、研发能力、创新产出以及创新绩效之间的差异进行了分析，结果表明相对于外资企业，内资企业的规模较大、技术水平较低，创新投入较大但质量不高，创新投入能力较高、研发能力较低，创新产出较少、创新绩效较小，从而在总体上表明了内资企业技术创新方面落后于外资企业。笔者进一步运用协整分析与格兰杰检验的方法，研究了FDI与本土技术创新之间的关系，结果表明，FDI与我国本土技术创新之间存在长期的均衡关系，所有类型的专利申请量都与FDI之间呈现单向因果关系。FDI是我国技术创新的格兰杰原因，从而证明了FDI对我国技术创新的积极作用。

（二）FDI对我国技术创新溢出效应的存在性

从地区层面来看，创新资本投入产生了积极的影响，而创新人力资本投入影响不显著，可见对我国技术创新影响最大的因素是我国的创新资本，这可能与我国科技人员质量不高或人浮于事、没有积极发挥作用有关，也可能是我国研发资本过低从而使科技人员没有发挥出应有的作用有关。FDI对我国创新溢出效应是正向显著的，从而验证了第三章的研究结论。

从行业层面看，总体而言，FDI水平溢出效应以及前向溢出效应不显著，而后向溢出效应显著，从而进一步验证了第三章以及第四章关于溢出效应存在性的结论。进一步揭示了溢出效应存在的根本原因在于外资企业通过后向链接效应促进了内资企业技术创新水平的提高。

(三)FDI对我国技术创新溢出效应的影响因素

在FDI对我国技术创新溢出效应存在性的基础上,笔者进一步从地区与行业层面研究了FDI对我国技术创新溢出效应的影响因素。

1.地区层面溢出效应的影响因素

从地区层面来看,地区经济发展水平、地区开放政策对溢出效应影响不显著。这说明了地区经济发展水平以及早期经济开放政策对不同地区FDI创新溢出影响的差异不大,这可能与我国近年来积极实施中部崛起以及西部大开发战略有关。随着内陆地区开放的进一步扩大,大量外资迅速进入,致使原先东部沿海地区较好的经济发展水平以及早期优惠的开放政策的优势逐渐消失。

地区人力资本存量、地区开放度、交通基础设施和电信基础设施等变量对溢出效应的影响显著。这说明了良好的地区人力资本存量、地区开放程度以及地区基础设施在促进FDI对地区本土创新溢出方面起到了重要的作用。

对地区层面的进一步研究表明,在不同地区,FDI对我国创新溢出方面差别不大。除东部地区和中部地区具有显著差异外,八大经济区域差异不显著,按照创新能力以及吸收能力划分的区域差异也不显著。

2.行业内溢出效应的影响因素

行业的技术特征产生了显著的影响。技术差距因素以及资本密集度因素产生了显著的负向作用,过高的内外资技术差距以及资本密集度差距不利于外资企业的创新溢出效应。内外资企业较大的规模差距不利于FDI的创新溢出,但影响不显著。

行业的研发特征影响显著。内资企业的研发人力资本质量影响显著,内外资企业较大的研发人力资本差距不利于外资企业的创新溢出,而较大的研发资本差距影响不显著。这可能与某些内资行业的科研人员中过低的合格科学家与工程师的比例有关。

行业的创新特征影响显著。内资企业较高的创新水平对FDI创新溢出的影响显著为正,而外资企业创新水平因素影响为正,但不显著。这说明外资企业创新水平的高低对FDI创新溢出的影响不大,而内资企业的创新水平才是根本原因。内外资企业的创新差距因素的影响显著为负,较大的创新差距不利于FDI的创新溢出。技术机会和创新可获取性都产生了正向作用,但是技术机会的影响不显著,而创新可获取性的影响在1%水平上显著。

行业的市场结构特征影响不显著。外资企业激烈的市场竞争对FDI的创新溢出产生了负向影响,但不显著。这说明了虽然外资企业的进入对国内的市场结构产生了影响,然而这种影响并没有对FDI的创新溢出产生显著作用。行业开放度指标影响为正,同样不显著。

战略导向特征影响显著。内资企业的出口导向影响不显著,而外资企业的出口导向产生了显著的正向溢出效应,内外资企业间的出口导向差距产生了显著的溢出效应。

3.行业间溢出效应的影响因素

由于对FDI行业间溢出效应的研究刚刚起步,对行业间溢出效应因素的研究不多。笔者主要从产业关联度、市场结构以及战略导向的角度进行研究。

产业关联度影响显著。本书从内外资企业前后向联系的紧密性出发研究了内外资企业联系的紧密程度对FDI创新溢出的影响。结果表明,对于以新产品销售收入为被解释变量的后向溢出效应而言,内外资企业联系密切度影响不显著;而对于前向溢出效应而言,则产生了显著的正向溢出效应。对于以专利申请量为被解释变量的方程中,前后向溢出效应均为正。

战略导向特征影响不显著。内资企业出口导向对FDI后向溢出效应的影响为负,但不显著;而前向溢出效应影响为正,仍然不显著。外资企业出口导向对FDI的垂直溢出效应也得到了类似结论。

市场结构特征影响显著。行业开放度因素对FDI后向创新溢出的影响显著为负,而对前向创新溢出的影响显著为正。同样,市场竞争因素对FDI后向创新溢出的影响显著为负,而对前向创新溢出的影响显著为正。

(四)FDI对我国技术创新能力的作用机理

本书分别从地区与行业层面初步研究了不同来源FDI对国有及国有控股企业、内资企业创新能力的溢出效应。研究表明,不同来源FDI对国有及国有控股企业创新能力的溢出效应大于其对其他内资企业的影响。由此可见,国有及国有控股企业具有较高的吸收能力。港澳台来源FDI对我国企业创新能力的溢出效应小于其他来源FDI对我国企业创新能力的溢出效应。因此,以往不区分来源而得出“FDI对本土企业产生显著溢出效应”的研究可能掩盖了港澳台来源FDI溢出效应不显著的事实。

本书根据现有文献以及数据的可获性,把技术创新能力划分为创新投入能力、研发能力、创新产出能力以及创新绩效能力,研究了FDI对我国技术创新能力的作用机制。杜健(2005)的研究表明外资企业的进入促进了内资企业的创新投入以及创新产出;王红领等(2006)的研究表明,FDI的进入促进了内资企业的自主研发。他们运用行业层面的数据,从行业内水平溢出的角度进行了研究,这样研究的可能结果是忽视垂直溢出的影响,并且他们测度创新投入、研发以及创新产出的指标过于简单。

本书针对FDI对我国技术创新能力的作用机制的研究表明,FDI的进入促进了内资企业的创新投入能力、研发能力、创新产出能力以及创新绩效能力,从而验证了杜健(2005)以及王红领等(2006)的研究结论。

创新投入在FDI促进内资企业研发能力的过程中起不完全中介效应，即FDI对内资企业的研发能力的提高部分原因在于FDI促进了内资企业的创新投入。

创新投入和研发能力分别在FDI促进内资企业创新产出的过程中起不完全中介效应，即FDI对内资企业的研发能力的提高部分原因在于FDI促进了内资企业的创新投入和研发能力。

研发能力和产出分别在FDI促进内资企业创新绩效的过程中起不完全中介效应，即FDI对内资企业的创新绩效的提高，部分原因在于FDI促进了内资企业的研发能力和创新产出。

二、理论贡献和管理启示

基于现有研究的不足，本书运用规范分析方法与实证分析方法研究了FDI对我国技术创新的溢出效应以及对技术创新能力的作用机制，所得的理论价值与管理启示可以概括如下：

(一)理论贡献

1.揭示了内外资企业技术创新的差异

尽管FDI对东道国溢出效应的研究已近半个世纪，FDI对我国技术创新的影响也引起了学者的广泛关注，然而针对内外资企业在技术创新方面存在何种差异而进行严肃实证分析的不多。本书分别研究了内外资企业在规模、技术水平、创新投入、研发能力、创新产出以及创新绩效方面的差异，从而不仅为后文的分析提供基础，也为准确把握我国内外资企业创新特征提供了有益的参考。

2.验证了FDI对我国技术创新溢出效应的存在性

笔者运用时间序列数据，以专利申请量作为技术创新的代理变量，并把专利申请量分为发明专利、实用新型专利以及外观设计专利，实证分析了FDI与我国技术创新的关系。研究表明，FDI与国内技术创新之间存在长期的均衡关系，FDI是本土技术创新的格兰杰原因，从而表明了FDI对内资企业技术创新不仅存在积极的溢出效应，还具有因果关系。另外，笔者从地区与行业层面研究了FDI的创新溢出效应，进一步验证了运用时间序列分析的结果。

本书的研究在一定程度上质疑了现有关于FDI溢出效应存在性的结论及其研究方法的合理性。现有的大多数研究一般通过建立包含FDI参与度的生产函数模型，然后检验表示FDI参与度变量的系数是否显著。如果显著则表示溢出效应存在，不显著则溢出效应不存在。这种方法虽然简单实用，但笔者认为过于草率。Liu et al.(2000)以及许和连、魏颖绮和赖明勇等(2007)的研究表明不同指标表示的FDI参与度表示了FDI溢出效应的渠道。笔者的研究也表明了不同的溢出渠道对FDI的溢出效应产生了不同的影响;笔者分别以新产品销售收入以及专利申请量作为被解释变量的代理变量,研究发现根据不同的被解释变量也得到了不同的结果。同时,郑秀君(2005)的研究也表明,运用不同的研究方法,也得出了不同的结论。因此,通过生产函数的方法研究FDI溢出效应的存在性,研究结论随意性较大。本书通过协整分析以及格兰杰检验,证明了FDI与本土创新之间长期稳定的关系以及FDI是本土创新的格兰杰原因,从而证实了FDI对本土创新具有积极的促进作用。

3.拓展了FDI溢出效应影响因素的研究范围

从目前研究文献来看,FDI对东道国技术创新溢出效应的研究处于起步阶段。目前的研究大多集中在FDI对东道国技术创新溢出效应的存在性上,而有关FDI对东道国技术创新溢出效应影响因素的研究不多,仅有杜健(2005)研究了内资企业的市场结构以及技术体制对内资企业创新投入的影响。本书积极借鉴FDI对东道国技术效率溢出效应影响因素的研究成果,并加入了行业技术创新的影响因素,分别从水平溢出效应以及前、后向溢出效应的角度系统地研究了FDI对我国本土创新溢出效应的影响因素,为国内外学者研究FDI对东道国创新溢出效应的影响因素提供了有益参考。

4.拓展了FDI垂直溢出效应的研究范围

从本世纪初开始,通过严格的计量分析来研究FDI的垂直溢出效应引起了国内外学者的关注。然而现有的研究大多集中在FDI对东道国技术效率的垂直溢出效应的存在性上,而关于FDI对东道国技术创新的垂直溢出效应,还没有涉及。笔者积极借鉴国内外学者有关FDI垂直溢出效应的有益成果,运用最新的投入产出表,构建了前向与后向垂直溢出效应变量,实证研究了FDI对我国技术创新的垂直溢出效应。研究表明,FDI通过后向链接效应对我国的技术创新产生了显著的溢出效应,从而与Liu、Lin(2004)、许和连、魏颖绮和赖明勇(2007)、邹武鹰、许和连和赖明勇(2007)、杨亚平(2007)、王文治(2008)等学者关于存在FDI通过垂直溢出效应促进我国技术效率的研究相吻合。

5.阐发并实证了FDI创新溢出的渠道

由于不同的指标构成的FDI反映了FDI溢出效应发生的不同途径(Liu et al.,2000),本书首次研究了FDI对我国技术创新的溢出渠道。由于三资企业产出占行业总产出的比重表示的FDI,主要从产品的示范—模仿和行业的竞争溢出效应两条途径反映溢出效应;而用三资企业从业人员数占行业总从业人员数的比重表示的FDI,从人员流动溢出效应途径来反映溢出效应(许和连、魏颖绮和赖明勇等,2007)。本书分别从产出以及人员的角度研究FDI创新溢出的渠道。

FDI通过科技活动人员渠道对内资企业的水平溢出效应以及前、后向垂直溢出效应均产生了显著的正向溢出效应。而通过所有从业人员渠道对内资企业的水平溢出效应显著,而前、后向垂直溢出效应均不显著。这说明FDI对技术创新的垂直溢出效应主要通过含有较高人力资本的科技人员发生,而对于水平溢出效应的发生对人员的要求较低。

FDI通过工业总产值渠道对内资企业的水平溢出效应不显著,而前、后向垂直溢出效应均产生了显著的正向溢出效应。而通过产品销售收入渠道的研究完全与通过工业总产值渠道的研究结论相吻合。

6.研究了FDI对技术创新的作用机制

FDI促进了内资企业的创新投入、研发能力、创新产出以及创新绩效。创新投入在FDI促进内资企业研发能力以及创新产出的过程中具有中介效应;研发能力在FDI促进内资企业创新产出以及创新绩效的过程中具有中介效应;创新产出在FDI促进内资企业创新绩效的过程中具有中介效应。

(二)管理启示

1.肯定了FDI对我国技术创新的溢出效应,对关于"以市场换技术"政策的争论提供了有益参考

以往学者对有关"以市场换技术"政策的争论大多用FDI对我国技术效率的影响加以佐证。本书认为"以市场换技术"的根本不在于FDI对我国技术效率产生了怎样的影响,而是如王春法(2004)所指出的FDI对本土的"内生创新能力"产生了何种影响。本书的研究结论肯定了FDI对我国技术创新的溢出效应,对"以市场换技术"政策的争论提供了有益参考。诚如王志乐(2007)所言,对"以市场换技术"政策得失的考察,应当从产业链、内资企业的消化吸收再创新以及国内的政策等层面加以分析。

2.提高地区人力资本水平、扩大开放、加强基础设施建设有利于FDI的创新溢出效应

地区经济发展水平以及早期地区开放政策不影响FDI的创新溢出效应,而地区人力资本存量、对外开放度、基础设施的影响显著。因此,我国没有得到早期开放政策优惠的内陆地区甚至是经济较落后的地区,只要加强本地区的人力资本积累、扩大开放度以及提高基础设施水平就能获得FDI对本地创新的积极溢出效应。这也为政府部门制定地区经济政策以及科技政策提供了有益参考。

3.在制定外资产业政策时应考虑产业的技术特征以及创新特征

由于内外资较小的技术差距以及资本密集度有利于FDI对行业内的创新

溢出，并且行业的技术机会以及创新可获取性也显著影响了FDI对行业内的创新溢出效应。因此，从获取FDI创新溢出的角度出发，在引进外资时，可以适当考虑行业的技术特征以及创新特征。

4. 制定政策以促进内外资企业的产业关联

本书的研究表明，FDI主要通过内外资企业的垂直链接效应影响内资企业的技术创新。UNCTAD(2001)也发表了题为“促进关联”的年度外商投资报告，认为产业关联是FDI溢出效应发生的主要途径。因此，我们应制定积极措施促进内外资企业的产业关联，避免外资形成两头在外的“飞地”经济。

5. 对内资企业的经营管理人员获取外资企业的创新溢出效应提供有益参考

内资企业提高自身的技术水平、研发投入并积极与外资企业合作会促进自身技术创新水平的提高。对于外资企业的上下游企业，积极引进外资企业的科研活动人员，对外资企业的产品进行学习、模仿与反求等方法，可以提高自身的创新水平。

三、研究不足与研究展望

(一)研究不足

在研究工作中，笔者对FDI溢出理论和技术创新理论进行了总结，并采用权威公开统计数据实证研究了FDI对我国技术创新的溢出效应，取得了一些重要的研究成果。然而，这些研究还只是初步的，只是为后续研究提供了较好的基础，绝非终点。由于所研究问题的复杂性，以及相关研究文献的匮乏和数据的不可获性，本研究还存在着一些不足和缺憾，需要在今后的研究工作中进一步探索和完善。

1. 研究层次问题

目前有关我国技术创新方面的数据主要来源于《中国科技统计年鉴》，其统计口径为大中型工业企业，而非全部工业企业的数据。由于数据不全面，无法研究FDI对我国小型企业的影响。《中国科技统计年鉴》在行业层面仅公开了二位码层面的数据，没有发布三位码和四位码层面的数据。由于数据过粗，导致了本书在两个方面无法深入研究：(1)由于无法研究同一个二位码下的细分行业的垂直溢出效应，三位码层面甚至四位码层面的行业间溢出效应有可能被包含在二位码层面的行业内溢出效应中而无法识别，也有可能导致水平溢出效应较高，这是目前有关我国行业间溢出效应研究存在的普遍问题；(2)本书对行业层面的研究仅停留在二位码层面，使得细分行业层面的许多深层次的问题没有在二位码大类行业层面上表现出来，变量的测量及相关性特别是有关FDI创新溢出影响因素的有效性受到限制，使得某些研究结论无法成立。

2. 样本数据问题

本研究主要采用权威的公开统计数据，为了增加样本容量，本书选择了1998—2006年共9年的面板数据。在此期间，我国统计工作发生了几次较大的变化：首先是2003年我国调整了行业分类标准，使得某些行业发生了较大的变化，虽然笔者根据2003年前后的行业分类标准进行了调整，并设置了时间虚拟变量以降低其影响，但不能完全将负面影响消除；其次，由于我国在2004年进行了工业普查，并发布了统计数据，使得《中国科技统计年鉴》对2004年的统计口径为规模以上行业，与2004年前后的大中型工业企业的统计口径不一致，笔者设置了2004年虚拟时间变量以降低其影响，但也不能完全消除。

由于《中国统计年鉴》中，缺失1999—2000年的邮电业务量数据，因此有关电信基础设施对外资创新溢出影响的研究仅包括2001—2006年的数据，而对地区创新能力进行聚类分析时需用到地区邮电业务量历年的平均值，为了充分利用数据，扩大样本容量，本书对1999—2000年的数据进行了插值分析。同样道理，在本书第六章第二节研究研发能力时对发明专利拥有量也进行了插值处理。由于海南省个别数据缺失，如海南省工业品出厂价格指数缺失1998—2000年的数据，本书用全国平均值的办法代替。本书认为，仅仅对个别数据采用近似值的办法对本书的研究结论的影响不大。

3. 变量测量问题

由于《中国工业经济统计年鉴》的统计口径为规模以上企业，与《中国科技统计年鉴》的统计口径不一致，故舍弃未用。而《中国科技统计年鉴》中有关行业经济数据方面的资料远没有《中国工业经济统计年鉴》全面，故本书对某些变量的测量只能采用变通的方法，采用替代性或相关性的指标来测量，具体表现在：①本书采用微电子控制设备占行业生产设备的比重来测量技术水平，而国内外学者一般用工业增加值与从业人员的比重所表示的劳动生产率来测量技术水平；然而《中国科技统计年鉴》没有提供工业增加值的数据，也无法通过相关数据计算得到工业增加值数据。②关于用存量指标还是流量指标来测量外资参与度，引起了学者的关注。考虑到不仅同期的外资对内资存在溢出效应，早期的外资对同期内资的影响也不可忽视，因此采用存量指标更加合适。国内外学者一般用外资企业的资产值占行业的比重作为外资参与度的存量指标，然而《中国科技统计年鉴》没有提供资产值的数据，也无法通过相关数据计算得到资产值数据。本书用生产设备原价作为资产值的代理变量，考虑到外资创新溢出主要通过较高水平的技术活动而发生，本书用外资企业的微电子控制设备占行业微电子控制设备的比重表示外资参与度。

4. 影响因素问题

由于关于FDI对东道国创新溢出的研究刚刚起步，相关影响因素的研究不成熟，而有关FDI对东道国技术效率溢出效应影响因素的研究则积累了大量的实证研究成果，比较成熟。因此，笔者积极借鉴FDI对东道国技术效率溢出效应影响因素的研究成果，并寻求技术创新理论以及FDI溢出效应研究的文献支持，研究了FDI对我国技术创新溢出效应的影响因素。因此，不可避免地存在这些影响因素是否适用以及是否遗漏了其他影响因素的问题。

(二)研究展望

本书对FDI对我国创新溢出的影响因素、发生机理以及作用机制进行了探索。但受文献、数据、时间和精力的限制，笔者认为还有许多问题有待进一步探索。

1. 有必要从更微观的角度研究FDI对我国的创新溢出效应

如前文所述，本书对行业层面的研究层次为二位码层面，这也是国内外学者利用公开统计数据研究中国产业问题所能达到的层次。由于通过个人问卷调查的方法无法满足FDI溢出效应研究的需要，因此，要深入研究FDI对我国的创新溢出效应还有赖于微观的权威统计数据或大规模的全面的创新调查(考虑到产业关联效应，最好在全国范围进行调查，至少应在大区域层面如长三角、珠三角等地区展开)。

笔者通过文献检索发现，有许多学者研究了更微观层面的FDI对我国的溢出效应，如陈涛涛(2004)用了四位码层面的数据，Liu et al.(2005)用了中国统计数据库的企业层面的普查数据。笔者专门咨询过国家统计局以及Liu教授，国家统计局的回复是：除公开年鉴外，不提供也不出售三位码或四位码层面的数据；Liu教授告诉笔者：在海外，支付昂贵的价格可以接触到中国工业企业普查数据库(Annual Report of Industrial Enterprise Statistics)。《中国经济普查年鉴》(2004年)是目前最新公开普查年鉴，然而笔者发现此年鉴中相关指标统计口径的随意性较大，数据缺失严重，笔者运用此年鉴进行了初步分析，结果非常不理想。因此如果能有机会接触到微观层面的普查数据，则可以极大地促进FDI对我国的创新溢出效应的研究。

2. 有必要从更微观的角度研究FDI对其他国家特别是对发展中国家的创新溢出效应

由于关于FDI对东道国创新溢出效应的研究刚刚起步，研究不够深入，因此如果能从更微观的角度研究FDI对其他国家特别是发展中国家的创新溢出效应，则对研究中国的FDI创新溢出效应具有重要的借鉴意义。

3. 有必要研究不同来源FDI对我国技术创新的溢出效应

笔者虽然研究了港澳台来源的FDI和其他来源的FDI对内资企业的创新

溢出，但是不够深入。在数据允许的情况下，研究不同来源 FDI 对我国技术创新的溢出效应具有重要的理论与实用价值。

4. 有必要研究 FDI 对我国不同所有制企业技术创新的溢出效应

由于我国内资企业包括多种所有制企业，不同的所有制企业具有不同的技术水平与创新能力。因此，FDI 对我国不同所有制企业技术创新的溢出效应具有重要的理论价值与实践意义。

5. 有必要从内外资企业相互作用以及双向溢出的角度研究 FDI 对我国技术创新的溢出效应

内外资企业在国内市场上属于既竞争又合作的关系，相互影响又相互作用。FDI 对内资企业存在溢出效应，同样，内资企业对外资企业也存在溢出效应。因此，内外资企业间存在双向溢出效应。从内外资企业双向溢出的角度来研究 FDI 对我国技术创新的溢出效应具有重要意义。

参考文献

[1] Abramowitz, M. Catching up, Forging Ahead and Falling Behind[J]. *Journal of Economic History*, 1986, 46(2):385-406

[2] Acs, Z. Innovation and the Growth of Cities[M]. Cheltenham: Edward Elgar, 2002

[3] Aitken, A., Hanson, G., and Harrison, A. E. Spillovers, Foreign Investment and Export Behaviour [J]. *Journal of International Economics*, 1977, 43:103-132

[4] Aitken, B. & Harrison, A. Are there Spillovers from Foreign Direct Investment? Evidence from Panel Data for Venezuela[R]. mimeo, MIT and World Bank, 1991

[5] Aitken, B., Harrison, A. Do Domestic Firms Benefit from Direct Foreign Investment? Evidence from Venezuela [J]. *American Economic Review*, 1999, 89(3):605-618

[6] Alfaro, L., Chanda, A. Kalemli—Ozcan, S., *et al*. FDI and Economic Growth: The Role of Local financial Markets [J]. *Journal of International Economics*, 2004, 64(1): 89-112

[7] Allen, T. J. Managing the flow of technology: Technology Transfer and the Dissemination of Technological Information within the R&D Organization[M]. Cambridge, MA: The MIT Press, 1977

[8] Altenburg, T. Linkages and Spillovers between Transnational Corporations and Small and Medium-Sized Enterprises in Developing Countries [A]. Opportunities and policies, Proceedings of the UNCTAD Special Round Table TNC_ SME Linkages for Development, Bangkok, February, 2000

[9] Amit, R. Schoemaker, P. J. H. Strategic Assets and Organizational Rent [J]. *Strategic Management Journal*, 1993, 14: 33-46

[10] Andersson, R., Quigley, J. M. & Wilhelmsson, M. Agglomeration and the Spatial Distribution of Creativity [J]. *Regional Science*, 2005, 84(3):445-464

[11] Arrow, K. J. The Economic Implications of Learning by Doing [J]. *Review of Economic Studies*, 1962, 29(3):155-173

[12] Audretsch, D. B. Agglomeration and the Location of Innovative Activity [J]. *Oxford Review of Economic Policy*, 1998, 14(2):18-29

[13] Audretsch, D. B. & Feldman, M. Knowledge Spillovers and the Geography of Innovation and Production[J]. *American Economic Review*, 1996, 86(3): 630-640.

[14] Banga, R. Do Productivity Spillovers from Japanese and U. S. FDI Differ? [R]. mimeo, Delhi School of Economics, 2003. http://dspace-dev. anu. edu. au/dspace-xmlui/handle/1030. 58/11104

[15] Barney, J. B. Organizational Culture: Can It Be a Source of Sustainable Competitive Advantage[J]. *Academy of Management Review*, 1986(11):656-665

[16] Baron, R. M., Kenny, D. A. The moderator mediator variable distinction in social psychological research: Conceptual, Strategic, and Statistical Considerations[J]. *Journal of Personality and Social Psychology*, 1986, 51(6): 1173-1182

[17] Barrios, S. & Strobl, E. Foreign Direct Investment and Productivity Spillovers: Evidence from the Spanish Experience [J]. *Weltwirtschaftliches Archiv*, 2002, 138(3):459-481

[18] Barrios, S. Strobl, E. Learning by doing and spillovers: evidence from fir-level panel data[J]. *Review of Industrial Organization*, 2004, 25(2):175-203

[19] Barrios, S., Görg, H. & Strobl, E. Explaining Firms'Export Behaviour: R&D, Spillovers and the Destination Market [J]. *Oxford Bulletin of Economics and Statistics*, 2003(65):475-496

[20] Barton, D. L. Core capabilities and core rigidities: A paradox in managing new product development[J]. *Strategic Management Journal*, 1992(13): 111-125

[21] Belkindas, M., Dinc, M. and Ivanova, O. Statistical Systems Need Overhaul in Transition Economies. Transition, 1999, 10(4), The

World Bank, Washington, DC

[22] Bernard, A. B. & Jensen, J. B. Exceptional exporter performance: Cause, effect, or both? [J]. *Journal of International Economics*, 1999(47):1-25

[23] Bernstein, J. I. & Nadiri, M. I. Research and Development and Intra-industry spillovers: An Empirical Application of Dynamic Duality[J]. *Review of Economic Studies*, 1989, 56(2): 249-267

[24] Blalock, G. Technology from foreign direct investment: strategic transfer through supply chains [R]. mimeo, Haas School of Business, University of California at Berkeley, 2001. http://www.rotman.utoronto.ca/strategy/Strategy%20Area%/workshops/Past%20years/blalock.pdf

[25] Blomström, M. & Kokko, A. Multinational Corporations and Spillovers [J]. *Journal of Economic Surveys*, 1998(3): 247-277

[26] Blomström, M. & Kokko, A., Zejan, M. Foreign Direct Investment, Firm and Host Country Strategies [M]. London: Maximillan Press, 2000

[27] Blomström, M. & Sjöholm, F. Technology transfer and spillovers: Does local participation with multinationals matter? [J]. *European Economic Review*, 1999(43): 915-923

[28] Blomström, M. & Persson, H. Foreign Direct Investment and Spillover Efficiency in an Underdeveloped Economy: Evidence from the Mexican Manufacturing Industry[J]. *World Development*, 1983(11): 493-501

[29] Blomström, M. & Wolff, E. Multinational Corporations and Productivity Convergence in Mexico[C]. Oxford: Oxford University Press, 1994: 263-345

[30] Blomström, M. Foreign Investment and Productive Efficiency: The case of Mexico[J]. *Journal of Industrial Economics*, 1986(15): 97-110

[31] Blomström, M. & Kokko, A. The Economics of Foreign Direct Investment Incentives[R]. Stockholm, Sweden, 2003. [EB/OL] http://papers.ssrn.com/sol3/papers.cfm?abstract_id=390667,2007-10-8

[32] Borensztein, E., Gregorio, J. & Lee J-W. How Does Foreign Direct

Investment. Affect Economic Growth? [J]. *Journal of International Economics*, 1998, 45(1): 115-135

[33] Borrus, M., Ernst, D. & Haggard, S. International Production Networks in Asia: Rivalry or Riches? [M]. London: Routledge, 2000

[34] Bottazzi, L. & Peri, G. Innovation and spillovers in regions: Evidence from European patent data[J]. *European Economic Review*, 2003 (47): 687-710

[35] Braconier, H., Ekholm, K. & Knarvik, K. H. M. In Search of FDI-Transmitted R&D Spillovers: a Study Based on Swedish Data[J]. *Review of World Economics*, 2001, 137(4): 644-665

[36] Buckley, P. J., Clegg, J. & Wang, C. The Impact of Inward FDI on the Performance of Chinese Manufacturing Firms[J]. *Journal of International Business, Studies*, 2002, 33(4):637-655

[37] Burgelman, R., Maidique, M. A., Wheelwright, S. C. Strategic Management of Technology and Innovation. New York: Mc Graw-HillInc, 1996

[38] Burns, T., Stalker, G. The management of innovaton[M]. London: Tavistock Publication, 1961

[39] Cassiman, B., Veugelers, R. In search of complementarity in the innovation strategy: internal R&D and external knowledge acquisition[J]. *Management Science*, 2006, 52(1):68-82

[40] Caves, R. E. Industrial corporations: the industrial economics of foreign investment[J]. *Economica*, 1971, 141(38): 1-27

[41] Caves, R. E. Multinational Enterprise and Economic Analysis[M]. Cambridge: CUP, 1996

[42] Caves, R. E. Multinational Firms, Competition and Productivity in Host Country Markets[J]. *Economica*, 1974, 41(162): 176-193

[43] Chandler, A. D., Hagström, P. & Sölvell. The dynamic firm: The Role of Technology, Strategy, Organizations and Regions[M]. Oxford: Oxford University Press, 1988

[44] Chen, E. K. Y. Multinational Corporations and Technology Diffusion in Hong kong Manfacturing[J]. *Applied Economics*, 1983 (15): 309-321

[45] Chen, C. H. Regional determinants of foreign direct investment in ma-

inland China[J]. *Journal of Economic Studies*, 1996, 23(2): 18-30

[46] Chen, C. Provincial characteristics and foreign direct investment location decision within China. Chinese Economy Research Unit Working Paper No. 1997/16, University of Adelaide

[47] Chen, B. L. Technology Adoption and Technical Efficiency in Taiwan. Economic Efficiency and Productivity Growth in the Asia Pacific Region. 1999

[48] Chenery, H. B. & Strout, A. M. Foreign Assistance and Economic Development[J]. *The American Economic Review*, 1966, 56(4): 679-733

[49] Cheng, L. K. & Kwan, Y. K. What are the Determinants of the Location of Foreign Direct Investment? The Chinese Experience[J]. *Journal of International Economics*, 2000(51):379-400

[50] Cheung, K. Y. & Lin, P. Spillover Effects of FDI on Innovation in China: Evidence from Provincial Data[J]. *China Economic Review*, 2004(15): 25-44

[51] Chiesa, V., Coughlan, P. & Voss, C. A. Deveopment of a technical innovation audit[J]. *Journal of Product Innovation Management*, 1996(13): 105-36

[52] Chiesa, V., Coughlan, P. & Voss, C. A. Development of a Technical Innovation Audit. IEEE Engineering Management Review, 1998, 26(2): 64-91

[53] Child, J. Society and enterprise between hierarchy and market[A]. Child, J. Societal Change between Market and Organization[M]. Aldershot: Avebury, 1993

[54] Christensen, J. F. Asset Profiles for Technological Innovation[J]. *Research Policy*, 1995(24):727-745

[55] Chuang, Y. C., Lin., C. M. FDI, R&D and Spillover Efficiency: Evidence from Taiwan's Manufacturing Firms[J]. *Journal of Development Studies*, 1999(4): 117-137

[56] Ciruelos, A. & Wang, M. International Technology Diffusion: Effects of Trade and FDI[J]. *Atlantic Economic Journal*, 2005, 33(4): 437-449

[57] Cockburn, I. & Griliches, Z. Industry Effects and Appropriability

Measures in the Stock Market's Valuation of R&D and Patents[J]. *American Economic Review Proceedings*, 1988, 78(2):419-442

[58] Coe, D. T. & Helpman, E. International R&D Spillovers[J]. *European Economics Review*, 1995(39):859-887

[59] Cohen, W. M. & Klepper, S. A reprise of size and R&D[J]. *The Economic Journal*, 1996a, 106(7): 925-951

[60] Cohen, W. M. & Klepper, S. Firm Size and the Nature of Innovation within Industries: the Case of Process and Product R&D [J]. *The Review of Economics and Statistics*,1996b, 78(2): 232-243

[61] Cohen, W. M. & Klepper, S. The Anatomy of Industry R&D Intensity Distributions[J]. *The American Economic Review*, 1992, 82(4): 773-799

[62] Cohen, W. M. & Levinthal, D. A. Innovation and Learning:the Two Faces of R&D[J]. *Economic Journal*, 1989, 99(397): 569-596

[63] Cohen, W. M. and Levinthal, D. A. Absorptive capacity: A new perspective on learning and innovation[J]. *Administrative Science Quarterly*, 1990, 35(1): 128-52

[64] Council, E. Earth Charter and Ombudsman Project. San José and Costa Rica: Earth Council[EB/OL]. http://www. ecouncil. ac. cr/chair_ecombud. htm

[65] Damijan, J. P., Knell, M. & Majcen, B., Rojec, M. The Role of FDI, R&D Accumulation and Trade in Transferring Technology to Transition Countries: Evidence from Firm Panel Data for Eight Transition Countries[J]. *Economic Systems*,2003(27):189-204

[66] Das,S. Externalities and Technology Transfer Through Multinationals Corporations-A Theoretical Analysis[J]. *Journal of International Economics*, 1987(22):171-182

[67] Davis, H. High IQ and Low Technology: Hong Kong's Key to Success [J]. *Long Range Planning*, 1996, 29(5): 684-690

[68] Dess, G. Consensus in the Strategy Formulation and Organizational Performance: Competitors in a Fragmented Industry[J]. *Strategy Management Journal*, 1987, 8(3): 259-277

[69] Dimelis, S. & Louri, H. Foreign Ownership and Production Efficiency: A Quantile Regression Analysis[J]. *Oxford Economic Paper*,

2002, (54): 449-469

[70] Dimelis, S. & Louri, H. Foreign Direct Investment and Efficiency Benefits: Do Size and Ownership Matter? [A]. Business & Economics Society International Conference. Paris, 2001

[71] Dosi, G. Sources, Procedures and Microeconomic Effects of Innovation [J]. *Journal of Economic Literature*, 1988(26): 1120-1171

[72] Dosi, G. Technological Paradigms and Technological Trajectories[J]. *Research Policy*, 1982(11): 147-162

[73] Dries, L. and Swinnen, J. F. M. Foreign Direct Investment, Vertical Integration, and Local Suppliers: Evidence from the Polish Dairy Sector[J]. *World Development*, 2004, 32(9): 1525-1544

[74] Driffield, N. & Munday, M. Foreign Manufacturing, Regional Agglomeration and Technical Efficiency Frontier in UK Industries: A Stochastic Production Frontier Approach[J]. *Regional Studies*, 2001, 35(5): 391-399

[75] Driffield, N. & Love, J. H. Does the motivation for foreign direct investment affect productivity spillovers to the domestic sector? [R]. University of Birmingham, Rearch Paper, No. 0202, 2002

[76] Driffield, N. The Impact on Domestic Productivity of Inward Investment in the UK[J]. *The Manchester School*, 2001, 69(1):103-119

[77] Driffield, N., Munday, M. & Roberts, A. Foreign direct investment, transactions linkages, and the performance of the domestic sector[J]. *International Journal of the Economics of Business*, 2002(9):335-351

[78] Dunning, J. H. Multinational Enterprises and the Global Economy [M]. Wokingham: Addison-Wesley Publ. Co., 1993

[79] Eaton, J. S., Kortum, S. Trade in Ideas: Patenting and Productivity in the OECD[J]. *Journal of International Economics*, 1996(40): 251-278

[80] Ernst, D. Inter-organizational knowledge outsourcing: What permits small Taiwanese firms to compete in the computer industry[J]. *Asia Pacific Journal of Management*, 2000, 17(2): 223-255

[81] Ernst, D. Review of Multinationals as Flagship Firms [EB/OL]. http://fy-lace. com/ Documents /ERD/Working . Papers/wp033. pdf, 2007-5-6

[82] Ethier, W. J. & Markusen, J. R. Multinational Firms, Technology Diffusion and Trade[J]. *Journal of International Economics*, 1996 (4):1-28

[83] Fallah, M. H. & Ibrahim, S. Knowledge Spillover and Innovation in Technological Clusters[C]. IProceedings, IAMOT 2004 Conference

[84] Feinberg,S. E. & Majumdar, S. K. Technology Spillovers from Foreign Direct Investment in the Indian Pharmaceutical Industry[J]. *Journal of International Business Studies*, 2001,32(3): 421-437

[85] Feldman, M. P. & Audretsch, D. B. Innovation in Cities: Science-based Diversity, Specialization, and Localized Competition[J]. *European Economic Review*, 1999(43): 409-429

[86] Findlay, R. Relative Backwardness, Direct Foreign Investment, and the Transfer of Technology: a Simple Dynamic Model[J]. *Quarterly Journal of Economics*, 1978, 92(1):1-16

[87] Fiol, M. C. Squezing harder doesn't always work: Continuing search for Consistency in innovaton research[J]. *Academy of Management Review*, 1996(21): 1012-1021

[88] Fredrik, S. Technology Gap, Competition and Spillovers From Direct Foreign Investment: Evidence from Establishment Data[J]. *The Journal of Development Studies*, 1999(10): 53-73

[89] Freeman, C. & Soete, L. The Economics of Industrial Innovation [M]. Routledge, 1997

[90] Fritsch, M. & Franke, G. Innovation, regional knowledge spillovers and R&D cooperation[J]. *Research Policy*, 2004, 33(2): 245-255

[91] Gershenberg, I. The Training and Spread of Managerial Know-how, A Comparative Analysis of Multinational and Other Firms in Kenya[J]. *World Development*, 1987(15): 931-939

[92] Girma, S. Absorptive capacity and productivity spillovers from FDI: a threshold regression analysis[J]. *Oxford Bulletin of Economics and Statistics*, 2005, 67(3): 281-305

[93] Girma, S. , Greenaway,D. and Wakelin, K. Who benefits from Foreign Direct Investment in the UK[J]. *Scottish Journal of Political Economy*, 2001(48): 119-133

[94] GirmaM, S. & Wakelin, K. Regional Underdevelopment: Is FDI the

Solution? A Semi-Parametric Analysis[R]. University of Nottingham GEP Research Paper No. 2995, 2001

[95] Glaeser, E. L., Kallal, H. D. & Scheinkman, J. A., *et al*. Growth in Cities[J]. *The Journal of Political Economy*, 1992, 100(6): 1126-1152

[96] Glass, A. & Saggi, K. Multinational Firms and Technology Transfer[J]. *Scandinavian Journal of Economics*, 2002, 104(4): 495-513

[97] Globerman, S. Foreign direct investment and spillover efficiency benefits in Canadian manufacturing industries[J]. *Canadian Journal of Economics*, 1979(12): 42-56

[98] Görg, H. & Strobl, E. Spillovers from Foreign Firms Through Worker Mobility: An Empirical Investigation. mimeo, University of Nottingham, 2002.

[99] Greenaway, D., Sousa, N. & Wakelin, K. Do Domestic Firms Learn to Export from Multinationals? [J]. *European Journal of Political Economy*, 2004, 20(4): 1027-1043

[100] Griliches, Z. Issues in Assessing the Contribution of Research and Development to Productivity Growth[J]. *Bell Journal of Economics*, 1979, 10(1):92-116

[101] Griliches, Z. The Search for R&D Spillovers[J]. *Scandinavian Journal of Economics*, 1992(94): 29-47

[102] Griliches, Z. Patent Statistics as Economic Indicators: A Survey[J]. *Journal of Economic Literature*, 1990, 28(4): 1661-1707

[103] Grossman, G. M. & Krueger, A. B. Economic Growth and the Environment[J]. *Quarterly Journal of Economics*, 1995, 110(2): 353-377

[104] Grossman, G. M. & Krueger, A. B. Environmental Impacts of a north American Free Trade Agreement[R]. NBER working paper, No. 3914, 1991

[105] Guan, J. Comparison Study on Industrial Innovation between China and Some European Countries[J]. *Production and Inventory Management Journal*, 2002, 43(3): 30-46

[106] Haddad, M. & Harrison, A. Are There Positive Spillovers from Direct Foreign Investment? Evidence from Panel Data for Morocco[J].

Journal of Development Economics, 1993(42): 51-74

[107] Hagedoorn, J., Cloodt, M. Measuring innovative performance: is there an advantage in using multiple indicators? [J]. *Research Policy* 2003(32):1365-79

[108] Hall, B. & Ham, H. The Patent Paradox Revisited: Firm strategy and patenting in the U.S. Semiconductor industry[C]. NBER Working paper, No. 7062, 1999

[109] Hambrick, D. C. Environmental scanning and organizational strategy [J]. *Strategic Management Journal*, 1982(3):159-74

[110] Hariolf, G. Foundations of the Economics of Inovation: Theory, Measurement and Practice. Cheltenham, Northampton: Edwrd Elgar, 1998

[111] Harris, R. & Robinson, C. Productivity Impacts and Spillovers from Foreign Ownership in the United Kingdom[J]. *National Institute Ecomnomic Review*, 2004(187):58-75

[112] Harrison, A. Productivity, Imperfect Competition and Trade Reform [J]. *Journal of International Economics*, 1994(36):53-73

[113] Hausman, J. Specification Tests in Economics[J]. *Econometrica*, 1978(46):1251-1271

[114] He, Z. L. & Wong, P. K. Exploration vs exploitation: an empirical test of the ambidexterity hypothesis[J]. *Organization Science* 2004, 15(4): 481-494

[115] Helleiner, G. K. The Role of Multinational Corporation in Less Developed Countries' Trade in Technology. World Development, 1975 (3): 161-189

[116] Helliwell, J. F. Trade and technical progress. NBER working paper, No. 4226, 1992

[117] Henderson, V., Kuncoro, A. & Turner, M. Industrial development in cities [J]. *Journal of Political Economy*, 1995, 103 (5): 1067-1090

[118] Hennart, J. F. A transaction cost analysis of equity joint venture. Strategic Management Journal, 1988

[119] Holmes, T. J. & Schmitz, J. A. A gain from trade: From unproductive to productive entrepreneurship[J]. *Journal of Monetary Eco-*

nomics, 2001, 47(2): 417-446

[120] Hoskisson, R. E, Eden, L. , Lau, C. M. & Wright, M. Strategy in emerging economies[J]. *Academy of Management Journal*, 2000 (43):249-267

[121] Hu, A. & Jefferson, G. FDI, Technology Innovation and Spillover: Evidence from Large and Medium Size Chinese Enterprises[R]. Mimeo, Brandeis University, 2001

[122] Huang, Y. One country, two systems: Foreign-invested enterprises and domestic firms in China[J]. *China Economic Review*, 2003(14): 404-416

[123] Huang, Y. Selling China: Foreign Direct Investment during the Reform Era. Cambridge University Press, New York, 2001

[124] Huang, Y. & Meng, X. China's industrial growth and efficiency: A comparison between the state and the TVE sectors[J]. *Journal of the Asia Pacific Economy*, 1997, 2(1): 101-121

[125] Huang, Y. & Woo, W. T. and Duncan, R. Understanding the decline of China's state sector[J]. *Economic Policy in Transitional Economies*, 1998, 9(1):1-15

[126] Hymer, S. H. The International Corporations of National Firms: A Study of Direct Foreign Investment[R]. MIT Monographs in Economics, Cambridge. Massachusetts, 1976

[127] Imbriani, C. & Reganati, F. Productivity Spillovers and Regional Differences: Some Evidence on the Italian Manufacturing Sector[C]. Discussion Paper No. 48, Centro di Economia del Lavoroe di Politica Economica, Università degli Studi di Salermo, 1999

[128] Imbriani, C. , Reganati, F. International Efficiency Spillovers into the Italian Manufacturing Sector-English Summary[J]. *Economia Internationale*, 1997(50):583-595

[129] IMF. Balance of Payment Manua[M]. Washington D. C. ,1977

[130] Jacobs, J. The Economy of Cities [M]. New York: Vintage Books, 1969

[131] Jaffe, A. B. Real Effects of Academic Research[J]. *American Economic Review*, 1989(79):984-1001

[132] Jaffe, A. B. Technological opportunity and Spillovers of R&D: Evi-

dence from firms'patents, profits and market value[J]. *American Economic Review*, 1986,76(5):984-1001

[133] Jaffe, A. B., Trajtenberg, M. & Henderson, R. Geographic Localization of Knowledge Spillovers as Evidenced by Patent Citations[J]. *Quarterly Journal of Economics*, 1993, 108(3):577-598

[134] James, L. R., Brett, J. M. Mediators, moderators and tests for mediation[J]. *Journal of Applied Psychology*, 1984, 69(2):307-321

[135] Javorcik, B. S. Does foreign direct investment increase the productivity of domestic firms in search of spillovers through backward linkages? [J]. *American Economic Review*, 2004b, 94(3): 605-627

[136] Javorcik, B. S. The Composition of Foreign Direct Investment and Protection of Intellectual Property Rights: Evidence from Transition Economies[J]. *European Economic Review*, 2004a, 48(1): 39-62

[137] Javorcik, B. S. & Spatareanu, M. FDI Spillovers Through Backward Linkages in Romania: Some Determinants mimeo, World Bank, 2002

[138] Javorcik,B. S. & Spatareanu, M. To share or not to share : Does local participation matter for spillovers from foreign direct investment? [R]. World Bank Policy Research Working Paper No. 3118, 2003

[139] Javorcik,B. S., Saggi, K. & Spatareanu, M. Does it matter where you come from? Vertical spillovers from foreign direct investment and the nationality of investors[R]. World Bank Policy Research Working Paper No. 13449, 2004c

[140] Jefferson, G.,Bai, D.,Xiaojing, G. & Xiaoyun, Y. R&D Performance in Chinese industry[J]. *Economics of Innovation and New Technology*, 2006, 15(4):345-366

[141] Jenkins, R. Comparing foreign subsidiaries and local firms in LDCs: Theoretical issues and empirical evidence[J]. *Journal of Development Studies*, 1990(26): 205-228

[142] Kathuria, V. Productivity Spillovers from Technology Transfer to Indian Manufacturing Firms[J]. *Journal of International Development*, 2000(12): 343-369

[143] Katz, J. M. Production Functions, Foreign Investment and Growth [M]. Amsterdam: North Holland, 1969

[144] Katz, J. M. Technology creation in Latin American manufacturing in-

dustries[M]. New York: St. Martin's Press, 1987

[145] Keller, W. & Yeaple, S. Multinational Enterprises, International Trade, and Productivity Growth: Firm-Level Evidence from the United States[C]. NBER Working Paper No. 9504, 2003

[146] Keller, W. Geographic Localization of International Technology Diffusion[J]. *American Economic Review*, 2002, 92(5): 120-142

[147] Kesidou, E. Knowledge spillovers in high-tech clusters in developing countries. GLOBELICS Academy-Lisbon, 2004

[148] Kindelberger. The international corporation [M]. Mass: MIT Press, 1969

[149] Kinoshita, Y. R&D and Technology Spillovers Through FDI: Innovation and Absorptive Capacity [C]. CEPR Discussion Paper No. 2775, 2001

[150] Klevorick, A. K., Levin, R. C. & Nelson, R. R., *et al*. On the source and significance of interindustry differences in technological opportunity[J]. *Research Policy*, 1997(24): 185-205

[151] Koizumi, T. & Kopecky, K. J. Foreign Direct Investment, Technology Transfer and Domestic Employment Effects[J]. *Journal of Internaional Economics*, 1980(10):1-20

[152] Koizumi, T. & Kopecky, K. J. Economic Growth, Capital Movements and the International Transfer of Technical Knowledge[J]. *Journal of International Economics*,1977, 7(1):45-65

[153] Kojima, Kiyoshi. Direct Foreign Investment[M]. New York: Praeger,1978

[154] Kokko, A. & Blomström, M. Policies to Encourage Inflows of Technology Through Foreign Multinationals [J]. *World Development*, 1995, 23(3): 459-468

[155] Kokko, A. Foreign Direct Investment, Host Country Characteristics and Spillovers [R]. The Economic Research Institute, Stockholm, 1992

[156] Kokko, A. Productivity Spillovers from Competition between Local Firm and Foreign Affiliates [J]. *Journal of International Development*, 1996(8): 517-530

[157] Kokko, A. Technology, market characteristics, and spillovers[J].

Journal of Development Economics, 1994(43): 279-293

[158] Kokko, A. , Tansini, R. & Zejan, M. Local technological capability and Productivity spillovers from FDI in the Uruguayan manufacturing sector [J]. *Journal of Development Studies*, 1996(34): 602-611

[159] Kokko, A. , Zejan, M. & Tansini, R. Trade regimes and spillover effects of FDI: Evidence from Uruguay[J]. *Review of World Economics*, 2001, 137(1): 124-149

[160] Konings, J. The Effects of Foreign Direct Investment on Domestic Firms: Evidence from Firm-Level Panel Data in Emerging Economies [J]. *Economics of Transition*, 2001, 9(3): 619-633

[161] Kremer, M. Population Growth and Technological Change: One Million B. C. to 1990[J]. *Quarterly Journal of Economics*, 1993, 108 (3): 681-716

[162] Krugman, P. Increasing Returns and Economic Geography[J]. *Journal of Political Economy*, 1991(99): 483-499

[163] Kuemmerle, W. The drivers of foreign direct investment into research and development: an empirical investigation[J]. *Journal of International Business Studies*, 1999, 30(1):1-24

[164] Kugler, M. The Diffusion of Externalities from Foreign Direct Investment: Theory Ahead of Measurement. Discussion Papers in Economics and Econometrics No. 23, University of Southampton, U. K. , 2000

[165] Kugler, M. The Sectoral Diffusion of Spillovers from Foreign Direct Investment. Mimeo, University of Southampton, August, 2001

[166] Lall, S. Vertical Interfirm Linkages in LDCs: an Empirical Study[J]. *Oxford Bulletin of Economics and Statistics*, 1980, 42(3): 203-226

[167] Lan, P. Technology transfer to china through foreign direct investment[D]. University of strathclyde, PhD thesis, 1995

[168] Lane, P. J. & Lubatkin, M. Relative absorptive capacity and interorganizational learning[J]. *Strategic Management Journal*, 1998, 19 (5): 461-477

[169] Lane, P. J. , Salk, J. E. , & Lyles, M. A. Absorptive capacity, learning and performance in International joint ventures[J]. *Strategic Managament Journal*, 2001(22): 1139-1161

[170] Langdon, S. Multinational corporations in the political economy of Kenya[M]. New York:St. Martin's Press, 1981

[171] Lapan, H. & Bardhan, P. Localized Technical Progress and Transfer of Technology and Economic Development[J]. *Journal of Economic Theory*, 1973(6):585-595

[172] Lee, K., & Plummer, M. G. Competitive Advantages, Two-way Foreign Investment, and Capital Accumulation in Korea[J]. *Asian Economic Journal*, 1992(6):93-113

[173] Levin, R., Klevorick, A. & Nelson, R. Appropriability the returns from industrical research and development[J]. *Brookkings Papers on Economic Activity*, 1987(3):783-820

[174] Li, X., Liu, X. & Parker, D. Foreign Direct Investment and Productivity Spillovers in the Chinese Manufacturing Sector[J]. *Economic Systems*, 2001(25):305-321

[175] Liu, X., Siler, P. & Wang, C. *et al*. Productivity Spillovers from Foreign Direct Investment: Evidence from UK Industry Level Panel Data[J]. *Journal of International Business Studies*, 2000,31(3): 407-425

[176] Liu, Z. & Lin, P. Backward linkages of foreign direct investment: Evidence from China[EB/ OL]. http ://www. cctr. ust. hk/articles/ pdf/LinPing. Pdf, 2004

[177] Liu, Z. Foreign Direct Investment and Technology Spillovers: Theory and Evidence[J]. *Journal of Development Economics*, 2008(85): 176-193

[178] Liu,Z. Foreign Direct Investment and Technology Spillover:Evidence from China[J]. *Journal of Comparative Economics*, 2002(30): 579-602

[179] Love, J. H., Roper, P. The Determinants of Innovation: R & D, Technology Transfer and Networking Effects[J]. *Review of Industrial Organization*, 1999(15): 43-64

[180] Lucas,R. On the Mechanics of Economic Development[J]. *Journal of Monetary Economics*, 1988,22(1): 3-42

[181] MacDougall, G. D. The Benefits and Costs of Private Investment from Abroad: A Theoretical Approach[J]. *Economic Record*, 1960

(36): 13-35

[182] Mansfield, E., Rapoport, J. & Romeo, A. Social and private Rates of Return from Industrial Innovations[J]. *Quarterly Journal of Economics*, 1977,91(2): 221-240

[183] Mansfield, E., Schwartz, M. & Wagner, S. Imitation Costs and Patents: An Empirical Study[J]. *Economic Journal*, 1981(91):907-918

[184] Markusen, J. R., & Venables,A. J. Foreign Direct Investment as a Catalyst for Industrial Development[J]. *European Economic Review*, 1999(43):335-356

[185] McIntyre, J. R. & Papp, D. S. The Political Economy of International Technology Transfer[M]. Quorum Books, 1986

[186] McKenrick, D. G., Doner, R. F. & Haggard, S. From Silicon Valley to Singapore: Location and Competitive Advantage in the hard disk drive industry[M]. Stanford: Stanford University Press, 2000

[187] Mello, L. R. Foreign Direct Investment-led Growth: Evidence from Time Series and Panel Data[J]. *Oxford Economic Papers*, 1999(51):133-151

[188] Merlevede, B. Schoors, K. Conditional Spillovers from FDI within and Between Sectors: Evidence from Romania. Department of Economics and CERISE, University of Ghent. [EB/OL]. http://www.oru. se/oru-upload/ Institutioner/ Ekonomi% 20statistik% 20och% 20informatik/Dokument/Forskning/Nationalekonomi /Schoor, 2005-10-18

[189] Meyer, K. E. & Estrin,S. Brownfield entry in emerging markets[J]. *Journal of International Business Studies*, 2001(32): 575-584

[190] Meyer, K. E. Institutions, transaction costs, and entry mode choice in Eastern Europe[J]. *Journal of International Business Studies*, 2001(32):357-367

[191] Meyer, K. E. International business research on transition economies [C]. Oxford: Oxford University Press, 2001a

[192] Meyer, K. E. Management Challenges in Privatization Acquisitions in Transition Economies[J]. *Journal of World Business*, 2002, 37(4): 266-276

[193] Mowery, D. C. Economic Theory and Government Technology Policy

[J]. *Policy Sciences*, 1983(13):27-43

[194] Mueser, P. Identifying technical innovations[J]. *IEEE Transactions on Engineering Management*, 1985(4):164

[195] Narula, R. & Marin, A. FDI Spillovers, Absorptive Capacities and Human Capital Development: Evidence from Argentina. MERIT Research Memorandum, 2003

[196] Nelson, R. & Phelps, E. Investment in humans, technological diffusion, and economic growth[J]. *American Economic Review*, 1996(82):942-963

[197] Nichiguchi, T. and Anderson, E. Supplier and Buyer Networks[A]. Bowman, E. H. and Kogut, B. M. Redesigning the Firm[C]. Hewlett Packard, 1995:65-84

[198] Nonaka, I. & Takeuchi, H. The Knowledge-Creating Company: How Japanese Companies Foster Creativity and Innovation for Competitive Advantage. New York: Oxford University Press, 1995

[199] OECD. Proposed Guidelines for Collecting and Integrating Technological Innovation Data, OSLO Manual. Paris: OECD, 1996

[200] OECD. Technology and Industrial Performance: Technology Diffusion, Productivity, Employment and Skills, International Competitiveness. OECD: Paris, 1996

[201] Olfsdotter, K. Foreign direct investment, country capabilities and economic growth[J]. *Weltwirtschaftliches Archiv*, 1998(134):115-135

[202] Olfsdotter, K. Foreign direct investment, country capabilities and economic growth[J]. *Weltwirtschaftliches Archiv*, 1998(134):115-135

[203] Pack, H. & Saggi, K. Vertical Technology Transfer via International Outsourcing[J]. *Journal of Development Economics*, 2001(65):389-415

[204] Pack, H. Productivity and Industrial Development in Sub-Saharan Africa[J]. *World Development*, 1993, 21(1): 1-16

[205] Pavitt, K., Robson, M. & Townsend, J. Technological accumulation, diversification and organisation in UK companies, 1945-1983 [J]. *Management Science*, 1989, 35(1):81-99

[206] Pavitt, K. Sectoral Patterns of Technical Change: Towards a Taxon-

omy and a Theory[J]. *Research Policy*, 1984(13):343-373

[207] Pavitt, K. The Process of Innovation. SPRU Electronic Working Paper Series. No. 89. 2003

[208] Perez, T. Multinational Enterprises and Technological Spillovers: an Evolutionary Model[J]. *Journal of Evolutionary Economics*, 1997(7):169-192

[209] Pisano, G. P. The R&D boundaries of the firm: an empirical analysis [J]. *Administrative Science Quarterly*, 1990, 35(1): 153-176

[210] Porter, M. Corporate Investment and the Time Horizons of American Industry[M]. Boston: Harvard Business School Press, 1993

[211] Powell, T. C. & Micallef, A. N. Information Technology as Competitive Advantage: the Role of Human,Business and Technology Resources [J]. *Strategy Management Journal*, 1997, 18(5): 375-405

[212] Prahalad & Hamel. The Core Competence of the Corporation, Harvard Business Review, No. 190311, 19921

[213] Proença, I., Fontoura, M. and Crespo, N. Productivity Spillovers from Multinational Corporations in the Portuguese Case: Evidence from a Short Time Period Panel Data. Working Paper No. 06/2002, Department of Economy. Technical University of Lisbon

[214] Reuber, G. L. Private Foreign Investment in Development[J]. *The Canadian Journal of Economics*, 1975, 8(4): 631-633

[215] Rhee, Y. W. The Catalyst Model of Development: Lessons from Bangladesh's Success With Garment Exports[J]. *World Development*, 1990, 18(2):333-346

[216] Rivera-Batiz, L. A. & Romer, P. M. Economic Integration and Endogcnous Growth[J]. *Quarterly Journal of Economics*, 1991(106): 531-555

[217] Romer, P. M. Endogenous Technological Change [J]. *The Journal of Political Economy*, 1990(98): 71-102

[218] Romer, P. M. Idea gap and object gaps in economic development [J]. *Journal of Monetary Economics*, 1993(32): 543-573

[219] Romer, P. M. Increasing Returns and Long Run Growth [J]. *Journal of Political Economy*, 1986, 94(5): 1002-1037

[220] Rosenberg, N. & Frischtak, C. International technology transfer

[M]. New York: Praeger, 1985

[221] Rugman, A. M. Inside the Multinationals: The Economics of Internal Markets [M]. New York: Columbia University Press, 1981

[222] Saggi, K. Trade, Foreign Direct Investment, and International Technology Transfer: a Survey [R]. *The World Bank Research Observer*, 2002,17(2):191-235

[223] Schoors, K. & Tool, B. Foreign direct investment spillovers within and between sectors: Evidence from Hungary, Working Paper 2002, 157, University of Gent, October[EB/OL]. http://www. vve. be/nl/vveDag/1. 5. %20 schoors. pdf, 2008-3-2

[224] Scott-Kennel, J. & Enderwick, P. The Degree of Linkage of Foreign Direct Investment in New Zealand Industry [R]. Victoria University of Wellington, 2001

[225] Sherwood, R. M. Intellectual Property and Economic Development [M]. Boulder, Westview Press, 1990

[226] Sinani, E. & Meyer, K. E.. Spillovers of Technology Transfer from FDI: the Case of Estonia[J]. *Journal of Comparative Economics*, 2004(32):445-466

[227] Sjöholm, F. Productivity Growth in Indonesia: the Role of Regional Characteristics and Direct Foreign Investment [J]. *Economic Development and Cultural Change*, 1999b, 47(3):559-584

[228] Sjöholm, F. Technology gap, competition and spillovers from direct foreign investment: Evidence from establishment data [J]. *Journal of Development Studies*, 1999a(36):53-73

[229] Swan. The International Diffusion of an Innovation. *Journal of Industrial Economics*, 1973(22): 61-69

[230] Teece, D. J. Technology Transfer by Multinational Firms: The Resource Cost of Transferring Technological Know-How [J]. *Economic Journal*, 1977(87):242-261

[231] Tihanyi, L. & Roath, A. S. Technology transfer and institutional development in Central and Eastern Europe [J]. *Journal of World Business*, 2002(37):188-198

[232] Tilton, J. E. International Diffusion of Technology:The Case of Semiconductors. Washington,DC. :Brookings Institution Press, 1971

[233] Toth, I. & Andras Semjen Market Links, Tax Environment and Financial Discipline of Hungarian Enterprises, Institute of Economics, Hungarian Academy of Sciences, Budapest, 1999

[234] Tsou, M.-W., & Liu, J. T. The spillover effect From foreign direct investment: Empirical evidence from Taiwan manufacturing industries, Taiwan Economic Review ,1997, 25(2): 155-181

[235] UNCTAD. World Investment Report [R]. New York and Geneva: UN, 1998-2007

[236] van de Ven A, Ferry, D. Measuring and Assessing Organizations [M]. NewYork: Wiley, 1979

[237] Wang, J. Y. Growth, Technology Transfer and the Long-run Theory of International Capital Movements [J]. *Journal of International Economics* 1990(29):255-271

[238] Wang, J. Y. & Blomström, M. Foreign investment and technology transfer: A simple model [J]. *European Economic Review*, 1992, 36(1):137-155

[239] Wei, Y. & Liu, X. Productivity Spillovers Among OECD, Diaspora and Indigenous Firms in Chinese Manufacturing[R]. Lancaster University Management School Working Paper, 2003

[240] Wie, T. K. The Role of Foreign Direct Investment in Indonesia's Industrial Technology Development. International [J]. *Journal of Technology Management*, 2001(22): 583-598

[241] World Investment Report: FDI Policies for Development:National and International Perspectives Cross Border Mergers and Acquisitions and Development, United Nations, Geneva and New York(2003). UN, New York, Geneva

[242] Xu, B. Multinational enterprises, technology diffusion, and host country productivity[J]. *Journal of Development Economics*, 2000 (62):477-492

[243] Young, A. Growth without scale effects[J]. *Journal of political economy*, 1998,106(1): 41-63

[244] Yudaeva, K., Kozlov, K., Malentieva, N. & Ponomareva, N. Does Foreign Ownership Matter? The Russian Experience[J]. *Economics of Transition*, 2003, 11(3): 383-409

[245] Zahara, S., & George, G. Absorptive Capacity: A Review, Re-conceptualization, and Extension[J]. *Academy of Management Journal*, 2002, 27(2): 185-203

[246] 包群,赖明. FDI 技术外溢的动态测算及原因解释[J]. 统计研究, 2003,(6):33－38

[247] 包群. 外商直接投资与技术外溢：基于吸收能力的研究[D]. 博士学位论文, 湖南大学, 2004

[248] 薄文广,马先标,冼国明. 外国直接投资对于中国技术创新作用的影响分析[J]. 中国软科学, 2005(11): 45－51

[249] 曹崇延,王准. 企业技术创新能力评价指标体系研究[J]. 预测, 1998(2): 66－68

[250] 陈国宏,郑绍濂,桑赓陶. 外商直接投资与技术转移关系的实证研究[J]. 科研管理, 2000, 21(3): 23－28

[251] 陈继杰. 外商直接投资对中国可持续发展溢出效应研究[D]. 博士学位论文, 浙江大学, 2006

[252] 陈涛涛,白晓晴. 外商直接投资溢出效应与内外资企业能力差距[J]. 金融研究, 2004(8):59－69

[253] 陈涛涛,陈娇. 行业增长因素与我国 FDI 行业内溢出效应[J]. 经济研究, 2006(6): 39－47

[254] 陈涛涛,范明曦,马文祥. 对影响我国外商直接投资行业内溢出效应的因素的经验研究[J]. 金融研究, 2003(5): 117－126

[255] 陈涛涛,宋爽. 影响外商直接投资行业内溢出效应的政策要素研究[J]. 金融研究, 2005(6): 56－66

[256] 陈涛涛. 外商直接投资的行业内溢出效应[M]. 北京:经济科学出版社, 2004, 43

[257] 陈涛涛. 影响中国外商直接投资溢出效应的行业特征[J]. 中国社会科学, 2003(4): 33－43

[258] 陈新桥,骆品亮. 企业创新投入产出关系及其实证研究[J]. 产业经济研究,2005, 18(5):58－63

[259] 陈钰芬. 外商直接投资对促进区域创新能力的影响[J]. 统计与决策, 2005(4): 59－61

[260] 董作同. 外商直接投资在中国的技术溢出效应[D]. 硕士学位论文, 大连理工大学, 2005

[261] 杜健. 基于产业技术创新的 FDI 溢出机制研究[D]. 博士学位论文, 浙

江大学，2005

[262] 傅家骥．技术创新经济学[M]．北京：清华大学出版社，2000

[263] 傅家骥．技术创新学[M]．北京:清华大学出版社，1998:37－42

[264] 傅家骥．技术创新——中国企业发展之路[M]．北京:企业管理出版社,1992(4):81－164

[265] 冈田羊佑．研究开发与专利制度[C]．北京：经济管理出版社,2000

[266] 格罗斯曼，赫尔普曼．全球经济中的创新与增长[M]．北京：中国人民大学出版社，2003

[267] 官建成,马宁．企业技术创新能力与出口行为研究[J]．数量经济技术经济研究,2002,19(2)：103－106

[268] 官建成,王瑛,马宁．制造业企业 R&D 能力与竞争力关系的研究[J]．中国机械工程,2002，13(3)：260－263

[269] 官建成和史晓敏．技术创新能力和创新绩效关系研究[J]．中国机械工程，2004，15(11):1000－1004

[270] 国家统计局．中国工业经济统计年鉴.2002－2007

[271] 国家统计局．中国科技统计年鉴.1999－2007

[272] 国家统计局．中国统计年鉴.1999－2007

[273] 韩鹏,陈德棉,张黎．跨国公司对中国本地企业知识溢出模型分析[J]．科学管理研究,2004,22(4):78－81

[274] 何洁,许罗丹．中国工业部门引进外国直接投资外溢效应的实证研究[J]．世界经济文汇，1999(2):16－21

[275] 何洁．外国直接投资对中国工业部门外溢效应的进一步精确量化[J]．世界经济，2000(12)：29－36

[276] 何其祥．投入产出分析[M]．北京:科学出版社,1999

[277] 侯润秀,官建成．FDI 对我国大中型工业企业技术创新能力的影响[J]．研究与发展管理，2006a,18(3)：59－65

[278] 侯润秀,官建成．外商直接投资对我国区域创新能力的影响[J]．中国软科学，2006(5):104－111

[279] 胡恩华．企业技术创新能力指标体系的构建与综合评价[J]．科研管理,2001(7):79－84

[280] 黄静．影响 FDI 技术外溢效果的因素分析:基于吸收能力的研究[J]．世界经济研究,2006(8):60－66

[281] 黄静波,付建．FDI 与广东技术进步关系的实证分析[J]．管理世界，2004(9):81－86

[282] 黄鲁成,张红彩,李晓英. 北京制造业行业的技术创新能力分析[J]. 中国科技论坛, 2005(4): 41-44

[283] 霍慧智. 中国能源行业技术创新能力和绩效研究[D]. 硕士学位论文, 哈尔滨工业大学, 2006

[284] 江小涓,李蕊. FDI对中国工业增长和技术进步的贡献[J]. 中国工业经济, 2002(7):5-16

[285] 江小涓,冯远. 合意性, 一致性与政策作用空间: 外商投资高新技术企业的行为分析[J]. 管理世界, 2000(3):46-52

[286] 姜瑾,朱桂龙. 外商直接投资行业间技术溢出效应实证分析[J]. 财经研究, 2007(1):112-121

[287] 姜奇平. "以市场换技术"战略彻底失败[J]. 互联网周刊, 2004(14): 68-69

[288] 蒋殿春,夏良科. 外商直接投资对中国高技术产业技术创新作用的经验分析[J]. 世界经济, 2005(8):3-10

[289] 蒋殿春,张宇. 行业特征与外商直接投资的技术溢出效应:基于高新技术产业的经验分析[J]. 世界经济, 2006(10):21-29

[290] 金麟洙. 从模仿到创新——韩国技术学习的动力[M]. 北京: 新华出版社, 1998

[291] 金祥荣,李有. FDI与我国技术进步关系的实证分析[J]. 技术经济, 2005(5):9-11

[292] 孔俊. 我国制造业中FDI行业内与行业间溢出效应研究[J]. 硕士学位论文,浙江大学,2007

[293] 赖明勇,包群. 外商直接投资技术外溢效应的实证研究[J]. 湖南大学学报(自然科学版), 2003, 30(4): 94-98

[294] 赖明勇,包群,阳小晓. 外商直接投资的吸收能力:理论及中国的实证研究[J]. 上海经济研究, 2002(6):9-17

[295] 冷民. 从台湾微电子产业的发展看利用外资与提高自主创新能力的关系[J]. 中国科技论坛, 2005(3):77-81

[296] 李平. 技术扩散中的溢出效应分析[J]. 南开大学学报, 1999(2):28-33

[297] 李向阳. 国际经济规则与企业竞争方式的变化: 兼评全球竞争政策和竞争方式的发展方向[J]. 国际经济评论, 2000(6):5-9

[298] 李晓钟,张小蒂. 外商直接投资对我国长三角地区工业经济技术溢出效应分析[J]. 财贸经济,2004(12):75-80

[299] 李子奈,叶阿忠. 高等计量经济学[M]. 北京：清华大学出版社，2000

[300] 刘满凤. 创新绩效评价与民营科技企业发展研究. 科技进步与对策，2005(1):23—25

[301] 刘一鸣. 外国直接投资的溢出效应研究[J]. 财经问题研究，2005(6):73—77

[302] 刘云,夏民,武晓明. 中国最大500家外商投资企业在华专利及影响的计量研究[J]. 预测，2003(6):19—23

[303] 柳卸林,胡志坚. 中国区域创新能力的分布与成因[J]. 科学学研究，2002,20(5):550—556

[304] 罗燕婷. 安徽省大中型工业企业技术创新能力的实证分析[D]. 硕士学位论文，安徽大学，2007

[305] 马丁. 高级产业经济学[M]. 上海：上海财经大学出版社，2003

[306] 马庆国,胡隆基,颜亮. 软技术概念的重新界定[J]. 科研管理,2005,26(6):99—105

[307] 马庆国. 管理统计:数据获取、统计原理、SPSS 工具与应用研究 [M]. 北京：科学出版社，2002

[308] 马天毅,马野青,张二震. 外商直接投资与我国技术创新能力[J]. 世界经济研究,2006(7):4—8

[309] 孟亮,宣国良. 不同来源 FDI 在华技术溢出效应实证研究[J]. 科研管理，2005，26(5)：114—120

[310] 孟亮,宣国良,王洪庆. 国外 FDI 技术溢出效应实证研究综述[J]. 外国经济与管理，2004，26(6)：36—40

[311] 穆荣平. 德国向中国的技术转移——上海大众汽车公司案例研究[J]. 科研管理，1997，18(6)：71—78

[312] 牛南洁. 中国利用外资的经济效果分析[J]. 经济研究，1998,(5)：22—29

[313] 潘士远,林毅夫. 发展战略、知识吸收能力与经济收敛[J]. 数量经济技术经济研究,2006(2):3—13

[314] 潘文卿. 外商投资对中国工业部门的外溢效应：基于面板数据的分析[J]. 世界经济，2003(6):3—7

[315] 裴长洪. 利用外资与产业竞争力[M]. 北京：社会科学文献出版社，1998

[316] 彭水军,包群. 中国经济增长与环境污染——基于广义脉冲响应函数法的实证研究[J]. 中国工业经济，2006，218(5)：15—23

[317] 朴商天. 外商直接投资与技术转移——理论分析与中国实证研究[D]. 博士学位论文，中国社会科学院研究生院，2003

[318] 秦晓钟，胡志宝. 外商对华直接投资技术外溢效应的实证分析[J]. 江苏经济探讨，1998(4)：47－49

[319] 秦宇. 中国工业技术创新经济分析[M]. 北京：科学出版社，2006

[320] 沈桂龙，于蕾. 外商直接投资对我国经济发展的负面影响及对策思考[J]. 世界经济研究，2005(11)：4－10

[321] 沈桂龙，于蕾. 外商直接投资对我国经济发展的负面影响及对策思考[J]. 世界经济研究，2005(11)：4－10

[322] 沈坤荣，耿强. 外国直接投资、技术外溢与内生经济增长[J]. 中国社会科学，2001(5)：82－93

[323] 沈坤荣，耿强. 外国直接投资的外溢效应分析[J]. 金融研究，2000，237(3)：103－110

[324] 沈坤荣. 外国直接投资与中国经济增长[J]. 管理世界，1999(5)：22－34

[325] 沈能. 我国科技系统波动性实证研究——ARCH 模型族的应用[J]. 科学学与科学技术管理，2005(12)：58－62

[326] 斯蒂格利茨. 经济学[M]. 北京：中国人民大学出版社，1997

[327] 宋承先. 现代西方经济学 [M]. 上海：复旦大学出版社，2004

[328] 宋泓，柴瑜. 我国工业结构中三资企业的结构变动倾向及其影响[J]. 世界经济，1999(7)：28－39

[329] 宋京. 开放经济下的技术进步——理论与基于中国经验的实证研究[D]. 博士学位论文，复旦大学，2004

[330] 孙兆刚，徐雨森，刘则渊. 知识溢出效应及其经济学解释[J]. 科学学与科学技术管理，2005(1)：87－89

[331] 唐炎钊，邹珊刚. 企业技术创新能力的多层次灰色评价[J]. 科技进步与对策，1999(5)：46－48

[332] 藤田昌久，蒂斯. 集聚经济学[M]. 成都：西南财经大学出版社，2004

[333] 王春法. FDI 与内生技术能力培育[J]. 国际经济评论，2004(2)：19－22

[334] 王春法. 关于自主创新能力的几点思考[J]. 理论视野，2007(1)：48－50

[335] 王道平，李永锋. 技术创新能力与制造业竞争力评价指标构建的探讨[J]. 科学与管理，1999(6)：46－48

[336] 王飞. 外商直接投资促进了国内工业企业技术进步么?[J]. 世界经济研究，2003(4):39—44

[337] 王红领,李稻葵,冯俊新. FDI 与自主研发:基于行业数据的经验研究[J]. 经济研究,2006(2):44—55

[338] 王凯,马庆国. 基于因子分析定权法的中国制造业技术创新能力研究[J]. 中国地质大学学报,2007,7(2): 90—95

[339] 王洛林,江小涓,卢圣亮. 大型跨国公司投资对中国产业结构、技术进步和经济国际化的影响——以全球 500 强在华投资项目为主的分析(上、下)[J]. 中国工业经济，2000(4):5—12;(5): 5—10

[340] 王猛. 外商直接投资行业内与行业间技术溢出[D]. 硕士学位论文，吉林大学，2007

[341] 王伟光. 中国工业行业技术创新和创新效率差异研究[D]. 博士学位论文，中国社会科学院，2002

[342] 王伟光. 中国工业行业技术创新效率的实证研究(1990—1999)[J]. 沈阳师范大学学报，2003(1):57—62

[343] 王伟强.组合创新研究[D]. 博士学位论文，浙江大学，1994

[344] 王文治. 外商直接投资后向关联效应的经验分析——基于我国制造业的研究[J]. 中央财经大学学报,2008(4):57—61

[345] 王耀中,刘舜佳. 基于前后向关联分析的外商直接投资与技术外溢[J]. 经济评论，2005(6):31—34

[346] 王允贵. 利用外商投资中“以市场换技术”剖析[J]. 国际贸易问题，1996(9):50—53

[347] 王志乐. 2007 跨国公司中国报告[M]. 北京:中国经济出版社，2007

[348] 王志鹏,李子奈. 外国直接投资、外溢效应与内生经济增长[J]. 世界经济文汇，2004(3):23—33

[349] 魏江,寒午. 企业技术创新能力的界定及其与核心能力的关联[J]. 科研管理,1998，19(6): 12—17

[350] 魏江,许庆瑞. 企业技术能力与技术创新能力的协调性研究[J]. 科学管理研究，1996，14(4):15—21

[351] 魏江. 许庆瑞. 企业创新能力的概念、结构、度量与评价[J]. 科学管理研究，1995(5):50—55

[352] 温忠麟,张雷,侯杰泰等. 中介效应检验程序及其应用[J]. 心理学报，2004，36(5): 614—620

[353] 吴德进. 福建省外商工业直接投资溢出效应分析[J]. 福建论坛(经济

社会版)，2003(1)：22－24

[354] 吴林海，吴松毅．跨国公司对华技术转移论．北京：经济管理出版社，2002：32－78

[355] 冼国明，薄文广．外国直接投资对中国企业技术创新作用的影响－基于产业层面的分析[J]．南开经济研究，2005(6)：16－23

[356] 冼国明，薄文广．外国直接投资对中国企业技术创新作用的影响－基于地区层面的分析[J]．经济科学，2006(3)：106－117

[357] 冼国明，葛顺奇．跨国公司 R&D 的国际化战略[J]．世界经济，2000(10)：3－11

[358] 冼国明，严兵．FDI 对中国创新能力的溢出效应－基于地区层面相关数据的分析[J]．世界经济，2005(10)：12－25

[359] 萧政，沈艳．外国直接投资与经济增长的关系及影响[J]．经济理论与经济管理，2002(1)：11－16

[360] 谢富纪，沈荣芳．影响 FDI 推进中国企业技术进步的因素分析[J]．科技与管理，2002，13(1)：30－32

[361] 熊彼特．经济发展理论[M]．北京：商务印书馆，1990：73－74

[362] 徐涛．引进 FDI 与中国技术进步[J]．世界经济，2003，26(10)：22－27

[363] 许和连，魏颖绮，赖明勇等．外商直接投资的后向链接溢出效应研究[J]．管理世界，2007(4)：24－31

[364] 许庆瑞．研究、发展与技术创新管理[M]．北京：高等教育出版社，2000

[365] 严兵．外商在华直接投资的行业间溢出效应：基于我国工业部门相关数据的初步分析[J]．亚太经济，2006(1)：90－93

[366] 严兵．外商在华直接投资的溢出效应[M]．北京：中国商务出版社，2006

[367] 杨克泉，吉昱华，马松．跨国公司技术转移与中国技术进步的战略选择[J]．国际经济评论，2005(4)：60－64

[368] 杨亚平．FDI 技术行业内溢出还是行业间溢出——基于广东工业面板数据的经验分析[J]．中国工业经济，2007，236(11)：73－79

[369] 姚淑梅．跨国公司的进入与我国高技术产业的发展[J]．国际经济合作，1999 (2)：6－8

[370] 姚洋．非国有经济成分对中国工业企业技术效率的影响[J]．经济研究，1998(12)：29－35

[371] 姚洋,章奇. 中国工业企业技术效率分析[J]. 经济研究，2001(10):13—19

[372] 殷华方,鲁明泓. 中国吸引外商直接投资政策“渐进螺旋”模式:递推与转换[J]. 管理世界,2005(2):8—16

[373] 尹静,平新乔. 中国地区(制造业行业)间的技术溢出分析[J]. 产业经济研究，2006(1):1—10

[374] 于丽英. 利用外资的技术引进与中国的技术创新[J]. 科技管理研究，2004,24(1): 21—24

[375] 喻世友,史卫,林敏. 外商直接投资对内资企业的溢出渠道的研究[J]. 世界经济，2005(6):44—52

[376] 远德玉. 企业技术创新能力的综合评价和动态分析方法 IJ]. 科学管理研究,1994 (4): 50—52

[377] 湛柏明. 论跨国公司对中国大陆投资的技术构成与影响因素[J]. 经济评论,2003(4):57—63

[378] 张斌盛. 中国 FDI 技术吸收能力实证研究[D]. 博士学位论文，华东师范大学，2006

[379] 张帆,郑京平. 跨国公司对中国经济结构和效率的影响[J]. 经济研究，1999(1):45—52

[380] 张国良,陈宏民. 国内外技术创新能力指数化评价比较分析[J]. 系统工程理论方法应用，2006,15(5): 387—392

[381] 张海洋. R & D 两面性、外资活动与中国工业生产率增长[J]. 经济研究，2005(6):107—117

[382] 张济波. 浙江省高新技术企业自主创新能力研究[D]. 硕士学位论文，浙江工业大学，2006

[383] 张建华,欧阳轶雯. 外商直接投资，技术外溢与经济增长——对广东数据的实证分析[J]. 经济学季刊，2003(2): 647—666

[384] 张岩贵. 跨国公司研发中心向中国的扩散[J]. 国际经济合作，2002(12):10—12

[385] 郑秀君. 我国外商直接投资(FDI)技术溢出效应实证研究述评:1994～2005[J]. 数量经济技术经济研究，2006，23(9): 58—68

[386] 钟昌标. 外商直接投资的横向和纵向溢出:对中国电子行业的分析[J]. 世界经济，2006(11): 23—29

[387] 周解波. 制约我国技术引进和技术扩散的因素分析[J]. 财贸经济，1998(3): 61—63

[388] 周妍. 对外商直接投资外溢效应的实证研究[J]. 经济问题探索，2002(6):60－62

[389] 周燕，齐中英. 基于不同特征 FDI 的溢出效应比较研究[J]. 中国软科学，2005(2):138－143

[390] 邹武鹰，许和连，赖明勇. 出口贸易的后向链接溢出效应[J]. 数量经济技术经济研究，2007(7):25－34

后　　记

本书是在我三年前博士论文的基础上形成的。在浙江大学管理学院的读博生活，是我一生中最难以忘怀，也是最重要的成长阶段。抚今追昔，想起的不是读书的艰辛，不是收获的喜悦，也不是对美好未来的憧憬，而是对老师、师兄弟姐妹、亲朋好友们的感激之情。正是你们点点滴滴的教诲、帮助和关爱，引领着我在枯燥和兴奋中度过了弥足珍贵的读博生活。

感谢浙江大学王沛民教授、陈劲教授在我读博期间对我的关心、帮助、指导与鼓励；感谢浙江大学宁波理工学院经贸分院肖文院长、林承亮副院长对我的关心与鼓励，他们最终推进了本书的问世。

衷心地感谢所有曾经支持与帮助过我的人！我愿以一颗感恩的心感激苍天所给予我的恩惠。同时，用我的耐心继续走下去。

谨以此书献给我的家人！感谢你们一直以来对我的理解与支持！

李成刚

2011 年 5 月于宁波

图书在版编目（CIP）数据

FDI 对我国技术创新的溢出效应研究 / 李成刚著. —杭州：浙江大学出版社，2011.8

ISBN 978-7-308-09067-4

Ⅰ.①F… Ⅱ.①李… Ⅲ.①外商直接投资—关系—技术革新—研究—中国 Ⅳ.①F124.3

中国版本图书馆 CIP 数据核字（2011）第 184657 号

FDI 对我国技术创新的溢出效应研究

李成刚　著

责任编辑　张　琛
文字编辑　赵　静
封面设计　续设计
出版发行　浙江大学出版社
（杭州天目山路 148 号　邮政编码 310007）
（网址：http://www.zjupress.com）
排　　版　杭州中大图文设计有限公司
印　　刷　杭州杭新印务有限公司
开　　本　710mm×1000mm　1/16
印　　张　14.25
字　　数　263 千
版 印 次　2011 年 8 月第 1 版　2011 年 8 月第 1 次印刷
书　　号　ISBN 978-7-308-09067-4
定　　价　30.00 元